ADMINISTRATION ET COMPTABILITÉ INTÉRIEURES
DES CORPS DE TROUPE

SERVICE DE L'HABILLEMENT

(MASSE)

Volume mis à jour à la date du 18 mai 1924.

CHARLES-LAVAUZELLE & Cⁱᵉ
Éditeurs militaires
PARIS. Boulevard Saint-Germain, 124
LIMOGES, 62, Avenue Baudin | 53, Rue Stanislas, NANCY

N° 3.

ADMINISTRATION ET COMPTABILITÉ INTÉRIEURES
DES CORPS DE TROUPE

SERVICE DE L'HABILLEMENT

(MASSE)

Volume mis à jour à la date du 18 mai 1924.

CHARLES-LAVAUZELLE & CIE
Éditeurs militaires
PARIS, Boulevard Saint-Germain, 124
LIMOGES, 62, Avenue Baudin | 63, Rue Stanislas, NANCY

Nota. — Voir pages 289 et 298 l'instruction et la circulaire en vue du retour à la réglementation d'avant guerre pour la masse d'habillement.

RÈGLEMENT

SUR LE

SERVICE DE L'HABILLEMENT

DANS LES CORPS DE TROUPE

(DÉCRET DU 22 JANVIER 1907)

TITRE Ier.

RÈGLES GÉNÉRALES CONCERNANT LES ALLOCATIONS.

CHAPITRE Ier.

RÈGLES D'ALLOCATION.

Prestations.

Art. 1er. Dans les corps de troupe, il est pourvu à l'habillement et à l'équipement des hommes de troupe (adjudants, sous-chefs de musique, chefs armuriers et maîtres selliers exceptés) au moyen de prestations en deniers.

Droit aux prestations exercé au profit du corps.

Art. 2. Le droit aux prestations du service de l'habillement attribué à l'homme de troupe ne s'exerce pas à son profit personnel, mais au profit du corps auquel il appartient.

Bases des allocations.

Art. 3. Les prestations du service de l'habillement sont dues dans les mêmes cas que la solde de présence.

Pour chaque journée donnant droit à la solde de présence, il est alloué au corps une journée de prime d'habillement en deniers, fixée par le tarif nº 1.

Indépendamment de ces primes journalières, le corps reçoit des primes fixes et des primes mensuelles dont la quotité est déterminée par le même tarif.

Matériel mis gratuitement à la disposition du corps.

Art. 4. Les corps sont pourvus, gratuitement et sans imputation à leur crédit, des effets ou objets énumérés au tableau nº 1 qui leur sont nécessaires en temps de paix et au moment de la mobilisation.

Ils en font usage conformément aux instructions ministérielles.

CHAPITRE II.

MASSE D'HABILLEMENT.

Constitution et objet de la masse d'habillement.

Art. 5. L'ensemble des prestations en deniers allouées à un corps de troupe d'après les fixations du tarif nº 1 constitue sa masse d'habillement.

Cette masse pourvoit à toutes les dépenses de l'habillement, y compris l'entretien de tous les approvisionnements de ce service, autres que les approvisionnements dits *spéciaux*, ainsi que les indemnités à allouer aux gestionnaires de ces approvisionnements.

Elle supporte certaines dépenses générales déterminées par les instructions ministérielles (1).

---

(1) Nouvelle rédaction. (Décret du 24 octobre 1913, *B. O.*, p. 1363.)

Division en fonds commun et fonds particuliers.

Art. 6. La masse d'habillement du corps se divise en fonds commun et fonds particuliers.

Le fonds commun est destiné à pourvoir aux dépenses communes à l'ensemble du corps et, dans certains cas, à venir en aide aux compagnies ; il est géré soit par le Conseil d'administration pour le corps entier, soit par le Conseil et les commandants de détachements si, en cas de fractionnement du corps, la division de ce fonds est décidée.

Les fonds particuliers sont destinés à pourvoir aux dépenses spéciales à chaque unité administrative; ils sont gérés par les commandants de compagnie (1).

Recettes de la masse.

Art. 7. A la formation d'un corps de troupe, le Ministre fixe la première mise qui lui est allouée au titre de la masse d'habillement.

Ensuite, cette masse fait normalement recette :

1° De toutes les allocations déterminées au tarif n° 1, selon les subdivisions d'armes et l'organisation du corps;

2° Du montant des mandats délivrés au profit du corps et de tout envoi de fonds, soit pour remboursement d'avances, soit pour payement d'effets passés à un autre corps ;

3° De la valeur des matières et effets cédés par le corps dans les conditions prévues par les règlements.

Elle peut éventuellement faire recette des allocations accordées par le Ministre pour remboursement des pertes subies dans les cas de force majeure, tels qu'ils sont définis par le règlement sur la comptabilité des matières appartenant au département de la guerre (vol. 27).

La masse d'habillement peut également recevoir du Ministre un secours sur les fonds du service de l'habillement, mais seulement dans des circonstances tout à fait exceptionnelles.

---

(1) Toutes les fois que dans le cours du présent règlement on emploie le mot « compagnie », il est entendu que ce mot signifie unité administrative, c'est-à-dire compagnie, escadron, batterie ou section.

Mesures à prendre dans le cas de modifications à la constitution
ou à l'effectif réglementaire de paix du corps.

Art. 8. Lorsque des modifications constitutives sont apportées à l'organisation d'un corps, et que ces modifications entraînent soit une augmentation, soit une diminution de son effectif réglementaire de paix, sa masse d'habillement est augmentée ou diminuée en conséquence.

Répartition de la masse entre les diverses fractions du corps.

Art. 9. Lorsque le corps est divisé ou sur le point de se diviser, le Conseil d'administration détermine la partie de la masse d'habillement (fonds commun et fonds particuliers) qui sera perçue par les diverses fractions du corps, en se basant sur l'importance des dépenses qu'elles auront à effectuer.

Dans le cas où la division du fonds commun est décidée, le Conseil détermine également, s'il y a lieu, la part à attribuer à chaque fraction de corps.

Toutefois, les fractions de corps de troupe de l'intérieur détachées en Afrique, et inversement, perçoivent leur part proportionnelle du fonds commun et la totalité des primes journalières des fonds particuliers.

La portion centrale est remboursée, au moyen de mandats sur le Trésor, de la valeur des effets de la 1re et de la 2e portion qu'éventuellement elle aurait expédiés aux fractions détachées en Afrique, et inversement.

Cet envoi de fonds a lieu immédiatement après la réception de l'avis d'expédition.

Copies authentiques des délibérations successives sont adressées, par le président du Conseil d'administration, au sous-intendant militaire chargé de la vérification des comptes du corps ; celui-ci en informe ses collègues intéressés.

Payement de la masse d'habillement.

Art. 10. La masse d'habillement est payée au corps, par mois et à terme échu.

CHAPITRE III.

DÉCOMPTES DE LIBÉRATION.

Etablissement des décomptes de libération.

Art. 11. Le décompte des prestations du service de l'habillement est établi sur un tableau annexé aux revues générales de liquidation concernant le service de la solde (1).

TITRE II.

RÈGLES GÉNÉRALES CONCERNANT LE MATÉRIEL

CHAPITRE Ier.

COMPOSITION DES APPROVISIONNEMENTS.

Division des approvisionnements.

Art. 12. Les approvisionnements du service de l'habillement, dans chaque corps, se divisent en :
1° Approvisionnement de l'Etat ;
2° Approvisionnement du corps ;
3° Approvisionnement des compagnies.

Approvisionnement de l'Etat.

Art. 13. L'approvisionnement de l'Etat se compose :
1° *De la réserve de guerre* destinée à parer aux besoins généraux d'une mobilisation ; elle comprend :
A. Les effets d'habillement, de grand et de petit équipement, de coiffure et de campement nécessaires à l'armée active, au moment d'une mobilisation, en plus des approvisionnements des compagnies ;
B. Les effets de mobilisation nécessaires aux unités administratives de la réserve de l'armée active et de l'armée erri-

---

(1) Modèle n° 46-A de la nomenclature des imprimés de la guerre.

toriale, ainsi que les approvisionnements spéciaux dont la gestion est confiée aux corps de troupe de l'armée active.

2° *Du service courant*, qui comprend le matériel nécessaire aux besoins du temps de paix et qui n'est pas à la charge des masses.

La réserve de guerre et le matériel du service courant sont emmagasinés séparément.

Approvisionnement du corps.

Art. 14. L'approvisionnement du corps est une réserve spéciale, plus particulièrement destinée à servir d'intermédiaire entre les magasins administratifs et les compagnies pour assurer les besoins de ces dernières en temps de paix ou à la mobilisation ; il se divise en deux portions :

La première portion comprend les matières, effets et accessoires que le corps doit toujours, en temps de paix, recevoir des magasins administratifs, ou qu'il peut être autorisé à confectionner (tableau n° 2).

La deuxième portion se compose des matières, effets et accessoires autres que ceux visés ci-dessus et qui sont fournis au corps, soit par voie de marchés généraux passés par le service de l'intendance, soit par voie d'achats directs par les soins du Conseil d'administration, suivant les instructions du Ministre, ou qu'il ne reçoit qu'éventuellement des magasins administratifs (1).

Approvisionnement des compagnies.

Art. 15. L'approvisionnement des compagnies est une dotation spéciale à chaque unité administrative, et destinée à pourvoir aux besoins qui ne sont pas assurés par l'approvisionnement de l'État ; il comprend :

1° Les effets nécessaires pour habiller et équiper l'effectif de paix, en temps de paix et au moment de la mobilisation ;

2° Les effets nécessaires pour habiller et équiper les hommes convoqués pour accomplir une période d'instruction et que la compagnie sera chargée de pourvoir.

---

(1) Voir la nomenclature **H I** pour la distinction détaillée entre les matières, effets et accessoires de chaque portion de l'approvisionnement.

CHAPITRE II

MAGASINS.

Magasins dans les corps composés de plusieurs unités administratives.

Art. 16. Dans les corps composés de plusieurs unités administratives, l'approvisionnement de l'État et celui du corps sont réunis, mais arrimés séparément, dans un même magasin qui prend le nom de *magasin commun* du corps, ou *magasin de détachement,* suivant le cas (1).

Chacun des approvisionnements de compagnie est placé dans un magasin distinct, qui prend le nom de *magasin de compagnie.*

Les cas où il peut être dérogé à cette règle sont indiqués aux articles 17, 18 et 38 ci-après.

Magasins dans les compagnies et sections formant corps.

Art. 17. Dans les compagnies et sections formant corps l'approvisionnement de l'État et celui du corps peuvent être placés dans le même magasin que l'approvisionnement de compagnie, mais les trois approvisionnements doivent être arrimés séparément.

Magasins dans les portions de corps détachées.

Art. 18. Le Ministre peut prescrire qu'une partie des approvisionnements de l'État et du corps soit emmagasinée dans le casernement d'une portion détachée du corps.

Si le détachement est composé de plusieurs unités administratives, les effets appartenant aux approvisionnements de l'État et du corps doivent être placés dans un magasin spécial, distinct de ceux des compagnies.

Si le détachement ne comprend qu'une compagnie, les trois approvisionnements peuvent être placés dans le même magasin comme dans une compagnie formant corps.

---

(1) Le magasin de la portion centrale ou, en cas de séparation, celui du dépôt porte seul le nom de *magasin commun;* tous les autres magasins, sauf les magasins particuliers des unités administratives, sont désignés sous le nom de *magasins du détachement.*

CHAPITRE III.

CRÉATION ET ENTRETIEN DES APPROVISIONNEMENTS.

Création et entretien de l'approvisionnement de l'État.

Art. 19. L'approvisionnement de l'État est créé et entretenu suivant les instructions ministérielles (vol. 4 et 27).

Tous les effets qui le composent sont livrés gratuitement au corps par les magasins administratifs, ou achetés par le conseil d'administration, sur l'ordre du Ministre, et remboursés au corps par le budget de l'habillement (1).

Composition de la première portion de l'approvisionnement du corps.

Art. 20. Les quantités d'effets et matières de chaque espèce à comprendre dans la première portion de l'approvisionnement du corps sont déterminées par le Conseil d'administration, suivant les besoins du service et dans les limites fixées par le Ministre.

Création de la première portion.

Art. 21. A la formation d'un corps de troupe, le Ministre fait délivrer au corps, soit à titre gratuit, soit à titre remboursable, les effets nécessaires pour constituer la première portion de l'approvisionnement de ce corps.

Entretien de la première portion.

Art. 22. La première portion de l'approvisionnement du corps, étant constituée comme il est dit aux articles 20 et 21, est maintenue dans les limites prescrites par des demandes d'effets à titre remboursable et, le cas échéant, par des confections faites dans les corps de troupe.

Toutefois, il ne doit être, sous aucun prétexte, procédé à des confections dans les corps que dans les cas explicitement déterminés par les instructions du Ministre.

Les effets demandés aux magasins administratifs doivent

---

(1) Instruction pour l'application du règlement sur l'administration et la comptabilité des corps de troupe (B. O., É. M., vol. 1).

parvenir au corps dans les six mois qui suivent celui pendant
lequel la demande est établie.

Composition de la deuxième portion de l'approvisionnement du corps.

Art. 23. L'espèce et le nombre des matières, effets et accessoires de toute nature, entrant dans la deuxième portion de l'approvisionnement du corps, sont, dans les limites fixées par le
Ministre, déterminés par le Conseil d'administration, suivant les besoins du service.

Création de la deuxième portion.

Art. 24. A la formation d'un corps de troupe, le Ministre
fixe le mode de constitution de la deuxième portion de l'approvisionnement du corps.

Entretien de la deuxième portion.

Art. 25. La deuxième portion de l'approvisionnement du
corps, une fois constituée, est maintenue à la hauteur prescrite :

1° Ordinairement, par des achats effectués dans le commerce d'après les instructions du Ministre ;

2° Eventuellement, par des livraisons, à titre remboursable,
de matières et effets que le corps tire soit des magasins administratifs, soit de l'approvisionnement de l'Etat dont il est détenteur.

Achat et réception des effets de la deuxième portion.

Art. 26. Sauf pour des fournitures qui donnent lieu à des
marchés passés par les soins du service de l'intendance, les
achats de matières et effets destinés à la deuxième portion
de l'approvisionnement du corps, et la passation des marchés,
sont effectués par les soins du Conseil d'administration, d'a-
près les instructions du Ministre (vol. 1).

La réception de ces matières et effets a lieu dans les conditions prévues à l'instruction pour l'application du règlement
sur l'administration et la comptabilité des corps de
troupe (vol. 1).

Entretien de l'approvisionnement du corps dans les compagnies et sections formant corps.

Art. 27. Dans les compagnies et sections formant corps, les
attributions des Conseils d'administration appartiennent au

commandant de la troupe dans les conditions prévues au règlement sur l'administration et la comptabilité des corps de troupe.

Entretien de l'approvisionnement du corps dans les détachements.

Art. 28. Dans les détachements qui ont en charge une partie de l'approvisionnement du corps et qui s'administrent séparément, le chef de détachement se conforme, pour l'entretien de cet approvisionnement, aux instructions du Conseil.

Création et entretien des approvisionnements de compagnie.

Art. 29. Le mode à suivre pour la création et l'entretien des approvisionnements de compagnie est indiqué ci-après, titre IV, chapitre II.

Comptabilité extérieure en matières.

Art. 30. La comptabilité extérieure du corps, en ce qui concerne le matériel du service de l'habillement, est régie par les règlements sur l'administration et la comptabilité des corps de troupe et sur la comptabilité des matières appartenant au département de la guerre (vol. 1 et 27).

L'officier d'habillement tient les écritures prescrites par ces règlements.

Effets appartenant à l'État, en service dans les compagnies.

Art. 31. D'après les règles posées par le règlement sur l'administration et la comptabilité des corps de troupe, les effets appartenant à l'Etat, en service, figurent dans l'arrêté du registre des entrées et des sorties du matériel appartenant à l'Etat, et dans les écritures auxiliaires prévues par ledit règlement.

CHAPITRE IV.

DÉCOMPTE DE LA VALEUR DES EFFETS

Prix à attribuer aux effets.

Art. 32. Les effets neufs sont décomptés aux prix de la nomenclature des matières, effets ou objets du service de l'habillement et du campement (nomenclature **H I**).

Les effets très bons sont décomptés aux mêmes prix que les effets neufs.

Les effets en cours de durée ou d'instruction sont décomptés aux prix déterminés par la nomenclature précitée.

Les matières et objets hors de service pris en compte sont décomptés au vingtième du prix du matériel neuf.

TITRE III.

FONCTIONNEMENT DU SERVICE DANS L'ENSEMBLE DU CORPS.

CHAPITRE Ier.

ACTION DES CONSEILS D'ADMINISTRATION, DU CHEF DE CORPS, DES CHEFS DE BATAILLON ET DU MAJOR.

Règles générales.

Art. 33. La réalisation des fixations prévues au présent règlement, concernant l'importance de l'approvisionnement du corps et de ceux des unités, est à poursuivre progressivement et dans les limites des ressources disponibles de la masse.

La mise en service d'effets supplémentaires ou non réglementaires, en dehors de l'action ministérielle et même à titre d'essai, engage la responsabilité de l'autorité qui a prescrit ou toléré la mesure (1).

---

(1) Le Ministre apprécie, dans chaque cas particulier, la nature de la responsabilité encourue.

Action et responsabilité des Conseils d'administration.

Art. 34. Les Conseils d'administration, les commandants de compagnie ou de section formant corps et les chefs de détachements qui ont en charge tout ou partie des approvisionnements de l'État et du corps, en assurent la conservation par les moyens, en personnel et en matériel, mis à leur disposition par le présent règlement et par les instructions ministérielles spéciales. Ils sont pécuniairement responsables de l'existence et du bon entretien du matériel qui leur est confié.

Les Conseils d'administration déterminent la nature des dépenses que les commandants de compagnie peuvent engager et fixent les prix maxima auxquels ceux-ci peuvent traiter.

Attributions et responsabilité du chef de corps.

Art. 35. Le chef de corps règle le port des effets compris dans les différentes collections, de manière à ménager autant que possible les approvisionnements de compagnie, tout en assurant l'exécution des ordres de la place.

Il veille à ce que les effets soient toujours placés dans les magasins de compagnie, dans des conditions qui assurent à la fois la bonne conservation des effets, la rapidité de l'habillement au moment de la mobilisation et la facilité des inventaires.

Il est responsable de la manière dont s'exécute le service de l'habillement dans toutes les fractions de la troupe qu'il commande.

Le chef de détachement a, dans son détachement, la même responsabilité et les mêmes obligations.

Action des chefs de bataillon.

Art. 36. Les chefs de bataillon, dans les compagnies placées sous leur commandement, assurent l'exécution des ordres donnés par le chef de corps; ils le renseignent sur le fonctionnement du service et lui proposent toutes les mesures qu'ils jugent utiles.

Action du major.

Art. 37. Le major veille à l'exécution des délibérations prises par le Conseil d'administration au sujet du service de l'habillement.

Il soumet au Conseil d'administration et au chef de corps les mesures qui lui paraissent devoir être prises pour la bonne exécution du service de l'habillement dans l'ensemble du corps.

Usage des approvisionnements de compagnie dans les corps divisés.

Art. 38. Dans les corps divisés, lorsque les nécessités du service, le défaut de ressources du casernement, la fréquence des mouvements de détachements, ne permettent pas de laisser d'une manière permanente, à chaque commandant d'unité, la disposition entière de ses ressources, le chef de corps doit prendre les mesures de détail nécessaires pour réduire ces inconvénients à leur minimum.

A cet effet, il peut:

Ou prescrire la réunion momentanée de tout ou partie de plusieurs approvisionnements de compagnie dans un magasin commun, en prenant les précautions nécessaires pour éviter la confusion;

Ou faire verser des effets par certaines compagnies à d'autres, soit définitivement, soit temporairement, moyennant une compensation en valeur, s'il y a lieu.

Les frais de transport des effets de toute nature entre le magasin de compagnie et la compagnie elle-même, et entre les diverses fractions du corps, sont supportés par l'Etat.

CHAPITRE II.

PERSONNEL D'EXÉCUTION.

Personnel permanent d'exécution du service de l'habillement.

Art. 39. Le personnel affecté d'une manière permanente au service de l'habillement dans les corps comprend :

1° Les gardes-magasins,
2° Les premiers ouvriers,
3° Les ouvriers des sections et pelotons hors rang,
4° Les ouvriers de compagnie.

dont le nombre et le grade sont déterminés par les lois et décrets d'organisation;

5° Le personnel permanent prévu par l'instruction ministérielle relative à l'application du présent règlement.

Personnel auxiliaire.

Art. 40. En plus du personnel permanent, le chef de corps peut prélever sur l'ensemble de sa troupe le nombre d'hommes de tout grade nécessaires à la surveillance, aux travaux de magasin, aux confections, retouches et réparations, et les employer temporairement pour les besoins généraux du corps.

Le chef de détachement a le même pouvoir dans son détachement, et le commandant de compagnie dans sa compagnie.

Ce dernier désigne, en outre, avec l'autorisation du chef de corps, pour faire fonctions de garde-magasin, un caporal ou soldat de sa compagnie.

Magasin de compagnie séparé de la compagnie.

Art. 41. Dans les cas prévus à l'article 38, où la compagnie est momentanément séparée de son magasin, le commandant de la compagnie y laisse un garde-magasin.

Le chef de corps fait surveiller le magasin ainsi séparé de sa compagnie par l'officier d'habillement ou tout autre officier spécialement délégué, sous le contrôle du major. Cette surveillance n'est exercée qu'au point de vue du bon entretien des effets et de la discipline générale.

Pour assurer cet entretien, le chef de corps fait fournir les travailleurs nécessaires sur la demande du commandant de la compagnie, ou, en cas d'urgence, de l'officier délégué pour la surveillance du magasin.

Organisation des ateliers.

Art. 42. L'organisation et le fonctionnement des ateliers des corps de troupe sont régis par des instructions ministérielles (1).

Art. 43. (Ouvriers de compagnie employés aux réparations les moins importantes) (2).

Gratifications.

Art. 44. Aucune gratification n'est allouée aux ouvriers militaires employés aux différents travaux des corps, sauf dans les cas définis par les instructions du Ministre.

---

(1) Nouvelle rédaction. (Décret du 10 mai 1912, *B. O.*, p. 719.)
(2) Article abrogé. (Même décret.)

TITRE IV.

FONCTIONNEMENT DU SERVICE DANS LA COMPAGNIE

CHAPITRE Ier.

RÈGLES GÉNÉRALES.

Attributions et responsabilité du commandant de compagnie.

Art. 45. Le commandant de compagnie a la responsabilité de la conservation et du bon usage des effets de toute nature qu'il a pris en charge, conformément aux dispositions prévues au règlement sur l'administration des corps de troupe.

Il a, dans les limites prévues par le règlement, la responsabilité entière de l'exécution du service de l'habillement dans sa compagnie. La plus grande latitude possible doit lui être laissée pour l'emploi du matériel qu'il a pris en charge, ainsi que pour l'administration du fonds particulier de sa compagnie. Il règle l'emploi des deniers et des matières de la manière qui lui parait la plus avantageuse, sans autre obligation que celle de se conformer aux règlements et aux ordres particuliers du chef de corps.

Passation des marchés relatifs à l'entretien de l'approvisionnement de la compagnie.

Art. 46. En principe, le Conseil d'administration passe, pour l'ensemble du corps, les marchés de toute nature, tels que : achats de matières premières pour les réparations, autres que celles que le corps doit toujours, en temps de paix, recevoir des magasins administratifs, abonnements avec les premiers ouvriers ou autres personnes, etc.

Toutefois, si le Conseil d'administration le juge préférable, il peut abandonner certains achats et même la passation de marchés accidentels aux soins des commandants de compagnie, en fixant des prix maxima.

Les effets ne sont pas la propriété des détenteurs.

Art. 47. Tous les effets, quels qu'ils soient, qui constituent l'approvisionnement de la compagnie sont considérés comme sa propriété collective, sans attribution définitive aux hommes qui en sont les détenteurs.

Les effets n'ont pas de durée obligatoire.

Art. 48. Aucune durée obligatoire n'est assignée aux effets qui entrent dans la composition du matériel du service de l'habillement.

Tous ces effets doivent être employés à l'habillement et à l'équipement des hommes de troupe jusqu'à ce qu'ils soient classés hors de service. Ils sont alors versés au magasin commun ou **au magasin du détachement,** suivant le cas.

Réintégrations au magasin commun interdites

Art. 49. Les effets sortis du magasin commun du corps pour entrer dans l'approvisionnement de compagnie ne peuvent plus, sauf lorsqu'ils ont été classés hors de service, être réintégrés dans l'approvisionnement du corps sans un ordre spécial du Ministre, qui fixe alors les conditions auxquelles la réintégration a lieu.

Echange d'effets.

Art. 50. Les commandants de compagnie ne peuvent, en aucun cas, exiger ni subir l'échange des effets qui leur ont été régulièrement délivrés.

Les échanges, soit entre le magasin commun et les compagnies, soit entre les compagnies, ne peuvent se faire que pour des effets de même nature, nombre pour nombre et à l'amiable.

Ils ont toujours lieu sans écritures.

Effets de confection ancienne.

Art. 51. Lorsqu'un commandant de compagnie a dans son approvisionnement des effets de confection ancienne qu'il est urgent de mettre en service, et qui sont d'une pointure dont il n'a pas l'emploi, il doit, s'il ne peut les échanger comme il est dit à l'article précédent, leur faire subir les retouches nécessaires pour les rendre utilisables.

Ces retouches sont à la charge du fonds particulier de la compagnie.

Dénomination et composition des diverses collections d'effets.

Art. 52. Les effets entrant dans la composition de l'approvisionnement de compagnie sont classés sous les dénominations suivantes :

1° *Collection n° 1* (Guerre), composée d'effets neufs ou très bons.

Cette collection, conservée en principe dans le magasin de la compagnie, ne peut être remise aux hommes, en temps de paix, que pour les exercices de mobilisation et les revues passées en tenue de campagne ;

2° *Collection n° 2* (Extérieur), composée des effets les meilleurs après ceux de la collection n° 1.

Cette collection sert aux hommes pour sortir en ville *isolément*, même quand la grande tenue est ordonnée ;

3° *Collection n° 3* (Instruction), composée de tous les autres effets.

CHAPITRE II.

CRÉATION, ENTRETIEN ET EMPLOI DE L'APPROVISIONNEMENT DE COMPAGNIE.

Création, entretien et emploi des collections.

Art. 53. A la formation d'une compagnie, le chef de corps détermine, d'après les instructions ministérielles et d'après l'ensemble des ressources en deniers et en nature dont le corps dispose, l'importance du fonds particulier et de l'approvisionnement en effets qui lui sont attribués.

L'approvisionnement de compagnie est ensuite entretenu et employé conformément aux prescriptions des articles suivants :

Bon mensuel des effets de la première et de la deuxième portion.

Art. 54. Le dernier jour de chaque mois, le commandant de la compagnie établit un bon sur lequel il fait ressortir la situation de son crédit. A la suite de ce décompte, il inscrit le détail des effets de toute nature qu'il juge nécessaires à sa compagnie.

Il a soin de régler sa demande de manière à conserver disponible, au minimum, à son fonds particulier, la somme nécessaire au paiement des réparations, imputations et dépenses de toute nature qui sont à la charge de ce fonds.

Paiement des bons.

Art. 55. Le bon mensuel, établi comme il est dit à l'article 54, est remis par le commandant de compagnie à l'officier d'habillement, qui lui fait délivrer immédiatement les effets qui y sont compris, selon les tailles, pointures et modèles indiqués.

L'officier d'habillement ne peut exiger d'autres modifications aux bons que celles qui auraient pour objet soit de rectifier une erreur matérielle, soit d'assurer l'écoulement d'effets de modèles anciens. Le commandant de la compagnie, signataire des bons, est seul responsable des perceptions.

Les effets ne reçoivent, par les soins de l'officier d'habillement, aucune autre marque que celle du numéro du corps.

Mode d'opérer dans les détachements.

Art. 56. Dans les détachements qui ont en charge une partie de l'approvisionnement du corps, les bons de compagnie sont payés sur place, au moyen des ressources du magasin du détachement.

Dans les détachements qui n'ont que des approvisionnements de compagnie, les effets demandés par les commandants de compagnie leur sont envoyés par l'un des magasins du corps désigné par le chef de corps.

Les frais de transport des effets sont supportés par l'Etat.

CHAPITRE III.

REMISE ET REPRISE DES EFFETS AUX HOMMES.

Habillement et équipement à l'arrivée au corps.

Art. 57. Les hommes qui arrivent au corps sont habillés et équipés par les soins de leur commandant de compagnie immédiatement après leur incorporation et la constatation de leur aptitude.

Cependant les hommes qui, vu leur état de santé ou pour toute autre cause, sont présumés ne pas devoir rester au corps, ne reçoivent que les effets qui leur sont strictement nécessaires.

Militaires en subsistance.

Art. 58. Les hommes en subsistance continuent d'être administrés par leur corps d'origine, qui perçoit pour eux les allocations réglementaires et qui pourvoit à toutes leurs dépenses imputables à la masse d'habillement. Toutefois, dans certains cas, le Ministre peut décider que les prestations de la masse seront perçues par le corps nourricier ou que ces prestations seront perçues partie par le corps d'origine, partie par le corps nourricier (1).

Le corps d'origine envoie, s'il y a lieu, au corps nourricier, les fonds nécessaires; il n'expédie d'effets que dans les cas de nécessité absolue et lorsque le corps nourricier ne peut se les procurer plus économiquement (2).

Les militaires placés en subsistance dans une école, soit comme élèves, soit pour faire partie du cadre mobile, sont pourvus, au départ de leur corps, des effets qui leur sont nécessaires et dont la nomenclature est arrêtée par le Ministre.

Pendant la durée de la subsistance, le corps d'origine ne perçoit que la différence entre le taux de la prime journalière d'entretien déterminé au tarif applicable à ce corps et le taux de la portion de ladite prime attribué à l'école, par le tarif n° 3 annexé au règlement sur le service de l'habillement dans les écoles militaires, pour subvenir aux dépenses indiquées à ce tarif.

Effets à emporter par les hommes quittant le corps.

Art. 59. Les effets que doivent emporter les hommes quittant le corps sont indiqués au tableau A (page 38).

Mutations entraînant passage définitif à un autre corps ou à un établissement.

Art. 60. Dans le cas de passage définitif à un autre corps ou à un établissement, les effets emportés sont renvoyés au corps d'origine à moins d'instructions contraires du Ministre.

Les frais de transport sont supportés par l'Etat.

Militaires en prévention.

Art. 61. Lorsque le commandant de la compagnie reçoit, de l'autorité compétente, l'ordre de pourvoir d'une tenue convenable, pour comparaître devant un tribunal militaire ou civil, un homme qui n'appartient pas à sa compagnie, celle-ci est remboursée, à son fonds particulier, par le fonds commun, de la

---

(1) Voir page 301 pour l'application des dispositions *in fine* de cet article.

(2) Voir, page 297, le paragraphe « Subsistants ».

valeur des effets fournis. Le Conseil d'administration détermine la somme à allouer.

Art. 62. Lorsqu'un homme en position d'absence est rayé des contrôles du corps par suite d'une mutation qui ne pouvait être prévue au moment de son départ, le corps en informe le commandant de la brigade de gendarmerie dans la circonscription de laquelle résidait l'homme au moment de sa radiation et lui adresse, en même temps, un état des effets de toute nature dont l'homme était détenteur, ainsi qu'une feuille de colis postal. La gendarmerie remet la feuille de colis postal au militaire rayé et l'invite à expédier sans retard les effets réclamés.

Pour les militaires décédés on se conforme aux dispositions ci-après :

Dès que le corps est informé du décès, il envoie une feuille de colis postal avec l'état des effets à lui renvoyer :

a) A l'économe, si l'homme est décédé dans un hôpital externe ;

b) Au commandant de la brigade de gendarmerie, si l'homme est décédé dans ses foyers.

Dans les cas particuliers suivants, on opère comme il est dit pour chacun d'eux :

1° *Hommes décédés dans un hôpital de la garnison ou peu éloigné.* — Les effets sont rendus directement au corps par le comptable ou économe ;

2° *Hommes décédés par suite de blessures ou de maladies contractées dans le service.* — Les parents sont autorisés à les faire inhumer avec leurs effets d'uniforme ; mais ils doivent en informer la gendarmerie dans le délai de quarante-huit heures à compter du décès du militaire ;

3° *Hommes décédés par suite de maladies contagieuses ou épidémiques :*

a) Décédés dans leurs foyers. — Les effets d'habillement sont incinérés sur place par les soins de la gendarmerie, qui dresse, de cette opération, un procès-verbal, dont une copie est envoyée au corps en même temps que la feuille de colis postal non utilisée ;

b) Décédés à l'hôpital. — Les effets sont renvoyés au corps après désinfection ou sont incinérés, suivant le cas, par les soins de l'officier comptable ou de l'économe ;

4° *Hommes décédés dans un hôpital militaire externe.* — Les effets sont renvoyés par l'officier gestionnaire aux frais de l'Etat.

Les corps d'origine n'ont droit à aucune indemnité pour les effets incinérés ou abandonnés aux familles.

Militaires changeant de compagnie dans le même corps.

Art. 63. Les instructions du chef de corps déterminent l'espèce, le nombre et le classement des effets que doivent emporter les hommes changeant de compagnie dans le même corps.

La compagnie d'origine est remboursée, s'il y a lieu, par la compagnie nouvelle, de la valeur des effets emportés.

CHAPITRE IV.

MATÉRIEL HORS DE SERVICE.

Remise au magasin commun des effets hors de service.

Art. 64. Les commandants de compagnie versent au magasin commun du corps, ou au magasin du détachement, dans la première quinzaine du dernier mois de chaque trimestre, les effets classés hors de service.

Ces effets sont conservés dans un magasin spécial jusqu'au moment où ils reçoivent l'une des destinations indiquées à l'article suivant.

Destination à donner aux effets hors de service.

Art. 65. Les effets qui sont utilisables pour les réparations sont mis en morceaux et distribués selon les besoins.

Les corps peuvent également utiliser un certain nombre de ces effets à l'habillement des ouvriers pour lesquels il n'est pas prévu d'effets spéciaux.

Les boutons d'uniforme sont retirés des effets classés hors de service et sont versés dans le magasin administratif de la région lorsque le corps n'en a pas l'emploi. La valeur des boutons utilisables, décomptée d'après le prix au classement « en cours de durée », est remboursée au corps par le budget de l'habillement. Les boutons qui ne peuvent plus être utilisés sont versés comme vieilles matières et ne donnent pas lieu à remboursement.

Cette dernière disposition est applicable à tous les accessoires en cuivre des effets de grand équipement ainsi qu'aux objets en aluminium de toute nature, y compris les plaques d'identité des hommes décédés, réformés et libérés définitivement du service militaire.

Pour les effets et objets hors de service non utilisables par le corps, il est procédé comme il est indiqué au règlement sur l'administration et la comptabilité des corps de troupe.

En Algérie et en Tunisie, les corps de troupe ne remettent aux domaines, pour être vendus, que des effets de toile et de drap classés hors de service, préalablement transformés en chiffons.

TITRE V.

DISPOSITIONS SPÉCIALES.

CHAPITRE Ier.

DISPOSITIONS COMMUNES AUX HOMMES DE LA RÉSERVE ET DE L'ARMÉE TERRITORIALE.

Habillement des hommes convoqués pour une période d'instruction.

Art. 66. A l'époque des périodes d'instruction, les hommes convoqués dans les unités actives sont ordinairement habillés et équipés par la compagnie à laquelle ils sont affectés.

Lorsqu'ils sont convoqués dans une autre place que celle où se trouve leur compagnie d'affectation ou lorsqu'ils sont convoqués dans des unités de réserve ou de l'armée territoriale, le chef de corps les répartit entre les compagnies présentes, au mieux des intérêts du service.

Les primes déterminées par le tarif n° 1 pour les hommes appelés sont, en principe, acquises en entier à la compagnie qui les a pourvus, comme compensation de toutes les dépenses qui lui sont imposées.

Toutefois, dans le cas spécial où, faute de ressources, plusieurs compagnies ont été chargées de pourvoir le même homme, le Conseil d'administration fixe la part des primes revenant à chacune d'elles.

CHAPITRE II.

HABILLEMENT DES CORPS DE RÉSERVE ET DE L'ARMÉE TERRITORIALE

Corps désignés pour habiller les unités de réserve et de l'armée territoriale.

Art. 67. A l'époque des convocations des corps de réserve ou de l'armée territoriale pour les périodes d'instruction, l'autorité militaire désigne les corps de troupe de l'armée active qui seront chargés de pourvoir les corps ou fractions de corps de réserve ou de l'armée territoriale qui ne leur correspondent pas normalement.

Renseignements sur l'effectif à habiller.

Art. 68. Un mois au moins avant l'ouverture de la période d'instruction, l'autorité militaire fait parvenir au chef de corps ou de détachement désigné, selon les prescriptions de l'article précédent, tous les renseignements utiles sur l'effectif, par compagnie, escadron ou batterie, des hommes de la réserve ou de l'armée territoriale qu'il doit habiller et équiper.

Répartition entre les compagnies du corps actif.

Art. 69. Le chef de corps ou de détachement de l'armée active fait la répartition numérique des hommes de la réserve ou de l'armée territoriale entre les fractions de sa propre troupe.

Prélèvement des effets nécessaires.

Art. 70. Les commandants des compagnies de l'armée active désignées prélèvent sur les effets de leur compagnie, tant en magasin qu'en service, le nombre, augmenté d'un dixième, des effets nécessaires à l'effectif qu'ils sont chargés de pourvoir.

Remise des effets aux commandants de compagnie de réserve ou de l'armée territoriale.

Art. 71. Ces effets, convenablement nettoyés et réparés, et marqués à la lettre de la compagnie à laquelle ils appartiennent, sont déposés, en temps utile, par les soins des commandants de compagnie de l'armée active, dans les locaux désignés pour cet objet par l'autorité militaire.

Les commandants de compagnie de réserve ou de l'armée territoriale prennent charge des effets et les distribuent ensuite à leur troupe.

Reprise des effets à la fin de la période d'instruction.

Art. 72. A la fin de la période d'instruction, les effets sont réunis, par les soins des officiers des corps de réserve ou de l'armée territoriale, dans les locaux désignés pour cet objet par l'autorité militaire, et chaque commandant de compagnie de l'armée active y fait reprendre les effets qui appartiennent à sa **compagnie.**

Les primes sont acquises à la compagnie qui a fourni les effets.

Art. 73. En principe, les primes déterminées par le tarif n° 1, pour les hommes de la réserve ou de l'armée territoriale, sont acquises en entier à la compagnie qui les a pourvus. Cette compagnie supporte, en échange, toutes les dépenses qui, occasionnées par l'appel des hommes de la réserve ou de l'armée territoriale, doivent normalement être imputées à la masse d'habillement.

TITRE VI.

ÉCRITURES ET COMPTABILITÉ INTÉRIEURES.

CHAPITRE Ier.

ÉCRITURES DE L'OFFICIER D'HABILLEMENT.

Registres à tenir.

Art. 74. L'officier d'habillement tient tous les registres prescrits par le règlement sur l'administration et la comptabilité des corps de troupe.

CHAPITRE II.

ÉCRITURES ET COMPTES DES COMPAGNIES ET DU TRÉSORIER.

Écritures et comptes des compagnies.

Art. 75. Les écritures et comptes relatifs à l'habillement, à tenir dans les compagnies, comprennent :

1° L'établissement du bon mensuel tel qu'il est prévu à l'article 54 ;

2° L'enregistrement au fascicule du livret individuel des effets délivrés aux hommes ;

3° La tenue du registre de comptabilité d'après les indications du règlement sur l'administration et la comptabilité des corps de troupe ;

4° La tenue d'un compte d'entrées et de sorties pouvant donner à tout moment la situation exacte des effets existant dans la compagnie, tant en magasin qu'en service.

5° L'établissement du compte trimestriel du fonds particulier de l'unité ;

6° L'établissement d'un inventaire estimatif des matières, effets et objets, au compte du fonds particulier, existant en magasin et en service, dans l'unité, au 31 décembre de chaque année.

Compte général trimestriel de la masse d'habillement établi
par le trésorier.

Art. 76. Un compte général trimestriel de la masse d'habillement du corps est établi, par le trésorier, conformément aux instructions ministérielles.

Compte annuel de la masse d'habillement.

Art. 77. Le compte annuel de la masse d'habillement est la récapitulation des comptes trimestriels de l'année ; il est également établi par le trésorier.

TITRE VII.

SURVEILLANCE ADMINISTRATIVE.

Surveillance administrative.

Art. 78. La surveillance administrative sur le service de l'habillement dans les corps est exercée dans les conditions prévues au règlement sur l'administration et la comptabilité des corps de troupe (vol. 1).

En vertu de son action propre, le sous-intendant militaire procède à l'inventaire des approvisionnements de l'Etat, du corps et des compagnies ; il vérifie de même la comptabilité de l'habillement du corps, y compris celles des unités administratives.

TITRE VIII.

MOBILISATION ET SERVICE EN TEMPS DE GUERRE.

CHAPITRE 1er.

MOBILISATION.

Passage du pied de paix au pied de guerre.

Art. 79. Au moment de la mobilisation, les commandants de compagnies qui se mobilisent prélèvent sur leurs approvisionnements tous les effets nécessaires à l'effectif de paix

Ils arrêtent ensuite et certifient véritable leur compte d'entrées et de sorties, de manière à bien établir le nombre et le classement des effets qu'ils laissent.

Les comptes d'entrées et de sorties sont déposés entre les mains du chef du bureau spécial de comptabilité. Les effets non emportés sont, sur l'ordre du commandant du dépôt, employés suivant les besoins.

Les mouvements d'effets ordonnés après le départ de la compagnie seront appuyés de pièces régulières dont il sera tenu écritures.

CHAPITRE II.

SERVICE EN TEMPS DE GUERRE.

Fonctionnement du service de l'habillement en temps de guerre.

Art. 80. Une instruction ministérielle spéciale détermine les détails du fonctionnement du service de l'habillement en temps de guerre (1).

TITRE IX.

DISPOSITIONS ABROGEES.

Ministre chargé de l'exécution du règlement.

Art. 81. Le Ministre de la guerre est chargé de l'exécution du présent décret.

---

(1) Instruction du 8 novembre 1902 (vol. 8).

Les prescriptions antérieures au présent décret sont abrogées.

Art. 82. Toutes les prescriptions réglementaires concernant le service de l'habillement antérieures au présent décret sont et demeurent abrogées, et notamment les documents énumérés ci-après :

1903. 13 juin. Décret portant règlement sur le service de l'habillement dans les corps de troupe.

1905 22 avril. Décret qui modifie le décret du 13 juin 1903, portant règlement sur le service de l'habillement dans les corps de troupe (Partie du).

» 2 juin. Notification de modifications aux taux des primes mensuelles de la masse d'habillement de certains corps de troupe.

Fait à Paris, le 22 janvier 1907.

A. FALLIÈRES.

Par le Président de la République :

Le Ministre de la guerre,

G. PICQUART.

TARIFS ET TABLEAUX

ANNEXÉS AU RÈGLEMENT

MASSE D'HABILLEMENT DANS LES CORPS DE TROUPE.

TARIF N° 1.

PRESTATIONS EN DENIERS.

Art. 3 du règlement.

§ 1er. — *Fonds commun du corps.*

* Prime journalière (par homme et par journée donnant droit à la solde de présence). Hommes de toutes armes (sauf les spahis) et de tous grades (adjudants, chefs armuriers et maîtres selliers exceptés) appartenant aux différentes catégories de l'armée active, à la réserve de cette armée ou à l'armée territoriale.. 0 fr. 03
2° Spahis algériens et tunisiens, militaires français et indigènes (adjudants, chefs armuriers et maîtres selliers exceptés) .... 0 fr. 04

Primes mensuelles augmentées de 100 p. 100 par l'Instruction du 31 janvier 1923. (*B. O.*, p. 288.)

DÉSIGNATION DES ARMES ou SUBDIVISIONS D'ARMES (1).	MONTANT DE LA PRIME (1).	Nombre d'unités de l'armée active pour lesquelles la prime est allouée.	À augmenter ou à diminuer pour chaque unité de l'armée active en plus ou en moins (A).	À augmenter pour chaque unité de la réserve ou de l'armée territoriale dont le corps actif gère les approvisionnements (B).
	fr.		fr.	francs.
Régiment d'infanterie de ligne .	144	12	15	
Bataillon de chasseurs à pied...	64	6	15	
Régiment { de zouaves	300	22	15	
de tiraill. algériens.	341	23	15	
étranger	365	26	15	
Bataill. d'inf. légère d'Afrique.	80	6	15	
de cuirassiers......	175	5	40	
de dragons..	80	5	24	
de chasseurs	65	5	18	
de hussards	65	5	18	
de chass. d'Afrique.	65	5	18	
Régiment { de spahis algériens.	425	5	90	
de spahis tunisiens.	350	5	75	
d'artillerie de campagne ou à pied ..	197	12	19	
d'artillerie de montagne	201	12	19	
du génie	259	15	19	
Groupe aéronautique	175	10	19	
Escadron du train	7	3	5	
Comp. de cavaliers de remonte.	68	(c)	»	
Etabliss. hippiques de Suippes .	7	(c)	»	
Section { de secrétaires d'état-major.	36	(c)	»	
de commis et ouvr. milit. d'adminis..	12	(c)	»	
d'infirmiers milit ..	7	(c)	»	
Groupe autonome d'artillerie de campagne et à pied.......	60	4	19	
Régiments de chars d'aviation, d'aérostation..............	157	10	19	Voir p. 298 le § 2 Formation de réserve.
Bataillon de chars formant corps.	60	4	19	
Groupe d'aviation formant corps.	49	3	19	
Groupe d'ouvriers d'aviation. compagnie de météorologie, section d'ouvriers d'aviation formant corps...............	36	(c)	»	
Groupe cycliste	12	1	15	

OBSERVATIONS.

(A) La section ou le peloton hors rang ne sont pas considérés comme unités administratives donnant droit à la perception d'un supplément de prime mensuelle.

(B) Les suppléments de prime mensuelle du fonds commun relatif à la gestion d'approvisionnements de réserve ne doivent être perçus qu'à compter du jour où ces approvisionnements entrent en voie de formation. Ces suppléments sont perçus par les corps de troupe pour les approvisionnements constitués pour leurs propres besoins et pour ceux constitués pour les corps de réserve et de l'armée territoriale qui leur sont normalement rattachés.

(C) Cette prime a été calculée pour un effectif de 250 hommes. Pour chaque groupe complet de 50 hommes en plus ou en moins, elle est augmentée ou diminuée d'un cinquième. L'effectif se détermine de la manière suivante : prendre le nombre de journées de présence des hommes de l'armée active pendant le trimestre ; diviser ce chiffre par le nombre de jours du trimestre, le quotient indiquera l'effectif.

EXEMPLE : La feuille de journées accuse 23.660 journées de présence pour l'armée active pendant un trimestre de 91 jours ; l'effectif sera $\dfrac{23.660}{91}$, soit 260 hommes. La prime sera calculée pour 250 hommes.

Pour les perceptions mensuelles, on prend pour base l'effectif moyen approximatif, et la régularisation des perceptions a lieu en fin de trimestre comme il est indiqué ci-dessus.

NOTA. — Les officiers sans troupe gérants d'annexes opèrent comme délégués du corps gestionnaire et sont remboursés par ce dernier de leurs frais de bureau et de gestion.

Opèrent également comme délégués des corps gestionnaires les corps de troupe dans lesquels sont déposés les approvisionnements de réserve constitués pour des fractions d'autres corps de l'armée active ou pour des corps de réserve ou de l'armée territoriale normalement rattachés à d'autres corps actifs.

Les dépenses d'entretien sont remboursées aux gérants d'annexes, en fin de trimestre, sur la production des mémoires ou des quittances concernant ces dépenses.

Les dispositions relatives à la gestion des approvisionnements dits « spéciaux » sont consignées au tableau n° 3 annexé à l'instruction faisant suite au présent règlement.

(1) Indications modifiées par le décret du 24 octobre 1913, *B. O.*, p. 1363.

La majoration de 100 p. 100 prévue par le paragraphe 1er (1re partie de l'Instruction du 31 janvier 1923) doit être appliquée aux chiffres indiqués dans les colonnes 2, 3 et 4.

§ 2. — *Fonds particuliers des compagnies, escadrons ou batteries.*

Tarif modifié par décret du 13 octobre 190?, circulaire du 24 juillet 1910, décret du 31 décembre 1910, décrets du 14 janvier et 2 mai 1911.

1° PRIMES JOURNALIÈRES.

Primes journalières uniques pour corps de troupe de toutes armes. 0 55

Le dépôt des isolés de Marseille et le centre de rassemblement d'Arles ne pourront se créditer que des primes ci-après, savoir :

Fonds commun 0 01
Fonds particuliers. 0 10
(Instruction du 31 janvier 1923.)

2° SUPPLÉMENTS AUX PRIMES JOURNALIÈRES.

	fr.	
Troupes de toutes armes faisant partie des groupes alpins..................		(A) Ce supplément, qui est perçu cumulativement avec les primes journalières, n'exclut point l'indemnité allouée par les instructions spéciales aux grandes manœuvres. La perception de cette dernière indemnité a lieu sur relevé modèle n° 34 appuyé d'états numériques décomptés. La dépense est inscrite dans la colonne « Grandes manœuvres » de ce relevé.
Régiments régionaux occupant des garnisons alpines....................	0 025 (A)	
Troupes stationnées en permanence dans les Alpes......................		
Troupes affectées éventuellement aux Alpes........................	0 01 (A)	Ce supplément n'est pas perçu pour les militaires qui séjournent, à un titre quelconque, en dehors de la région pour laquelle ce supplément est alloué.
Compagnie d'infanterie montée du Sud oranais.......................	0 045	(B) Ce supplément est également perçu pour les militaires en subsistance dans les corps de troupe ou écoles militaires du gouvernement militaire de Paris.
Troupes du gouvernement militaire de Paris :		Pour les militaires en subsistance dans les corps de troupe, le supplément est perçu par le corps d'origine.
Intra-muros.....................	0 04 (B)	Pour les militaires en subsistance dans les écoles militaires, le supplément est perçu par l'établissement nourricier.
Extra-muros.....................	0 03 (B)	Ce supplément n'est pas perçu pour les militaires qui séjournent, à un titre quelconque, en dehors du gouvernement militaire de Paris.
		Les suppléments de primes accordés à des corps placés dans des conditions particulières sont fixés par décisions spéciales. (Voir page 289 l'instruction du 31 janvier 1923.)

3° PRIMES FIXES.

	fr. c.	
Pour sous-officiers (adjudants, sous-chefs de musique et chefs armuriers exceptés) promus officiers sans avoir suivi les cours d'une école militaire d'élèves officiers ou nommés à l'un des emplois indiqués au tarif n° 22 du décret du 27 décembre 1890; caporaux, brigadiers et soldats rengagés ou commissionnés nommés à l'un des emplois indiqués au tarif susvisé.	à pied... 25 »	Les primes fixes sont justifiées, en fin de trimestre, par un état nominatif indiquant les mutations qui motivent ces allocations (modèle n° 5 annexé à l'instruction ministérielle faisant suite au présent règlement).
Pour militaires de tous grades (adjudants, chefs armuriers et maîtres selliers exceptés) admis à la retraite ou réformés par congé n° 1...........	à cheval. 30 »	Cet état est joint à l'un des deux tableaux, retirés des revues de liquidation, destinés au Ministre (Direction de l'Intendance, 6e Bureau).

TABLEAU N° 1

Art. 4 du Règlement.

MATÉRIEL
MIS GRATUITEMENT A LA DISPOSITION DU CORPS.

DÉSIGNATION DES EFFETS ET OBJETS.	OBSERVATIONS.

Brassards de tous modèles (1).......
Couvertures (grandes et petites) (C)....
Enve-) de paillasse..........
loppes) de traversin............
Etuis d'outils de campement:.......
Outils de tous modèles (C) ....
Isolateurs (paillassons, plateaux).....
Peaux de mouton...............
Pliants................
Sacs de couchage.............
Tentes individuelles avec accessoires (C)
Tentes de tous modèles avec acces-
  soires................
Caisses à bagages............
Cantines à vivres............
Caisses de comptabilité pour corps de
  troupe................
Cassette métallique pour officier
  payeur................
 	
A.
 	
Courroies d'ustensiles de campement.
Etuis d'ustensiles de campement.....
Etuis de gamelles individuelles de ca-
  valerie................
Plaques d'identité sans cordons......
Ustensiles de campement { Grands bidons de tous mo-
  dèles................
  Gamelles de tous modèles....
  Gamelles moulins à café....
  Marmites de tous modèles...
  Seaux en toile............
 	
A, B et C.
	Nota. — A. Tous ces effets et objets sont mis gratuitement à la disposition des corps. Aucune durée ne leur est assignée ; le déclassement en est prononcé dans la forme ordinaire.
	
	Ces effets restent en magasin et n'en sortent que lorsque l'usage en est prescrit aux compagnies.
	
	La moins-value résultant des déclassements motivés par l'usure naturelle est supportée par l'État.
	
	Sont également supportées par l'État des pertes et détériorations résultant de la mise en service, quand ces pertes ou détériorations ne proviennent pas manifestement de la faute des détenteurs.
	
	La moins-value comme les pertes ou détériorations donnent lieu à la production d'un procès-verbal circonstancié, rapporté par le sous-intendant militaire chargé de la vérification des comptes du corps.
	
	Ce procès-verbal est approuvé conformément aux indications du règlement sur l'administration et la comptabilité des corps de troupe.
	
	Les frais de timbre des effets de couchage auxiliaires sont à la charge du budget de l'habillement ;
	
	B. Ceux de ces effets nécessaires à l'effectif de paix sont déposés dans les magasins d'unité, sans cesser d'appartenir à la réserve de guerre, sauf les plaques d'identité qui sont fournies au titre du service courant et qui sont portées définitivement en sortie.
	
	C. En Algérie et en Tunisie ceux de ces effets et objets nécessaires à l'effectif réglementaire de paix appartiennent au service courant.

(1) Moins les brassards des vélocipédistes du temps de paix.

TABLEAU DES MATIÈRES ET EFFETS
QUI COMPOSENT L'APPROVISIONNEMENT DU CORPS.

DÉSIGNATION DES MATIÈRES ET EFFETS.	OBSERVATIONS.
A. — 1re PORTION. — EFFETS ET MATIÈRES QUE LE CORPS DOIT TOUJOURS, EN TEMPS DE PAIX, RECEVOIR DES MAGASINS ADMINISTRATIFS OU QU'IL PEUT ÊTRE AUTORISÉ A CONFECTIONNER. § 1er. — *Matières premières.* Drap de toutes nuances. Velours noir. Toile......... { à doublure... { en lin. / en coton. / { à tente dite 3 fils. § 2. — *Effets d'habillement.* Bandes molletières. Burnous. Capote. Collet à capuchon en drap ou collet-manteau. Culotte. Dolman ou tunique, ou vareuse-dolman. Gilet. Guêtres-jambières en drap (paire de). Manteau en drap (*Adjudant et troupe*) ou manteau à capuchon. Pantalon d'ordonnance. Pantalon de cheval. Pattes d'épaule. Veste de travail. Veste d'ordonnance. Fausses-bottes (paire de). *Les pattes et écussons à numéro.* *Les attributs autres que brodés.* § 3. — *Coiffure.* Bonnet de police. Calotte de travail en drap. Képi. Casque. Casquette. Haïk. Shako. Visière de képi. § 4. — *Effets de grand équipement.* Banderole..... { de cartouchière. / d'étui de revolver. Bretelle de fusil, de carabine ou de mousqueton. Bretelle de suspension pour cartouchière.	Il est dérogé au principe posé par le règlement sur la comptabilité des matières appartenant au département de la guerre en ce qui concerne le matériel susceptible d'être livré à charge de payement par la masse d'habillement. Pour ce matériel, les classements « neuf », « en cours de durée » et « instruction », sont conservés. Dans tous les autres cas, le matériel doit figurer dans les comptes à l'un des classements « bon pour le service » ou « hors de service ».

DÉSIGNATION DES MATIÈRES ET EFFETS.	OBSERVA-TIONS

Cartouchière.
Courroie de ceinture de revolver ou de cartouchière ou
  de ceinture de vélocipédiste.
Ceinturon *complet en cuir noirci et en cuir fauve.*
Étui de revolver.

Équipement de tambour.
- Bretelle de caisse.
- Collier.
- Contre-sanglon.
- Cuissière.
- Écusson porte-baguette.

Giberne.
Havresac.
Lanière de revolver.
Poche à cartouches.
Porte-épée-baïonnette.
Porte-fourreau de sabre-baïonnette.

Pièces de garniture de ceinturon *en cuir noirci et en cuir fauve.*
- Plaque ou boucle.
- Coulant.
- Chape à barrette mobile.
- Verrou.

Sac des hommes montés de l'artillerie.
Sac cachou des sous-officiers et des hommes dispensés
  du port du sac dans les batteries alpines.

§ 5. — *Effets de chaussure.*

Bottes sans éperons (paire de).
Bottines sans éperons (paire de).
Brides et sous pieds d'éperons (paire de).
Brodequins (paire de)
Jambières en cuir (paire de).
Mestres (paire de).
Souliers (paire de).

§ 6. — *Effets de campement.*

Petit bidon..
- de 1 litre.
- de 2 litres.

Courroie....
- de petit bidon de 1 litre.
- de petit bidon de 2 litres.

Enveloppe mobile de petit bidon.

II. — 2ᵉ PORTION. — EFFETS ET MATIÈRES QUE LE
CORPS EST AUTORISÉ A ACHETER OU QU'IL NE REÇOIT
QU'ÉVENTUELLEMENT DES MAGASINS ADMINISTRATIFS.

Tous les effets de la nomenclature qui ne figurent pas
ci-dessus et qui ne sont pas délivrés gratuitement au corps
(tableau n° 1) composent la 2ᵉ portion.

TABLEAU A.

Effets à emporter par les sous-officiers, caporaux, brigadiers et soldats, en cas de mutations.

(Annexé au règlement sur l'habillement, vol. 3.)

(Indications in présent tableau modifiées par la circulaire du 31 juillet 1 21 : voir page 363.)

DÉSIGNATION DES MUTATIONS.	GRADES	Capote ou manteau	Tunique ou dolman	Veste	Épaulettes (paire d')	Pantalons de tonnage (2)	Pantalons de cheval (2)	Képi ou chéchia avec gland	Chaussures (1) (paire de)	Collection d'effets de petit équipement
1er CAS. A, B, C, D. — Militaires changeant de corps, militaires renvoyés dans la réserve, ou en congé en attendant leur passage dans la réserve; militaires réformés par congé n° 2 ou réformés temporairement, militaires renvoyés par annulation d'acte d'engagement.	Sous-officier	D {	1 ou 1	»	»	E {	1 ou 1	1	1	1 F
	caporal et soldat	D {	1 ou 1 ou 1	»	»	E {	1 ou 1	1	1	1 F
2e CAS. C. L. — Sous-officiers promus officiers sans avoir suivi les cours d'une école militaire d'élèves officiers ou nommés à l'un des emplois indiqués au tarif n° 22 annexé au décret du 27 décembre 1890; caporaux, brigadiers ou soldats rengagés ou commissionnés nommés à l'un des emplois indiqués au tarif susvisé. — Militaires de tous grades admis à la retraite ou réformés par congé n° 1.	Sous-officier	»	1	»	»	E {	1 ou 1	1	1	1 F
	caporal et soldat	»	1	»	»	E {	1 ou 1	1	1	1 F
3e CAS. — Sous-officiers nommés élèves dans une école. Sous-officiers, caporaux et soldats passant au cadre d'une école. Sous-officiers, caporaux et soldats passant définitivement à un autre corps et à pourvoir exceptionnellement d'effets neufs, très bons ou bons.	Sous-officier, caporal et soldat	Le nombre et la nature des effets à emporter sont déterminés par les *instructions* du Ministre et, *à défaut*, par les ordres du commandement local, selon les circonstances, et remboursés à la compagnie, suivant les prescriptions de l'article 32.								
4e CAS. G. — Sous-officiers, caporaux et soldats en prison préventive en attendant leur comparution devant un conseil de guerre ou un tribunal civil, ou soldats envoyés dans une section spéciale en Afrique.	Sous-officier	D {	1 ou 1	»	»	E {	1 ou 1	1	1	1 F
	caporal et soldat	D {	1 ou 1 ou 1	»	»	E {	1 ou 1	1	1	1 F
5e CAS. M. — Militaires allant à l'hôpital, en congé, en permission, en mission, etc.	Sous-officier, caporal et soldat	Le nombre et la nature des effets à emporter sont déterminés par les *instructions* du Ministre et, *à défaut*, par les ordres du commandement local, selon les circonstances.								
6e CAS. — Militaires se rendant aux bains de mer ou aux eaux thermales ou envoyés en congé de convalescence au dépôt de Porquerolles (J).	Sous-officier	1	1	»	»	1	»	1	2	1 K
	caporal et soldat	1	»	1	»	1 ou 1	1	1	2	1 K

Pour le 6e cas, trois colonnes supplémentaires figurent à droite :

	Havresac	Ceinturon	Sabre ou épée-baïonnette
Sous-officier	1	1	1
caporal et soldat	1	1	1

OBSERVATIONS.

(1) Souliers avec guêtres, ou brodequins ou bottes ou bottines.

(2) Plus une ceinture de laine pour les zouaves, tirailleurs, spahis, chasseurs d'Afrique et autres corps stationnés en Algérie et en Tunisie.

(3) Modifications du 23 avril 1923. (B. O., p. 1207.)

A. — Les caporaux et soldats rengagés et commissionnés sont traités comme les sous-officiers rengagés ou non commissionnés.

B. — Les indigènes de tous grades des régiments de tirailleurs algériens et des spahis et les auxiliaires des autres corps emportent : Des effets d'habillement de toile en été, de drap en hiver.

C. — Tous les effets emportés doivent appartenir à la tenue en drap fin pour les sous-officiers rengagés ou commissionnés : ces sous-officiers emportent également la capote ou le manteau, la vareuse, le pantalon, de toile, effets d'un modèle spécial à ces grades (3).
À la collection n° 2 pour les sous-officiers ;
À la collection n° 3 pour les hommes autres que ceux visés au renvoi A ci-dessus.

D. — Tunique ou dolman ou capote pour les sous-officiers. — Tunique ou dolman ou capote ou veste, pour les caporaux, brigadiers et soldats, au choix du commandant de l'unité.
Pendant la saison froide (du 1er novembre au 15 avril), il est délivré une capote ou un manteau au lieu de la veste, du dolman ou de la tunique.

E. — L'un ou l'autre de ces effets dans les troupes à cheval, ou culotte avec jambières.

F. — Cette collection comprend :
1 paire de bretelles de pantalon. — 1 caleçon. — 1 chemise. — 1 mouchoir de poche. — 1 cravate. — 1 ceinture de flanelle. — 1 paire de chaussettes (3).

G. — Les effets distribués doivent pouvoir être maintenus en service pendant trois mois environ. En outre, pendant la saison chaude, du 1er avril au 30 septembre, il est délivré un bourgeron et un pantalon de toile, en remplacement... aux prévenus et disciplinaires écroués.

H. — Cette collection comprend :
1 paire de bretelles de pantalon. — 2 caleçons. — 2 chemises. — 1 cravate. — 1 étui-musette. — 2 mouchoirs. — 1 sac de petite monture garni. — 1 gamelle individuelle. — 1 serviette. — 1 ceinture de flanelle. — 1 paire de chaussettes. (Décret du 2 mai 1911.) (3)

I. — Les sapeurs colombophiles emportent tous les effets dont ils sont détenteurs ou qui leur sont affectés (collections 2, 7 et 1); ces effets sont retournés au nouveau corps qui en rembourse la valeur au corps d'origine.

J. — Le ceinturon, le sabre ou épée-baïonnette sont emportés seulement par les militaires mis en subsistance dans un corps afin qu'ils puissent sortir en ville dans la même tenue que les hommes de la réserve accomplissant une période d'instruction. — Tous les effets doivent être en état de faire un bon service pendant le séjour des hommes aux bains de mer. — Képi de la 2e tenue pour les hommes des corps de troupe où le port du shako a été remplacé par celui d'un képi de 1re tenue.
Les effets de chaussure se composent :
Pour les troupes à cheval : de 2 paires de bottes ou bottines, ou brodequins ; pour les troupes à pied : de la paire de brodequins n° 2 et d'une paire de souliers avec les guêtres de toile.
Les militaires envoyés en congé de convalescence au dépôt de Porquerolles appartenant aux troupes à cheval, qui n'ont pas de havresac, emportent un sac à avoine destiné à renfermer des effets de petit équipement.

K. — Cette collection comprend :
La gamelle individuelle. — 2 serviettes. — Les effets de linge ainsi que les objets permettant les soins de propreté et d'entretien des effets.

L. — Les caporaux, brigadiers et soldats indigènes admis à la retraite ou réformés par congé n° 1 reçoivent des vêtements civils indigènes en remplacement d'effets militaires.

M. — Pour les congés et permissions, voir B. O. E. M. vol. 31.

INSTRUCTION

POUR L'APPLICATION

DU

RÈGLEMENT SUR LE SERVICE DE L'HABILLEMENT

DANS LES CORPS DE TROUPE

(Direction de l'Intendance militaire ; Bureau de
l'Habillement et du Campement.)

Paris, le 22 janvier 1907.

TITRE PREMIER.

RÈGLES GÉNÉRALES CONCERNANT LES ALLOCATIONS

CHAPITRE PREMIER.

RÈGLES D'ALLOCATIONS.

Prestations.

Art. 1er. Les prestations allouées aux corps de troupe sont
uniquement des prestations en deniers, à l'exception de la première mise et des allocations pour augmentation d'effectif
qui peuvent être faites soit en nature, soit partie en nature,
partie en deniers.

Droit aux prestations exercé au profit du corps.

Art. 2. Cet article confirme un principe appliqué dans toute
l'armée, depuis que la masse individuelle a été supprimée dans
les corps de troupe (régiment de sapeurs-pompiers et corps
de la gendarmerie exceptés).

Bases des allocations.

Art. 3. Aux termes de l'article 3 du décret, « pour chaque
journée donnant droit à la solde de présence, il est alloué au
corps une journée de prime en deniers fixée par le tarif n° 1 ».

En conséquence, les journées passées en mer par les hommes
de troupe embarqués pour se rendre en Corse, en Algérie et en

Tunisie, ou pour en revenir, quand elles ne donnent pas droit à la solde de présence, ne donnent pas droit non plus aux primes journalières d'habillement.

De même, la masse d'habillement ne peut faire recette que de 30 jours de prime par mois, au maximum, pour les sous-officiers rengagés ou commissionnés, autres que les adjudants, sous-chefs de musique, chefs armuriers et maîtres selliers, admis à la solde mensuelle.

Lorsque des hommes de troupe sont embarqués sur des bâtiments de l'Etat ou de commerce pour d'autres destinations que celles désignées ci-dessus, soit isolément, soit en troupe, des instructions ministérielles spéciales déterminent, dans chaque cas, comme pour la solde et les vivres, les prestations du service de l'habillement qui leur seront allouées pour le temps de la traversée.

Les primes du tarif n° 1 ont été calculées de manière à suffire, non seulement aux dépenses normales d'entretien, mais encore à celles qui peuvent résulter de certains cas particuliers.

A ces ressources normales viennent d'ailleurs s'ajouter les recettes éventuelles indiquées à l'article 7 ci-après.

Les journées d'absence des hommes de troupe avec solde ou demi-solde de présence, dans les conditions du décret du 12 juin 1908 (É. M., vol. n° 100⁵), donnent droit à la perception des primes journalières d'habillement (1).

Matériel mis gratuitement à la disposition du corps.

Art. 4. Les effets, objets et ustensiles de campement, et généralement tous les effets et objets énumérés au tableau n° 1, sont demandés distinctement pour le service courant et le service de réserve, dans la forme qui sera indiquée à l'article 22 pour les demandes d'effets, matières et accessoires du service de l'habillement.

Lorsque des effets ou objets énumérés au tableau n° 1 sont placés dans les magasins d'une compagnie, ils ne deviennent pas la propriété de cette compagnie et ne lui sont délivrés qu'à titre de dépôt. Les ustensiles de campement et, s'il y a lieu, les couvertures de marche et les tentes individuelles nécessaires à l'effectif de paix sont déposés dans les magasins de compagnie, quand l'emplacement le permet, tout en continuant à figurer à la réserve de guerre, dans les comptes de l'officier d'habillement (2).

---

(1) Alinéa ajouté. (Circulaire du 30 décembre 1910, *B. O.*, p. 2362.)
(2) Sauf l'exception prévue au tableau n° 1, indice C, pour les corps de troupe de l'Algérie et de la Tunisie.

En principe, les corps ne doivent jamais présenter à la réforme
le matériel de campement; la réintégration en magasin, l'échange
ainsi que le classement « hors de service » de ce matériel a lieu
d'après les règles suivantes :

1° *Matériel faisant partie des approvisionnements de réserve gérés par les corps de troupe.*

Les pertes ou détériorations résultant de la mise en service de
ce matériel à l'occasion des grandes manœuvres, exercices, etc.,
sont constatées, sur place, au moyen de procès-verbaux rapportés
par les sous-intendants militaires chargés de la vérification des
comptes des corps gestionnaires.

Dans ces actes, les sous-intendants militaires font ressortir,
d'une part, le nombre, par espèce, des effets, ustensiles ou objets
manifestement irréparables et à classer hors de service, et, d'autre
part, ceux susceptibles d'être réparés.

Ces procès-verbaux sont approuvés dans les conditions déterminées au règlement sur l'administration et la comptabilité des
corps de troupe.

2° *Grandes tentes avec accessoires et matériel de couchage auxiliaire mis temporairement à la disposition des corps.*

Le matériel de cette nature mis à la disposition des corps de
troupe doit, lorsqu'il est réintégré au magasin administratif, être
vérifié par l'officier d'administration comptable, en présence d'un
officier du corps ou, à défaut, d'un représentant désigné
d'office.

Les pertes ou dégradations constatées donnent lieu à l'établissement, par le comptable du magasin administratif, d'un état d'imputation à talon (modèle n° 14 annexé à l'instruction pour l'application du règlement sur la comptabilité des matières appartenant
au département de la guerre).

Cet état est certifié contradictoirement par l'officier d'administration comptable et la partie versante. Ledit état est soumis au
sous-intendant militaire chargé de la surveillance administrative
de l'établissement qui, après vérification, le signe pour mise à la
charge de qui de droit de la somme imputée.

En cas de contestation entre l'officier d'administration comptable et la partie versante, il est procédé comme il es indiqué au
règlement précité sur la comptabilité des matières

3° *Réparations à effectuer aux ustensiles de campement.*

Sauf le cas d'impossibilité absolue, constaté par le directeur de l'intendance, tous les ustensiles de campement susceptibles d'être réparés sont mis en état par les soins des corps de troupe. Ces réparations sont faites conformément aux dispositions adoptées dans la notice n° 5 de la description du matériel de campement en usage dans l'armée (1).

Quant aux grandes tentes, aux tentes individuelles, aux couvertures et aux effets de couchage auxiliaire, ils sont toujours réintégrés au magasin administratif dans l'état où ils se trouvent, les dispositions du règlement sur l'administration et la comptabilité des corps de troupe n'étant applicables qu'aux ustensiles de campement ; toutefois, les dégradations survenues par cas de force majeure sont constatées par une procès-verbal rapporté par le sous-intendant militaire qui a constaté le fait (2). Un extrait de ce procès-verbal est remis à l'officier d'administration comptable afin qu'il en soit tenu compte lors de l'établissement de l'état d'imputation à talon (modèle n° 14) visé ci-dessus § 2.

4° *Destination à donner au matériel « hors de service ».*

A l'exception des grandes tentes, des tentes individuelles, des couvertures et des effets de couchage auxiliaire qui, conformément aux prescriptions ci-dessus, sont toujours réintégrés au magasin administratif dans l'état où ils se trouvent, les ustensiles ou objets de campement, non susceptibles d'être réparés, sont classés sur place « hors de service ».

Ceux de ces ustensiles ou objets nécessaires pour les réparations sont conservés par des corps ; les autres sont remis à l'administration des domaines, également sur place, afin d'éviter les frais de transport.

Les seaux en toile, hors de service, nécessaires pour réparer au magasin administratif les récipients de cette nature qui n'ont pu être remis en état par les corps de troupe, sont réintégrés audit établissement.

CHAPITRE II.

MASSE D'HABILLEMENT.

Constitution et objet de la masse d'habillement.

Art. 5. La masse d'habillement pourvoit à l'achat de tous les

---

(1) Alinéa complété. (Notification du 28 janvier 1909, *B. O.*, p. 145.)
(2) Voir les observations du tableau n° 1.

effets et matières, à l'exception de ceux qui figurent au tableau n° 1, et à toutes les dépenses nécessaires pour leur conservation et leur entretien.

La masse pourvoit encore à la fourniture du manteau, du collet mobile, du casque, de la matelassure de cuirasse et du sac à avoine des adjudants de la cavalerie, de l'artillerie, des sapeurs-conducteurs du génie et du train des équipages militaires.

Celle des corps d'origine pourvoit, en outre, à la fourniture des effets spéciaux des conducteurs de caissons de munitions, des ordonnances stagiaires et des ordonnances des officiers des troupes à pied auxquels une tenue d'homme à cheval, analogue à celle des conducteurs de caissons de munitions, serait attribuée par des décisions spéciales, ainsi qu'à la fourniture, à l'entretien et aux réparations des effets nécessaires aux hommes à pied des corps d'artillerie qui reçoivent l'instruction à cheval.

Il a été tenu compte, dans la fixation des primes mensuelles, de ces dépenses.

Elle supporte également les dépenses de conservation et d'entretien des approvisionnements appartenant à l'État, autres que les approvisionnements dits spéciaux dont le corps a la gestion, ainsi que le paiement des indemnités à allouer aux gestionnaires de ces approvisionnements.

Ces indemnités sont fixées par le général commandant le corps d'armée sur la proposition du Conseil d'administration et d'après l'avis du directeur de l'intendance, en s'inspirant des bases d'allocations faisant suite à la présente instruction (tableau n° 6).

La masse d'habillement supporte aussi :

1° Les dépenses de retouche aux effets d'habillement, de transformation aux chaussures appartenant à l'approvisionnement de l'État, lors de leur passage à l'approvisionnement du corps, les seules retouches imputables au budget de l'habillement étant celles à faire aux effets livrés par les magasins administratifs dans les conditions indiquées au § 6 de l'article 22 ci-après, c'est-à-dire lorsque les effets livrés n'ont pas les dimensions de ceux demandés;

2° Les frais de pose, de couture et de faufilage des pattes et écussons à numéro, etc., à placer sur les effets de la réserve de guerre.

En principe, ces frais doivent être limités à la fourniture du fil et des aiguilles, le travail devant être exécuté par les ouvriers de compagnie sans allocation de main-d'œuvre;

3° Les frais de fourniture (matières premières et confection) des tenues en drap fin délivrées aux sous-officiers rengagés ou commissionnés et aux élèves-officiers (1);

4° Les dépenses relatives au matériel d'alimentation, au blanchissage du linge de corps, des effets de cuisine, à la propreté et à l'hygiène des hommes.

Le payement d'une prime journalière de 0 fr. 026 aux sous-officiers qui ne font pas blanchir leur linge avec celui de la troupe et une prime, également journalière, de 0 fr. 014 à ceux qui sont autorisés à se pourvoir à leurs frais des ingrédients de propreté (2).

Cette mesure est applicable, dans les mêmes conditions, aux caporaux ou brigadiers et soldats mariés, logés en ville ou au quartier.

En Afrique, ces primes sont respectivement réduites à 0 fr. 014 et à 0 fr. 08.

Les dépenses étrangères au service de l'habillement (armement, dépenses pour les cuisines, réfectoires, commission des ordinaires, vaguemestre, etc.) sont réglées conformément aux décisions et instructions ministérielles spéciales à la nomenclature des principales dépenses incombant à la masse d'habillement qui fait suite à la présente instruction.

Les dépenses résultant de modifications nouvelles à la description des uniformes sont à la charge du budget de l'habillement.

Ce budget supporte également les frais de mise à l'uniforme des sections de secrétaires d'état-major et du recrutement, de commis et ouvriers militaires d'administration, d'infirmiers militaires et des compagnies de cavaliers de remonte, des effets apportés par les hommes venus d'autres corps :

1° Quand ces effets ne peuvent être versés dans un corps de même arme que le corps d'origine et stationné dans la même garnison que la section ou la compagnie;

2° Quand il y a économie pour le Trésor à ne point les renvoyer au corps d'origine.

Les indemnités allouées pour frais de bureau et de gestion d'approvisionnements spéciaux sont indiquées au tableau n° 3.

Il n'est rien changé au mode de remboursement prescrit par les instructions en vigueur pour toutes les avances faites par les corps de troupe.

---

(1) La fourniture et l'entretien des tenues de ville sont assurés sur les fonds de la masse d'habillement. (Voir page 304.)
(2) Nouveaux taux fixés par la circulaire du 31 juillet 1923.

DÉPENSES ÉVENTUELLES NON PRÉVUES

Dispositions générales (1).

Dispositions particulières aux bataillons alpins.

Les commandants des 6e, 7e, 11e, 12e, 13e, 14e, 22e, 23e, 24e, 27e, 28e et 30e bataillons de chasseurs et le commandant du 97e régiment d'infanterie (pour le bataillon alpin de ce régiment) disposeront annuellement, pour les groupes alpins dans la formation desquels entrent ces bataillons, d'une somme dont le montant est fixé ci-après, et destinée à l'amélioration des cantonnements dans les Alpes.

Les travaux auxquels ces fonds seront affectés doivent avoir exclusivement pour but de mettre dans de bonnes conditions hygiéniques les troupes appelées chaque année à cantonner dans les hautes vallées de la montagne. Telles sont les adductions d'eau, les constructions de latrines, de cuisines couvertes, de hangars, de lavoirs, d'abreuvoirs, etc.

Aucun de ces travaux ne pourra entraîner l'Etat, vis-à-vis des communes ou des particuliers, à des engagements dépassant la durée de l'occupation annuelle ; ils ne devront avoir, par suite, qu'un caractère passager, et ne comporter ni acquisitions ni locations s'étendant au delà de cette période. Aucune convention écrite ne sera d'ailleurs passée par les corps, qui s'en tiendront à des arrangements verbaux avec les propriétaires intéressés ; ces arrangements devront, bien entendu, précéder toute occupation de propriété ou exécution de travaux.

Le « fonds éventuel pour l'amélioration des cantonnements alpins » sera prélevé sur les fonds particuliers de la masse d'habillement des unités constituant le groupe alpin (bataillon de chasseurs, batterie d'artillerie et détachement du génie). Le général commandant le corps d'armée déterminera, à l'issue des manœuvres alpines, la part contributive de chacune d'elles au remboursement des dépenses engagées, proportionnellement aux journées de supplément de prime journalière qui leur auront été allouées pour ces manœuvres.

Le taux maximum du fonds éventuel dont il s'agit est fixé à :

---

(1) Supprimées. (Modifications du 24 octobre 1913, *B. O.*, p. 1365.)

500 francs pour chacun des groupes dont font partie les bataillons de chasseurs ci-dessus désignés ;

400 francs pour le groupe du 97e régiment d'infanterie.

Les dépenses sont autorisées par les commandants de corps d'armée et justifiées par des pièces régulières, factures, mémoires, etc..., établies dans les formes ordinaires; chaque année, avant la fin du 1er trimestre, il sera établi un compte d'emploi pour l'exercice écoulé; ce compte, certifié conforme aux autorisations données par le général commandant le corps d'armée, sera annexé au compte annuel de la masse d'habillement (1).

Dispositions spéciales aux réparations à la chaussure.

Le chiffre maximum de la dépense *par homme et par jour* que les corps ne doivent pas dépasser pour la réparation des chaussures (y compris les remontages) est fixé uniformément à 0 fr. 08 (2) quand les travaux sont effectués par la main-d'œuvre militaire.

Dans le cas de l'emploi de la main-d'œuvre civile, le coût variable de cette main-d'œuvre vient s'ajouter au taux fixé ci-dessus (3).

Le remontage des brodequins des troupes à pied, des brodequins des troupes à cheval et des bottines est formellement interdit.

Par exception, est toléré le remontage des brodequins des 3e et 4e grosseurs appartenant aux pointures 27, 28, 29 et 30.

Est interdit d'une manière absolue le remontage des souliers de toutes pointures et grosseurs.

Les sous-intendants chargés de la vérification des comptes s'assurent, chaque année, par l'examen des comptes de la masse (rapprochement des chiffres de la colonne 18 avec le nombre de journées réalisées), que les corps se sont bien renfermés dans la limite du maximum qui leur est imposé.

Il sera rendu compte au général commandant le corps d'armée, par le directeur de l'intendance, des résultats de cette vérification.

Cet officier général s'assurera également, par les moyens en son pouvoir, de la stricte exécution des prescriptions relatives à l'interdiction des remontages pour certaines pointures ou grosseurs.

Il rendra compte au Ministre, le 15 avril de chaque année, de l'exécution des mesures spécifiées ci-dessus et signalera,

____

(1) Alinéa ajouté. (Modifications d 24 octobre 1913.

(2) Modification du 25 avril 1923 (*B. O.*, p. 1208).

(3) Texte nouveau. (Modifications des 1er octobre 1921 et 24 février 1922.) *B. O.*, p. 3326 et 704.)

avec son avis sur les responsabilités engagées, les infractions qui y auraient été commises.

Celles des présentes dispositions concernant l'imposition d'un maximum de réparations et l'interdiction du remontage des brodequins ne seront appliquées aux troupes faisant usage du brodequin de montagne que sur l'ordre du Ministre.

Il en est de même en ce qui concerne l'imposition du maximum de réparation pour les régiments de zouaves et de tirailleurs.

Dispositions spéciales aux dépenses de la musique (1).

Division en fonds commun et fonds particuliers.

Art. 6. Les allocations attribuées au fonds commun ont été déterminées de manière à permettre au Conseil d'administration de faire face aux dépenses de l'ensemble du corps et de venir en aide aux compagnies.

Par des secours en deniers équitablement répartis entre les unités, il fait disparaître le plus possible les pertes ou inégalités résultant des mutations, des journées d'absence, des détachements, exercices ou manœuvres, etc.

Les commandants de compagnie doivent avoir soin de mentionner sur leur registre de comptabilité (3° partie, § 8), les cas particuliers qui peuvent donner à leur unité des titres à l'allocation de secours. Toutes les fois qu'ils le jugent utile, ils adressent au président du Conseil d'administration des demandes motivées qui sont transmises par la voie hiérarchique, revêtues de l'avis du chef de bataillon.

Les secours alloués par le fonds commun aux fonds particuliers sont passés en écritures au compte trimestriel à la suite des opérations inscrites au registre-journal des recettes et dépenses et avec, pour référence, la date de la délibération du Conseil d'administration.

Recettes de la masse.

Art. 7. L'application du principe posé à l'article 3 du décret permet de calculer simplement, à l'aide des éléments fournis par les feuilles de journées, les droits acquis aux différentes primes fixées par le tarif n° 1. Mais elle a pour conséquence de priver le fonds commun et les fonds particuliers de l'allocation de ces primes, dans toutes les positions d'absence.

---

(1) Supprimées. (Modifications du 24 octobre 1913.)

Toutefois, les compagnies profitent des prélèvements exercés sur les indemnités ou salaires alloués à certains militaires exécutant un service ou un travail payé.

Tels sont notamment :

Les hommes travaillant en ville ;

Les hommes employés aux moissons ;

Les hommes employés en Algérie ou en Tunisie à la destruction des criquets ;

Les hommes détachés sur les chemins de fer, soit pour l'exploitation de certains réseaux, soit pour des travaux à exécuter aux **voies ferrées, s'ils continuent à être habillés par leur corps d'origine.**

La quotité des prélèvements dont il s'agit est déterminée par les Conseils d'administration ou les commandants de compagnies ou sections formant corps. Il en est rendu compte au général de brigade ou à l'autorité qui en exerce les attributions.

Ces différentes recettes fournissent aux fonds particuliers des ressources qui compensent, dans une certaine mesure, les pertes résultant de la non-allocation de la prime pour les journées d'absence.

Aucun prélèvement ne peut être effectué sur les allocations **faites au titre du service de marche (1).**

Quant aux secours à recevoir du Ministre, soit pour compenser la perte subie par la masse d'habillement par suite de la non-perception des primes journalières pour les militaires qui n'ont pas droit à la solde de présence, soit pour tout autre motif, ils ne peuvent être accordés que dans des circonstances tout à fait exceptionnelles (2).

Mesures à prendre dans le cas de modification à la constitution ou
à l'effectif réglementaire de paix du corps.

Art. 8. Lorsque des modifications sont apportées à l'effectif réglementaire de paix d'un corps tel qu'il est défini à l'article 33 ci-après, sa masse d'habillement est augmentée ou diminuée en conséquence.

---

(1) Conformément aux dispositions de l'article 6, les fonds particuliers reçoivent, du fonds commun, un secours correspondant aux pertes subies par suite de la non-allocation de la prime aux hommes percevant l'indemnité journalière au titre des frais de route, à l'exclusion de la solde.

(2) Les demandes de secours que les corps de troupe ont formulées pour leur masse d'habillement doivent parvenir à l'administration centrale le 15 mars au plus tard. Les demandes de secours qui ne sont pas motivées par des circonstances tout à fait exceptionnelles ne sont pas transmises au Ministre par le général commandant le corps d'armée. Il en est toujours ainsi lorsque les demandes établies par les corps de troupe se réfèrent à des circonstances rentrant dans les aléas auxquels la masse d'habillement est destinée normalement à faire face.

Pour chaque homme en plus l'augmentation comprend :

1° La valeur des collections telle qu'elle est déterminée par les barèmes de la richesse théorique individuelle, y compris la majoration applicable à la richesse théorique de l'unité ;

2° La quote-part de la valeur de l'approvisionnement du magasin commun du corps, telle qu'elle est déterminée au tableau de la richesse théorique de l'ensemble du corps.

Pour chaque homme en moins, la diminution est calculée d'après les mêmes bases.

L'augmentation ou la diminution est effectuée dans les comptes du trimestre au cours duquel le corps est informé de la modification apportée à son effectif réglementaire de paix.

L'augmentation est perçue sur relevé modèle n° 34, appuyé d'un état numérique modèle 2. Cet état est décompté par grade et porte mention de la date de la décision ministérielle qui a modifié l'effectif réglementaire de paix du corps.

La diminution a lieu par voie de versement au Trésor, au titre des reversements de fonds sur les dépenses des ministères. Le récépissé de versement est immédiatement adressé à l'administration centrale pour lui permettre d'en faire rétablir le montant au crédit du budget de l'habillement ; il est accompagné d'un état numérique établi dans la forme du modèle visé à l'alinéa précédent.

Pour la perception de l'augmentation, comme pour le versement de la diminution, il est opéré au titre du fonds commun.

Le Conseil d'administration fait ensuite la répartition entre les unités de la part d'augmentation ou de diminution à attribuer à leurs fonds particuliers.

Le Conseil d'administration peut également, s'il le juge à propos, maintenir définitivement la recette ou la dépense au fonds commun.

Dans les régiments étrangers, les bataillons d'infanterie légère d'Afrique et les sections spéciales, l'augmentation ou la diminution de la masse d'habillement est évaluée d'après l'effectif moyen de l'année, c'est-à-dire sur le total des journées de présence et d'absence réalisées du 1er janvier au 31 décembre de l'année considérée, divisé par 365 ou 366 selon le cas.

C'est d'après le résultat de la comparaison entre cet effectif moyen et celui de l'année précédente qu'est déterminé le montant de l'augmentation ou de la diminution que doit subir la masse.

Pour la perception de l'augmentation, comme pour le versement de la diminution, il est procédé comme il est dit ci-dessus. Toutefois, l'état modèle n° 2 est remplacé par un état modèle n° 3.

L'augmentation ou la diminution de la masse peut aussi avoir lieu en nature, suivant les ordres du Ministre (passage d'hommes habillés et équipés à des corps ou par des corps dont l'effectif est modifié). Dans ce cas, la valeur des effets reçus ou passés est à déduire de l'état à annexer au relevé modèle n° 34, ou à joindre au récépissé de versement au Trésor.

L'augmentation ou la diminution est effectuée dans les comptes du 4° trimestre.

Répartition de la masse entre les diverses fractions du corps.

Art. 9. La répartition de la masse d'habillement entre les diverses fractions d'un corps peut être modifiée, suivant les circonstances, par une nouvelle décision du Conseil d'administration.

Mais, comme il est indispensable que les sous-intendants chargés de mandater les allocations dues au corps aient connaissance de ces décisions successives, il est prescrit d'en adresser une copie authentique au sous-intendant chargé de la vérification des comptes de la portion centrale, et celui-ci est tenu d'en informer ses collègues chargés de la vérification des comptes des portions détachées.

Payement de la masse d'habillement.

Art. 10. La masse d'habillement est perçue par les corps en même temps que la solde des officiers.

Le montant du décompte est compris sur des états collectifs (modèle n° 4), présentant, par parties prenantes, les droits acquis pendant le mois écoulé aux différentes primes de la masse d'habillement.

Ces états sont établis en deux expéditions, dont une, portant quittance, est sur papier blanc, et l'autre, déclaration de quittance, sur papier bleu.

Ils reçoivent la même destination que les états analogues concernant le service de la solde.

Le sous-intendant militaire chargé du mandatement des prestations en deniers de la masse d'habillement déduit de ces états le montant des duplicata des factures de livraison des effets faites au corps par les magasins administratifs pendant le mois que la perception concerne.

Il déduit également de ces états la valeur du matériel prélevé sur les excédents des approvisionnements de l'Etat, dont le corps a la gestion, pour être passé au compte de la masse d'habillement pendant ce même mois.

Il ne mandate que la différence. Si le montant des livraisons et du prélèvement est supérieur à celui de l'état de paiement, l'excédent est retenu à la fin du mois suivant.

Toutefois la somme restant due à la fin de chacun des mois de mars, juin, septembre et décembre, sur le montant des livraisons faites et des prélèvements effectués dans le courant du trimestre, après les déductions qui ont pu être opérées sur les états de paiement des primes de la masse d'habillement concernant le trimestre, est versée au Trésor (art. 11), au lieu d'être retenue sur le premier état de paiement du trimestre suivant.

La valeur du matériel appartenant à la masse d'habillement cédé à l'approvisionnement de l'Etat est remboursée trimestriellement au corps, de même que toutes les avances faites par lui au budget de l'habillement, sur la production d'un relevé modèle n° 34 annexé au règlement sur l'administration et la comptabilité des corps de troupe (vol. 1).

Les remboursements de la valeur du matériel, soit livré par les magasins administratifs, soit prélevé sur les excédents des approvisionnements de l'Etat, doivent toujours avoir lieu distinctement; mais il ne doit être fait aucune compensation entre les dettes de la masse d'habillement et les créances à mandater à son profit; il en est de même en ce qui concerne les dettes et les créances du budget de l'habillement.

Sauf les exceptions prévues à l'article 19 ci-après, les échanges d'effets similaires et, le cas échéant, de dimensions différentes, entre l'approvisionnement de corps et celui de l'Etat, par suite des opérations du roulement, ont lieu nombre pour nombre et sans écritures.

CHAPITRE III.

DÉCOMPTES DE LIBÉRATION.

Etablissement des décomptes de libération.

Art. 11. La liquidation du compte de la masse d'habillement s'opère comme celle du compte de la solde. Toutefois, le moins ou le trop-perçu qui ressort au décompte de libération des prestations en deniers, est mandaté ou reversé au Trésor (1) conformément aux prescriptions de l'instruction sur la liquidation des dépenses (vol. 26 bis).

Le numéro et la date du mandat ou du récépissé de versement sont portés en regard de la balance du crédit et du débit du décompte de libération.

En outre, en cas de moins-perçu, le montant du mandat émis est reporté dans la première partie du cadre « Débit du corps » (mandats délivrés).

Les primes fixes sont justifiées en fin de trimestre par un état nominatif indiquant les mutations qui motivent ces allocations (modèle n° 5).

Cet état est joint, avec les duplicata, les feuilles de rectification et le bordereau récapitulatif (modèle n° 193 des imprimés de la guerre), à l'un des deux décomptes de libération adressés au Ministre (5e Direction ; Bureau de l'Habillement).

Le nombre de journées de primes de masse d'habillement dû pour sous-officiers rengagés ou commissionnés en position d'absence, avec solde de présence, le 31 décembre, est, lors de la rentrée au corps de ces militaires, rappelé sur état spécial ; la dépense est comprise sur le tableau de prestations du 4e trimestre avec cette mention : Journées afférentes aux sous-officiers rengagés ou commissionnés qui étaient en position d'absence, avec solde de présence, le 31 décembre.

Le rappel des journées concernant l'intégralité de l'absence a lieu néanmoins sur la revue du 1er trimestre de l'année suivante, mais la portion afférente au 4e trimestre est portée en déduction sous la rubrique : « Journées de primes afférentes aux sous-officiers rengagés ou commissionnés en position d'absence, avec solde de présence, le 31 décembre. Ces journées ont été rappelées au titre du 4e trimestre 19... »

---

(1) Lorsqu'il y a lieu à versement au Trésor, ce versement n'est effectué qu'après l'arrêté de la revue de liquidation.

TITRE II.

RÈGLES GÉNÉRALES CONCERNANT LE MATÉRIEL.

CHAPITRE Ier.

COMPOSITION DES APPROVISIONNEMENTS.

Division des approvisionnements.

Art. 12. (Sans observations.)

Approvisionnement de l'État.

Art. 13. Des tableaux de fixations déterminent la nature et les quantités de matériel qui doivent être entretenues au titre de la réserve de guerre, pour les besoins de chaque formation.

Les approvisionnements constitués doivent être constamment maintenus au complet et en état d'être employés pour un service de guerre.

Il est formellement interdit de les mettre en service, même temporairement, en dehors des cas prévus à l'article 22, § 5, ci-après, ou d'un ordre du Ministre.

Approvisionnement du corps.

Art. 14. L'importance totale et les conditions générales de constitution de chacune des deux portions de l'approvisionnement du corps sont définies par les dispositions des articles 20 et 23 ci-après.

Sous réserve de ces dispositions, les Conseils d'administration déterminent la proportion de matières ou d'effets de chaque espèce à faire entrer dans la composition de cet approvisionnement, en tenant compte à la fois de la consommation moyenne des trimestres antérieurs, des besoins prévus, et de la situation de l'existant dans les compagnies.

Approvisionnement des compagnies

Art. 15. L'approvisionnement normal (1) des compagnies comporte :

a) Des collections 1, 2 et 3 pour l'effectif réglementaire de paix (ou pour l'effectif moyen dans les régiments étrangers, les bataillons d'infanterie légère d'Afrique et les compagnies de discipline). L'espèce et le nombre d'effets entrant dans chaque collection sont déterminés par les barèmes de la richesse individuelle (art. 52 ci-après). Les trois collections doivent être prévues pour tous les hommes dudit effectif, la prime de la masse d'habillement étant la même pour tous les hommes, qu'ils soient appelés à rester au dépôt, à la mobilisation, ou affectés à des unités actives. Toutefois, les effets de la collection n° 1 constitués pour les hommes devant rester au dépôt ne sont pas affectés;

b) Le nombre de collections d'instruction indiqué par le tableau n° 5 pour les réservistes et les territoriaux convoqués pour accomplir une période d'instruction;

c) Une majoration de 1/7e destinée à remplacer éventuellement certains effets de la collection n° 2 entrant dans la tenue de campagne et non susceptibles de faire un service de guerre; cette majoration porte sur les effets indiqués par les barèmes de la richesse individuelle et elle fait d'ailleurs partie intégrante de la collection n° 1 ;

d) Une autre majoration des fixations pour l'armée active qu'on s'efforce d'élever à 1/15e pour tous les effets et objets entrant dans la composition des collections nos 2 et 3.

Les conditions dans lesquelles il est fait emploi de ces majorations sont indiquées ci-après ainsi qu'à l'article 53 de la présente instruction.

La majoration de 1/15e peut se composer d'effets neufs ou en cours de durée; elle a surtout pour but de permettre aux commandants d'unité de parer aux besoins urgents entre la production de deux bons mensuels; elle comprend également

---

(1) Dans le cas exceptionnel où l'effectif réglementaire de paix est dépassé, il peut être constitué, en sus de l'approvisionnement normal défini au présent article, le nombre de collections 2 et 3 nécessaire pour habiller les hommes en excédent.

Dans certains corps de troupe désignés par le Ministre, la collection n° 1 est remplacée par un approvisionnement de précaution dont la composition est déterminée par les barèmes de la richesse individuelle.

les effets qui, à la suite de mutations, n'ont pu être utilisés en raison de leurs tailles ou pointures.

CHAPITRE II.

MAGASINS.

Magasins dans les corps composés de plusieurs unités administratives.

Art. 16. Le règlement pose en principe la réunion dans un seul magasin (magasin commun ou magasin du détachement) des approvisionnements de l'État et de ceux du corps, mais prescrit en même temps que ces approvisionnements sont arrimés séparément.

Chaque unité doit avoir un magasin distinct. Il peut cependant être fait exception à cette prescription, en ce qui concerne la section hors rang, lorsque les ressources du casernement sont insuffisantes. La séparation des approvisionnements de cette section, tout en étant utile, n'est cependant pas indispensable, puisque le même officier, l'officier d'habillement, est responsable du magasin du corps et de celui de la section.

Magasins dans les compagnies et sections formant corps.

Art. 17. (Sans observations.)

Magasins dans les portions de corps détachées.

Art. 18. (Sans observations.)

CHAPITRE III.

CRÉATION ET ENTRETIEN DES APPROVISIONNEMENTS

Création et entretien de l'approvisionnement de l'État.

Art. 19. Les effets et objets provenant soit des magasins administratifs, soit de versements faits par d'autres corps, soit d'achats faits par les corps et destinés à l'approvisionnement du corps sont pris en charge au registre des entrées et sorties du matériel appartenant au corps. Mais, quoique reçus en écriture au titre de la masse d'habillement, ces effets doivent être versés dans le magasin de réserve affecté soit au corps ou aux détachements actifs ou de réserve, soit au corps ou aux détachements territoriaux gérés par le corps actif, en échange d'effets similaires de plus ancienne confection, ou reconnus hors d'état de faire un service de guerre, quelle que soit leur ancienneté de confection.

Cette opération doit être faite de manière à assurer, autant que possible, le maintien de l'assortiment en pointures des approvisionnements de réserve du corps actif, du corps de réserve et du corps territorial.

Le major veille à ce que ces opérations soient faites régulièrement par l'officier d'habillement et conduites de manière à éviter le maintien dans l'approvisionnement de l'État d'effets de confection plus ancienne que ceux des approvisionnements de corps et de compagnie, ou reconnus hors d'état de faire un service de guerre.

Lorsque des pointures nécessaires pour des distributions auxquelles on ne peut surseoir font défaut à l'approvisionnement de corps, il peut être procédé, entre cet approvisionnement et celui de l'État, à des échanges d'effets de même nature, mais nombre pour nombre et sans qu'il soit tenu compte des tailles et pointures. On cherchera toujours à retirer de l'approvisionnement de l'État, dans ces échanges, les effets de la confection la plus ancienne, et à y introduire des effets de la confection la plus récente; on y établira le réassortiment des effets aussitôt que les ressources du corps le permettront. Tous ces mouvements de magasin s'opèrent sans écritures, sauf au carnet des pointures.

Si, conformément au principe de roulement, les effets reçus des magasins administratifs au compte de la masse d'habillement doivent être échangés à la réserve de guerre contre des effets de même nature, mais de modèles ou de types différents et qui, d'après les tarifs ministériels, ont une valeur différente, les corps versent au Trésor les différences de prix constatées, ou bien en poursuivent le remboursement.

Dans ces circonstances il est procédé comme il suit :

A) Les effets passés à la masse d'habillement sont d'un prix supérieur à ceux passés à la réserve de guerre:

Le montant de la différence est versé au Trésor ;

B) Les effets passés à la masse d'habillement sont d'un prix inférieur à ceux passés à la réserve de guerre:

Le corps est remboursé de la différence sur la production d'un relevé modèle n° 34.

Deux cas sont à envisager :

1° Le matériel de la réserve de guerre (autre que celui dont la nomenclature est donnée au tableau n° 1) a été déclassé après avoir été mis en service pour les périodes d'instruction

Dans ce cas, la différence de valeur est supportée par la masse d'habillement, cette masse ayant fait recette des primes journalières attribuées aux militaires convoqués;

2° Le déclassement du matériel de la réserve de guerre provient de toute autre cause, notamment de détériorations résultant d'un long séjour en magasin, détériorations qui ont dû être constatées par des procès-verbaux.

Dans ce cas, le montant de la dépréciation subie est remboursé au corps sur la production d'un relevé modèle n° 34.

Les créances du corps concernant la différence de valeur ou la dépréciation subie par le matériel échangé entre la réserve de guerre et l'approvisionnement du corps, sont justifiées par des certificats administratifs signés du Conseil d'administration et visés par le sous-intendant militaire.

Composition de la première portion de l'approvisionnement du corps.

Art. 20. La première portion de l'approvisionnement du corps doit contenir des matières ou effets correspondant aux besoins normaux des compagnies, pendant une période d'une année.

Elle doit représenter en valeur 50 p. 100 du produit des primes journalières des fonds particuliers calculé d'après les perceptions des quatre plus récents trimestres, en ce qui concerne les troupes à pied, et 40 p. 100 de ce même produit en ce qui concerne les troupes à cheval (1).

Toutefois, cette fixation est abaissée à 45 p. 100 pour les bataillons alpins des 14e et 15e corps d'armée et pour les régiments régionaux du 14e corps d'armée (2).

Création de la première portion.

Art. 21. (Sans observations.)

Entretien de la première portion.

Art. 22. Les demandes établies par les corps pour l'entretien à la hauteur prescrite de la 1re portion sont trimestrielles ou spéciales.

---

(1) Ces fixations sont respectivement de 25 et 20 p. 100 dans les corps où l'approvisionnemnt d'effets de la 1re portion est maintenu exceptionnellement à six mois.

(2) Alinéa ajouté. (Ciculaire du 23 septembre 1909. B. O., p. 1596.)

§ 1er. — *Demandes trimestrielles.*

Dans les cinq premiers jours du dernier mois du trimestre (1), chaque corps établit une demande (modèle n° 6) des effets de la 1re portion nécessaires pour reconstituer à sa fixation son approvisionnement de corps.

Il tient compte, dans l'établissement de cette demande, des consommations faites et des besoins particuliers à satisfaire. Le règlement lui laisse toute latitude dans le choix des matières et effets à comprendre dans cette demande, mais son importance en valeur doit être au moins égale :

1° Pour les troupes à pied, à 50 p. 100 du montant total des primes journalières acquises pendant le trimestre qui finit, au titre des fonds particuliers (2);

2° Pour les troupes à cheval, à 40 p. 100 du total des mêmes primes.

Toutefois, si dans le courant du trimestre des demandes spéciales ont été produites, il pourra être tenu compte de leur importance pour fixer celle de la demande trimestrielle suivante.

La demande modèle n° 6 comprend les effets de tailles normales et les effets sur mesures. Elle est établie en simple expédition et au titre du service courant. Elle est appuyée :

1° Des états de pointures (mod. n° 7) remplis seulement en ce qui concerne les types et les subdivisions de types pour les effets d'habillement;

2° D'un état de pointures (modèle n° 8) pour la coiffure ;

3° D'un état de pointures (modèle n° 9) en ce qui concerne les chaussures ;

4° D'un état de pointures en double expédition (modèle n° 10) pour les effets à confectionner sur mesures, s'il y a lieu.

Les demandes ne doivent jamais comprendre des quantités d'effets déjà portées sur les demandes antérieures et qui ne seraient pas encore parvenues aux corps.

Sur l'état de pointures (modèle n° 10), les mesures de chaque homme, obtenues conformément au tableau n° 4, sont indiquées par le premier ouvrier du corps, sous la surveillance de l'officier d'habillement.

---

(1) C'est-à-dire avant les 5 mars, 5 juin, 5 septembre et 5 décembre.

(2) Voir le renvoi de l'article 23, ci-après, pour la modification qui peut être apportée à ce taux par certains corps stationnés en Algérie et en Tunisie.

§ 2. — *Demandes spéciales* (1).

Dans des cas particuliers, le conseil d'administration d'un corps peut, après autorisation préalable du directeur de l'intendance, établir une demande spéciale par trimestre.

Cette demande est produite dans les quarante-cinq jours qui suivent la demande normale.

La demande spéciale a notamment pour objet de donner au corps les moyens de faire face, sans retard, à des besoins qui ne pouvaient être prévus lors de l'établissement de la dernière demande trimestrielle.

§ 3. — *Destination à donner aux demandes.*

Les demandes des corps sont adressées le 5 du dernier mois du trimestre, au plus tard, au sous-intendant militaire chargé de la vérification de leurs comptes ; ce fonctionnaire y appose son visa daté, et les transmet immédiatement à son collègue chargé du service de l'habillement au chef-lieu de la région. Ce dernier les centralise et les envoie le 20 du même mois, au plus tard, au sous-intendant militaire chargé du service de l'habillement, au chef-lieu d'arrondissement de confection et de fourniture.

§ 4. — *Satisfaction des demandes.*

Les ordres d'expédition doivent être donnés, et le magasin administratif doit les exécuter de telle sorte que tous les effets parviennent au corps dans les six mois qui suivent celui pendant lequel la demande a été établie.

L'observation de ces délais est de la plus haute importance pour l'exécution régulière du service dans les corps.

Les sous-intendants militaires, chargés du service de l'habillement, doivent donc prendre toutes les dispositions qu'ils jugent utiles pour la transmission la plus rapide des demandes et pour la célérité des expéditions et livraisons d'effets.

Toutes les livraisons de matériel faites par les magasins administratifs, à la masse d'habillement des corps de troupe, des écoles militaires et des établissements pénitentiaires, ainsi que les prélèvements

---

(1) Les demandes spéciales formées par les corps font l'objet, par trimestre, d'une commande éventuelle unique à l'entrepreneur.

effectués sur les excédents des approvisionnements de l'Etat donnent lieu à l'établissement, sur papier vert, d'un duplicata à talon (modèle n° 195 M de la facture de livraison n° 369 de la nomenclature des imprimés); mais ce duplicata ne comporte d'autre détail que le montant par nature d'effets, tel que l'indique la 2° partie du tableau (modèle n° 46 A de la nomenclature des imprimés de la guerre).

Il est arrêté en toutes lettres au montant en argent de la facture.

Au moment où l'officier d'administration comptable livrancier adresse les factures au corps, à la portion de corps, à l'école militaire ou à l'établissement pénitentiaire destinataire, il envoie les duplicata accompagnés de leurs talons au sous-intendant militaire chargé du mandatement des prestations en deniers de la masse d'habillement pour ces corps, portions de corps, écoles ou établissements.

Dès que le sous-intendant militaire a reçu les duplicata, il en inscrit le montant au registre des pièces d'imputation, puis les remet au corps ou à l'établissement réceptionnaire pour être revêtus de son récépissé et il veille à ce que le renvoi lui en soit fait sans délai.

Le sous-intendant militaire garde les duplicata des corps et établissements dont il est chargé d'arrêter la liquidation et il adresse les autres aux fonctionnaires chargés de ce travail, en se conformant aux règles tracées par le règlement sur le service de la solde et des revues.

Le sous-intendant militaire, chargé d'arrêter la revue, inscrit les duplicata au registre des pièces d'imputation et ne renvoie les talons au comptable livrancier qu'après les avoir complétés par la mention du paiement. Ces talons sont annexés aux factures de livraison.

Le montant des duplicata est porté au débit du corps ou établissement dans le cadre tracé à cet effet au tableau de prestations de la masse d'habillement. Les duplicata justifient les inscriptions. **art. 11.)**

La valeur des effets reçus des approvisionnements de l'Etat, dans le courant d'un trimestre, est remboursée dans ce même trimestre, soit par voie de déduction sur les états de paiement des primes de la masse d'habillement, soit par voie de versement au Trésor d'après les règles tracées à l'article 10 de la présente instruction.

§ 5. — *Prélèvements temporaires sur l'approvisionnement de l'Etat.*

En cas d'urgence, et si les besoins du corps ne peuvent être satisfaits en temps opportun, il peut être fait des prélèvements, à titre temporaire, sur l'approvisionnement de l'Etat.

Ces prélèvements sont effectués dans les conditions déterminées à l'instruction pour l'application du règlement sur la comptabilité des matières dans les divers services de la guerre.

Aussitôt après l'arrivée au corps des effets dont l'absence avait motivé l'opération, la réserve reçoit de l'approvisionnement du corps un nombre d'effets similaires neufs, égal à celui des effets qui lui ont été empruntés. Par suite, les effets prélevés ne sont pas déduits des demandes qui les comprenaient (1).

§ 6. — *Réception des matières, effets et objets provenant des magasins administratifs.*

Les effets de la première portion, les matières et objets expédiés par les magasins administratifs ayant déjà été reçus définitivement, les corps ne doivent pas procéder à une nouvelle réception, mais ils peuvent présenter des observations sur leur qualité, leur confection ou leurs dimensions dans un bulletin modèle n° 11.

Les réceptions ont lieu au titre du service courant.

Si, à l'arrivée, le corps croit reconnaître des avaries ou des déficits, il est procédé conformément au traité sur les transports généraux de la guerre et au règlement sur la comptabilité des matières appartenant au département de la guerre. Le corps demeure responsable des avaries ou des déficits qu'il n'aurait pas fait constater à l'arrivée par le sous-intendant militaire.

Si les pertes ou avaries sont laissées à la charge du transporteur ou si l'État doit réglementairement les supporter, le

---

(1) Si les effets demandés au titre de la masse d'habillement, pour remplacer les effets qui ont été prélevés sur la réserve de guerre, ne parviennent pas au corps dans le trimestre pendant lequel le prélèvement a eu lieu, les effets prélevés sont portés en entrée à la première subdivision de la première partie du registre des entrées et des sorties du matériel appartenant au corps, à la date du dernier jour du trimestre, afin qu'il y ait concordance dans les résultats de la balance, à cette date, audit registre; mais il n'est passé aucune écriture au registre des entrées et des sorties du matériel appartenant à l'État. Les recensements font donc ressortir une différence entre les existants et les écritures; cette différence est justifiée par les inscriptions faites au carnet auxiliaire.

La valeur des effets prélevés est versée aux fonds divers par application des dispositions de l'article 76 de la présente instruction.

Dès que les effets demandés dans les conditions susvisées sont parvenus au corps et ont été portés en entrée au titre de la masse d'habillement, d'après les factures du magasin administratif, ils sont portés, à la même date, en sortie et restitués à la réserve de guerre. La masse d'habillement est créditée par les fonds divers du montant de la valeur desdits effets.

corps prend charge et délivre récépissé de l'intégralité du matériel porté sur la facture d'expédition, et il fait sortie des différences constatées.

Au cas où le matériel, ainsi porté en sortie, aurait été expédié au corps à charge de payement, le corps en serait remboursé sur la production de relevés (modèle n° 34) appuyés d'une expédition du certificat administratif de sortie et d'un extrait du procès-verbal rapporté par le sous-intendant et complété par une copie conforme de la décision prise par l'autorité compétente.

Si les pertes ou avaries sont imputées au comptable expéditeur *et si le matériel expédié n'est pas remboursable par la masse d'habillement*, le corps ne délivre récépissé et ne prend charge que des quantités de matériel réellement reçues (1).

Au cas où *le matériel expédié devrait être remboursé par le corps*, les factures d'expédition et les duplicata à talon, s'il y a lieu, seraient renvoyés au comptable expéditeur pour être mis en concordance avec le matériel réellement reçu par le corps, soit comme nombre, soit comme classement.

Dans le cas où le corps croit devoir présenter des observations critiques se rapportant à la confection ou aux matières premières employées, le bulletin (modèle n° 11) est établi en double ou triple expédition, suivant les distinctions indiquées ci-dessous.

Ce bulletin mentionne les propositions du corps et l'évaluation de la dépense nécessaire pour la réparation des effets et objets. Le sous-intendant militaire, après examen des effets, donne son opinion et la transmet au directeur du service de l'intendance.

Ce haut fonctionnaire statue toutes les fois que le montant des réparations ou retouches ne dépasse pas le dixième de la valeur de l'effet neuf.

La dépense est au compte du service de l'habillement.

Dans ce cas, deux expéditions du bulletin suffisent : l'une est renvoyée au corps de troupe, l'autre est adressée au directeur du service de l'intendance de la région où est situé l'atelier d'où provient le matériel critiqué.

Si la dépense dépasse le chiffre indiqué plus haut, le bulletin est produit en trois expéditions. Le directeur du service de l'intendance en transmet une à son collègue de la

---

(1) La pièce d'entrée est, dans ce cas, appuyée d'un extrait du procès-verbal rapporté par le sous-intendant militaire, complété par une copie conforme à la décision prise par l'autorité compétente.

région d'où proviennent les effets ou objets critiqués et adresse les deux autres au Ministre.

Le Ministre statue et fait parvenir, par la voie hiérarchique, une de ces deux expéditions, revêtue de sa décision, au corps de troupe.

§ 7. — *Réception des matières, effets et objets provenant d'autres corps de troupe et versés au magasin commun.*

En cas de versement de ce genre, le corps réceptionnaire qui a des critiques à formuler prévient le sous-intendant militaire chargé de la vérification des comptes ; celui-ci désigne un officier étranger au corps réceptionnaire, pour représenter le corps expéditeur, constate par procès-verbal l'état du matériel critiqué, fait telles propositions que de droit, évalue les dépenses de mise en état et détermine les responsabilités, s'il y a lieu. Les faits ainsi constatés, les corps sont invités à s'entendre à l'amiable. A défaut de cette entente, le procès-verbal est transmis en deux expéditions au directeur du service de l'intendance, qui y appose son avis et l'adresse au général commandant le corps d'armée, qui statue.

Au cas où les deux corps intéressés ne seraient pas stationnés dans la même région de corps d'armée, les deux expéditions seraient adressées au Ministre qui statuerait.

§ 8. — *Réception des effets confectionnés par les soins du corps.*

Ces effets sont reçus conformément aux règles tracées pour la réception des effets et objets achetés dans le commerce (1). Pour les confections de chaussures, notamment, la commission de réception doit examiner la qualité du cuir avant la mise en œuvre et celle des pièces séparées avant le montage.

§ 9. — *Matériaux d'emballage.*

Les matériaux d'emballage provenant de la démolition des colis sont pris en charge par le corps. Toutefois, les caisses et les toiles dont il n'a pas l'emploi sont réexpédiées au magasin administratif d'où elles viennent, sauf ordres spéciaux contraires.

Les caisses dont les corps n'ont pas l'emploi, mais qui peu-

---

(1) Instruction pour l'application du règlement sur l'administration et la comptabilité des corps de troupe. (*B. O. É. M.*, vol. 1.)

vent encore fournir des matériaux utilisables par le magasin administratif, sont rénvoyées à cet établissement démontées en plateaux.

Cette réexpédition doit être faite dans les conditions spéciales à chaque compagnie de chemin de fer (tarif spécial n° 26).

Toutefois, lorsque les frais de démontage et de remontage des caisses sont plus élevés que les frais de transport des caisses montées avec couvercle recloué, les caisses sont renvoyées montées. Le directeur de l'intendance statue sur le mode de renvoi à employer.

Les matériaux d'emballage qui ne pourraient être ni expédiés ni utilisés sont versés aux Domaines après autorisation du sous-intendant militaire.

§ 10. — *Confection dans les corps.*

Les matières, les accessoires et les galons nécessaires aux effets d'habillement et de coiffure, qui doivent être confectionnés dans les ateliers des corps, sont remis par le magasin commun, conformément aux prescriptions en vigueur.

Il est interdit d'en employer d'autres.

Les chaussures destinées aux hommes ayant une conformation exceptionnelle des pieds et celles des pointures non comprises entre 26 et 33 centimètres sont confectionnées par l'atelier régimentaire.

Toutes les matières nécessaires sont fournies par le premier ouvrier.

Pour la confection et le marquage des effets, les premiers ouvriers se conforment aux types et aux descriptions ainsi qu'aux prescriptions contenues dans les notices annexées aux cahiers des charges, en vigueur, qui régissent les marchés passés par l'administration avec les entrepreneurs civils.

§ 11. — *Demandes d'effets afférentes à la réserve de guerre.*

Les effets destinés à remplacer, à la réserve de guerre, ceux perdus ou mis hors de service, sont compris dans les demandes trimestrielles.

Aucune demande d'effets ne doit être établie pour rehausser les approvisionnements de réserve, sans un ordre spécial du Ministre; ces demandes sont faites par les corps, au titre de la réserve, dans la forme des demandes trimestrielles; elles indiquent dans la colonne « Observations » la date et le

numéro de l'ordre du Ministre qui en a prescrit la production ; elles reçoivent la destination que comporte cet ordre.

§ 12. — *Magasins administratifs chargés d'alimenter les corps.*

En principe, les fractions détachées se mobilisant ou ne se
mobilisant pas sur place, qu'elles soient ou non stationnées
dans la même région de corps d'armée que leur dépôt, sont
alimentées par ce dépôt. S'il existe dans les approvisionnements de la région où se trouve stationnée la fraction détachée des effets plus anciens que ceux reçus de sa portion
centrale, par cette fraction détachée, cette fraction concourt,
par voie d'échanges, au renouvellement desdits approvisionnements.

Le directeur de l'intendance de ce corps d'armée prescrit
les mesures nécessaires pour assurer ces échanges (1).

Les fractions de corps détachées en Afrique et les bataillons de zouaves détachés en France sont, en principe, ali-
mentés par les magasins de la région où ils sont stationnés.

Composition de la deuxième portion de l'approvisionnement du corps.

Art. 23. L'importance de la deuxième portion de l'approvisionnement du corps doit correspondre aux besoins normaux des
compagnies pendant une période de quatre à cinq mois.

Elle doit représenter, en valeur, 10 p. 100 en France,
12 p. 100 en Afrique (2), du produit des primes journalières
des fonds particuliers, calculé d'après les perceptions des
quatre plus récents trimestres, tant pour les troupes à pied
que pour les troupes à cheval.

Toutefois, cette fixation est portée à 16 p. 100 pour les bataillons alpins des 14e et 15e corps d'armée et pour les régiments
régionaux du 14e corps d'armée (3).

---

(1) Les demandes trimestrielles d'effets des fractions détachées sont
envoyées à la portion centrale : après avoir indiqué, sur ces demandes,
les effets qu'elle se propose d'expédier à ses fractions détachées, la portion centrale communique lesdites demandes au directeur de l'intendance de la région où sont stationnées les fractions détachées.

Ce haut fonctionnaire désigne les corps de troupe de la région ayant
des effets d'ancienne confection qui devront expédier des effets aux
fractions détachées, et il renvoie les demandes aux portions centrales
qui livrent : 1o à leurs portions détachées, les effets qu'elles n'ont pas
reçus des corps de la région ; 2o à ces derniers, les effets destinés à
remplacer ceux qu'ils ont fournis aux fractions détachées.

(2) Sur l'avis des directeurs de l'intendance, les généraux commandant le 19e corps d'armée et la division d'occupation de Tunisie pourront, exceptionnellement, autoriser certains corps, se trouvant dans
des conditions climatériques spéciales, à porter le taux de cet approvisionnement à 14 p. 100 et réduire en conséquence l'approvisionnement des effets de la première portion dans la même proportion, soit
de 2 p. 100.

(3) Alinéa ajouté. (Circulaire du 23 septembre 1909. B. O. p. 1596.)

Création de la deuxième portion.

Art. 24. (Sans observations.)

Entretien de la deuxième portion.

Art. 25. Les effets de la deuxième portion sont fournis aux corps de troupe soit par voie de marchés généraux, soit par voie d'achats directs, dans les conditions énoncées à l'article 26 ci-après.

Toutefois, lorsqu'il est nécessaire de faire mettre en consommation des effets de la deuxième portion existant en excédent des fixations, soit dans les magasins administratifs, soit dans les corps de troupe, il est procédé de la manière suivante, sauf instruction contraire du Ministre :

A. *Effets dont la fourniture a lieu par voie d'adjudications.*

Les effets de cette nature sont déduits du nombre de ceux à mettre en adjudication.

B. *Effets que les corps se procurent directement.*

Le directeur de l'intendance en interdit l'achat. Les corps lui adressent les demandes d'effets de cette nature dont ils ont besoin.

Le directeur de l'intendance prend les mesures nécessaires pour que ces demandes reçoivent satisfaction. Lorsque les excédents sont épuisés, il autorise la reprise des achats.

Achat et réception des effets de la deuxième portion.

§ 1er. — *Achats.*

Art. 26. A. *Effets dont la fourniture a lieu par voie de marchés généraux:*

Certains effets de la deuxième portion sont achetés en vertu de marchés généraux auxquels il est procédé conformément aux instructions du Ministre.

La nature et le nombre d'effets compris dans les marchés généraux, les conditions générales de fourniture de ces effets ainsi que les procédés de vérification auxquels ils doivent être soumis sont déterminés par le cahier des charges.

B. *Effets que les corps se procurent directement.*

Sauf instruction contraire du Ministre, les corps se procurent directement les effets de la deuxième portion non compris dans les marchés généraux ; les Conseils d'administration passent, en conséquence, des marchés ou procèdent à des achats sur simple facture, dans les conditions prévues au règlement sur l'administration et la comptabilité des corps de troupe.

Les achats ne doivent comprendre que des effets réglementaires et conformes aux types ministériels. Ils doivent être faits dans la limite des prix fixés par la nomenclature du service de l'habillement ou, par des décisions ministérielles spéciales.

Les troupes détachées ou stationnées en Afrique peuvent tirer les effets de la deuxième portion dont il s'agit, soit de France, soit de la colonie ou de la régence de Tunis ; toutefois, à qualité et à prix égaux elles doivent donner la préférence aux fabricants de l'Algérie ou de la Tunisie (1).

§ 2. — Réception.

Les effets de la deuxième portion que les corps se procurent directement sont reçus conformément aux règles tracées par l'instruction pour l'application du règlement sur l'administration et la comptabilité des corps de troupe (vol. 1).

Entretien de l'approvisionnement du corps dans les compagnies et sections formant corps.

Art. 27. Dans les compagnies ou sections formant corps, les commandants de ces unités établissent les demandes, adressent les commandes, passent les marchés et reçoivent les effets destinés à entretenir les approvisionnements.

Pour les effets de la deuxième portion, ils procèdent comme il est indiqué aux articles 25 et 26 ci-dessus.

Entretien de l'approvisionnement du corps dans les détachements.

Art. 28. (Sans observations.)

Création et entretien des approvisionnements de compagnie.

Art. 29. (Sans observations.)

---

(1) Tous les frais résultant de la passation des marchés sont à la charge de la masse d'habillement (fonds commun), à l'exception des droits de timbre qui sont à la charge du fournisseur.

Comptabilité extérieure en matières.

Art. 30. (Sans observations.)

Effets appartenant à l'État, en service dans les compagnies.

Art. 31. (Sans observations.)

CHAPITRE IV.

DÉCOMPTE DE LA VALEUR DES EFFETS.

Prix à attribuer aux effets.

Art. 32. Dans un but de simplification, la valeur de tous les effets ou objets du service de l'habillement et du campement est décomptée d'après les prix de la nomenclature de ce service dans les comptes de la masse d'habillement, quelle que soit leur provenance.

Les chaussures remontées sont prises en charge au classement « très bon ».

Pour régulariser, dans ces comptes, les différences pouvant exister entre les prix de la nomenclature et les prix d'achat dans le commerce ou les prix de revient des objets confectionnés dans les corps, ces différences doivent être portées, pour ordre, en entrée au compte-matières du fonds commun lorsque les prix de la nomenclature sont supérieurs aux prix payés, et en sortie dans le cas contraire (1).

Ces inscriptions sont faites dans la colonne « valeur des entrées et des sorties à charge de payement » et le motif à porter dans la colonne 3 sera : « différence entre les prix d'achat ou de revient et les prix de la nomenclature ».

Cette différence reste acquise au fonds commun, qu'elle se traduise par une perte ou par un bénéfice.

Les mêmes écritures sont passées au compte général trimestriel, colonnes 14 et 30 de la 2ᵉ partie.

Lorsque des modifications sont apportées aux prix de la nomenclature, la valeur des effets appartenant à la masse d'habillement se trouve changée; il en résulte que cette masse subit, de ce fait, une augmentation ou une diminution.

Afin de régulariser dans les comptes la différence qui en

(1) Nouvelle rédaction. (*Erratum, B. O.*, 2ᵉ semestre 1907, p. 1435.)

résulte, il est établi un procès-verbal comprenant les matières, effets et objets qui ont subi une modification de prix, qui existent en magasin, au titre du fonds commun, à la date où les nouveaux prix sont appliqués.

La valeur de ces matières, effets et objets est décomptée d'après les anciens et les nouveaux prix. La différence totale entre ces deux décomptes est portée dans le plus prochain compte de la masse et au registre des entrées et des sorties :

En dépense, s'il y a réduction de prix dans la valeur des effets ;

En recette, s'il y a augmentation de prix dans la valeur des effets.

Cette inscription est faite, comme il est dit ci-dessus, sous la rubrique : « Changement de prix de la nomenclature. »

Ces inscriptions en dépense ou en recette dans les comptes de la masse d'habillement n'affectent pas la comptabilité en deniers des corps ; elle ne donne pas lieu à remboursement ou à versement au Trésor.

TITRE III.

FONCTIONNEMENT DU SERVICE DANS L'ENSEMBLE DU CORPS.

CHAPITRE Ier.

ACTION DES CONSEILS D'ADMINISTRATION, DU CHEF DE CORPS, DES CHEFS DE BATAILLON ET DU MAJOR.

Règles générales.

Art. 33. En vue de préciser, par des indications numériques, la direction d'ensemble qu'il convient d'imprimer à la gestion du service de l'habillement, il est dressé pour chaque corps un tableau, dit de la richesse théorique, établissant une sorte de situation-type de la masse d'habillement du corps dont il convient de chercher à se rapprocher le plus possible, en tenant compte à la fois des ressources disponibles et des différentes prescriptions de détail de la présente réglementation. De même, il est dressé un état de la richesse théorique pour chacune des unités du corps.

Les indications de ces documents sont basées sur l'effectif

réglementaire de paix du corps (effectif moyen pour les régiments étrangers, les bataillons d'infanterie légère d'Afrique et les sections spéciales; elles sont établies à nouveau à chaque modification de cet effectif réglementaire de paix (le 31 décembre de chaque année pour l'année suivante, lorsqu'elles sont calculées sur l'effectif moyen) ou d'un autre des éléments de la richesse théorique (primes de la masse, composition des collections, etc.).

a) *Tableau de la richesse théorique de l'ensemble du corps* (1).

La richesse théorique de l'ensemble du corps est formée des six éléments ci-après :

Richesse théorique de l'ensemble des unités.

1° Produit, par l'effectif réglementaire de paix du corps, de la richesse théorique individuelle par grade pour l'armée active ;

2° Produit, par l'effectif réglementaire du corps, de la valeur de la majoration individuelle du 1/15° en effets des collections 2 et 3 ;

3° Produit, par le nombre total des collections à entretenir d'après les indications du tableau (modèle n° 5) de la richesse théorique individuelle par grade pour les réservistes et les territoriaux ;

Richesse théorique du fonds commun.

4° Produit, par l'effectif réglementaire de paix, de la quote-part de chaque homme dans l'approvisionnement théorique du magasin commun du corps ;

5° Produit, par l'effectif réglementaire de paix, de la quote-part de chaque homme dans le fonds de roulement pour les dépenses incombant au fonds commun ;

6° Valeur des effets et objets délivrés gratuitement par le fonds commun pour les besoins généraux du corps.

L'effectif réglementaire de paix est celui qui est défini, sous le nom d'effectif *théorique de paix*, par la circulaire n° 100114 M 5/5 du 14 février 1921, dans son 3° alinéa (1). Dans les escadrons du train des équipages militaires, l'effectif réglementaire de paix est augmenté du nombre des soldats ordonnances d'officiers sans troupe que chaque escadron administre normalement.

Dans les régiments étrangers, les bataillons d'infanterie lé-

____

(1) Voir, page 289, l'instruction du 31 janvier 1923.

gère d'Afrique et les sections spéciales, l'effectif moyen de l'année écoulée (nombre total des journées de présence et d'absence divisé par 365 ou 366 selon le cas) remplace l'effectif réglementaire de paix.

La richesse théorique individuelle des militaires de l'armée active est déterminée par les barèmes arrêtés par le Ministre (article 52 ci-après), par arme ou subdivision d'arme, et par grade distinctement pour les hommes montés et non montés (1).

Est considéré comme homme monté, tout homme habillé et équipé en cavalier, que son emploi l'appelle ou non à monter à cheval, à l'exception toutefois des soldats d'infanterie, qui sont toujours considérés comme non montés, bien que quelques-uns reçoivent des effets de cavalier.

Il n'est pas fait d'évaluation spéciale de la richesse théorique individuelle pour les sous-officiers, caporaux, brigadiers et soldats qui, en raison de leur emploi, ont une tenue un peu différente de celle des autres militaires du corps (sergents-majors, tambours, trompettes, ordonnances, infirmiers, hommes des petits états-majors et des sections ou pelotons hors rang, hommes des services auxiliaires affectés aux armes non montées, etc.). Ces différences sont trop peu importantes pour apporter une modification appréciable dans la détermination de l'ensemble de la richesse théorique du corps. Ces militaires sont considérés comme ayant le même habillement et le même équipement que les autres militaires de leur grade.

La richesse théorique individuelle est majorée de 15 francs pour tenir compte des achats d'effets spéciaux, tels que cannes de tambour-major et de caporal tambour, tenues de ville des sous-officiers rengagés, équipement des tambours, clairons et trompettes, effets et matériel de cuisine et de réfectoire, galons de grade, de fonctions et d'ancienneté, et fonds de roulement des unités pour achats d'objets de consommation courante, réparations, dégradations, etc.

La valeur de la majoration individuelle du 1/15° des effets des collections 2 et 3 des militaires de l'armée active est indiquée, pour chaque arme ou subdivision d'arme, par les barèmes arrêtés par le Ministre.

La richesse individuelle des réservistes et territoriaux est déterminée également par les barèmes arrêtés par le Ministre (article 52 ci-après), et de la même manière que pour les mi-

----

(1) Nouveaux barèmes de la richesse théorique. (Voir page 289.)

litaires de l'armée active ; mais la majoration individuelle n'est que de 1 fr. 50.

La quote-part d'un homme de l'effectif réglementaire de paix, dans l'approvisionnement théorique du magasin commun du corps, est fixée comme il suit :

$$\text{En France} \begin{cases} \text{Pour les troupes à pied} & \dfrac{P \times 365 \times 60}{100} \\[2mm] \text{Pour les troupes à cheval} & \dfrac{P \times 365 \times 50}{100} \end{cases}$$

$$\text{En Afrique} \begin{cases} \text{Pour les troupes à pied} & \dfrac{P \times 365 \times 62}{100} \\[2mm] \text{Pour les troupes à cheval} & \dfrac{P \times 365 \times 52}{100} \end{cases}$$

P représentant la prime journalière des fonds particuliers d'un homme (1).

La quote-part d'un homme de l'effectif réglementaire de paix, dans le fonds théorique de roulement pour les dépenses incombant au fonds commun, est fixée à 3 francs.

La valeur des effets et objets délivrés gratuitement par le fonds commun, pour les besoins généraux du corps, est donnée par la balance des entrées et sorties de la première subdivision de la deuxième partie du registre-inventaire du matériel en service, 1er fascicule, effectuée à la date de l'établissement du tableau de la richesse théorique.

Le tableau de la richesse théorique de l'ensemble du corps est établi par le Conseil d'administration et adressé au sous-intendant militaire chargé de la vérification des comptes ; ce fonctionnaire, après vérification, le fait parvenir au directeur de l'intendance qui le transmet, avec son avis, au général commandant le corps d'armée. Cet officier général arrête alors définitivement le montant de la richesse théorique de l'ensemble du corps.

La richesse théorique de la masse d'habillement des unités administratives détachées en Algérie (batteries d'artillerie, compagnies du génie et du train des équipages militaires) est arrêtée par les soins du général commandant le 19e corps

---

(1) **Dans** les corps où l'approvisionnement d'effets de la 1re portion a été exceptionnellement maintenu à six mois, les facteurs 60, 50, 62 et 52 sont respectivement remplacés par 35, 20, 37 et 32.

d'armée et celle des unités détachées en Tunisie, par le général commandant la division d'occupation.

De même, la richesse théorique des bataillons de zouaves, détachés à l'intérieur, est arrêtée par les gouverneurs militaires sous les ordres desquels ces bataillons sont placés.

Par suite, le Conseil d'administration de chacun des corps auxquels ces portions détachées appartiennent n'aura qu'à ajouter globalement la richesse théorique ainsi arrêtée à sa richesse propre, pour obtenir la richesse totale du corps.

Il est à remarquer que les richesses théoriques de corps de même arme ou subdivision d'arme et de même effectif réglementaire de paix ne peuvent différer que par la valeur des effets et objets délivrés gratuitement par le fonds commun, les cinq premiers éléments du tableau étant identiquement les mêmes.

Il n'est pas adressé d'ampliation de l'état de la richesse théorique des corps de troupe à l'administration centrale. Le montant de cette richesse est seulement inscrit à l'endroit y indiqué sur le compte annuel de la masse d'habillement.

b) *Etats de la richesse théorique des unités* (1).

La richesse théorique de chaque unité est formée des trois éléments ci-après :

Hommes de l'armée active.	Produit, par l'effectif réglementaire de paix de l'unité, de la richesse théorique individuelle par grade. Produit, par l'effectif réglementaire de paix de l'unité, de la valeur de la majoration individuelle du 1/15e en effets des collections 2 et 3.
Hommes de la réserve et de l'armée territoriale.	Produit de la richesse individuelle par grade par le nombre de collections à entretenir par l'unité, d'après les indications du tableau modèle n° 5.

Lorsque la richesse théorique pour l'ensemble du corps a été arrêtée par le général commandant le corps d'armée, le

____

(1) Voir, page 289, l'instruction du 31 janvier 1923.

chef de corps fait établir un état de la richesse théorique pour chacune des unités du corps. Ces états indiquent le nombre d'effets de chaque nature que les unités ont à entretenir d'après les barèmes visés à l'article 52 ci-après.

Les états de la richesse théorique des unités sont complétés par l'inscription des effets spéciaux achetés sur les fonds particuliers et celle des instruments, des tambours, clairons ou trompettes, effets et matériel de cuisine, etc.

La tenue de ville des sous-officiers rengagés, y compris la capote du modèle spécial, n'est pas comprise dans la richesse théorique des unités, cette tenue ne devant plus figurer dans les comptes à partir du moment où elle est distribuée aux ayants droit.

Enfin, le montant total des richesses théoriques des unités doit correspondre au montant des éléments 1, 2 et 3 qui entrent dans l'évaluation de la richesse théorique de l'ensemble du corps; à cet effet, il y a lieu de déduire de la majoration de 15 francs par homme de l'armée active et de 1 fr. 50 par homme de la réserve ou de l'armée territoriale, qui est entrée dans le calcul de la richesse individuelle, la valeur des effets spéciaux, instruments, etc., à entretenir par les unités.

Remarque. — Il convient de ne pas perdre de vue que, sauf dans le cas exceptionnel où l'effectif dépasse notablement l'effectif réglementaire de paix, les indications du tableau de la richesse théorique sont, en ce qui concerne l'avoir matières de la masse, des mâxima qui peuvent ne pas être atteints sans qu'il en résulte aucune gêne dans le fonctionnement du service de l'habillement du corps ; la majoration du 1/15e de l'effectif réglementaire de paix en collections 2 et 3 est particulièrement dans ce cas. De plus, lorsque l'effectif présent dépasse notablement l'effectif réglementaire de paix, il est nécessaire, pour apprécier judicieusement la situation et la gestion de la masse du corps, par la comparaison de la richesse effective avec la richesse théorique, de faire subir préalablement aux éléments 1°, 2°, 4° et 5° de cette dernière une majoration dans le rapport du chiffre de l'effectif moyen (présents et absents) à celui de l'effectif réglementaire de paix.

Action et responsabilité des Conseils d'administration.

Art. 34. Les Conseils d'administration passent, conformément au règlement sur l'administration et la comptabilité des corps de troupe, des marchés pour la confection des effets exécutés dans les ateliers des corps.

Pour l'achat des effets destinés à entretenir la 2e portion de l'approvisionnement, ils se conforment aux articles 25 et 26 ci-dessus.

Les Conseils d'administration déterminent la nature des dépenses que les commandants de compagnie peuvent engager en dehors des marchés passés pour l'ensemble du corps ou portions de corps.

Tout en laissant à ces derniers une latitude aussi grande que possible, les Conseils doivent interdire les dépenses dont l'utilité ne serait pas bien justifiée.

C'est également en vue de limiter les dépenses que les Conseils ont le devoir de fixer les prix maxima auxquels les commandants de compagnie peuvent traiter.

Attributions et responsabilité du chef de corps

Art. 35. Outre les attributions qui lui sont conférées comme président du Conseil d'administration, le chef de corps a une action personnelle sur l'ensemble et les détails du service de l'habillement.

Il veille avec soin, tout en maintenant l'unité de direction dans son régiment, à ce que rien ne vienne, sans nécessité pour le bien du service général, entraver l'exercice de l'autorité que le règlement accorde aux commandants de compagnie.

Par l'intermédiaire des chefs de bataillon et du major, il est constamment renseigné sur le fonctionnement du service de l'habillement dans les compagnies.

Action des chefs de bataillon.

Art. 36. Les chefs de bataillon exercent, dans les compagnies placées sous leurs ordres, une surveillance sur l'exécution des mesures ordonnées par le chef de corps.

Ils lui rendent compte des dispositions prises par les commandants de compagnie pour l'habillement de la troupe, la constitution et l'entretien des approvisionnements, l'arrimage des effets dans les magasins, l'emploi du personnel d'exécution, etc.

En rendant compte au chef de corps, ils lui soumettent des propositions pour améliorer l'exécution de ces différentes parties du service.

En fin de trimestre, et toutes les fois que le chef de corps l'ordonne, ils procèdent au recensement des approvisionnements, tant en magasin qu'en service, et comparent les existants constatés avec les écritures qu'ils doivent avoir préalablement vérifiées.

Ils vérifient également l'état (modèle n° 14) indiquant le matériel appartenant à la masse d'habillement, perdu par la faute des hommes qui en étaient détenteurs.

Ils inscrivent enfin, sur la page du registre des entrées et des sorties à ce destinée, le résultat sommaire de leurs recensements, c'est-à-dire soit la concordance, soit les excédents, soit les déficits qu'ils ont constatés; ils font suivre cette inscription de leur visa daté.

Dans les bataillons et escadrons formant corps, le chef de corps procède lui-même aux recensements et autres vérifications.

Action du major.

Art. 37. Le major vérifie la comptabilité du service de l'habillement; il a pour mission spéciale de rapprocher les écritures des unités administratives de celles du trésorier et de l'officier d'habillement. Il soumet aux délibérations du Conseil d'administration les différentes mesures destinées à assurer l'exécution de e nsemble du service de l'habillement, savoir:

Répartition entre les compagnies des secours à prélever sur le fonds commun, demandes d'effets, marchés d'achat ou de confections pour l'entretien de cet approvisionnement, fixation de la nature des dépenses que les commandants de compagnie peuvent engager et des prix maxima auxquels ceux-ci peuvent traiter, marchés, pour l'ensemble du corps, pour la fourniture de certaines matières, objets, etc., nécessaires au fonctionnement du service dans les compagnies; organisation des ateliers du corps, emploi de la main-d'œuvre civile, etc.

En outre, le major soumet au chef de corps les mesures générales qui lui semblent devoir être prises en vue d'améliorer le service; il vérifie les états de la richesse théorique des unités.

Dans les corps divisés, les attributions du major sont exercées par le capitaine qui en remplit les fonctions.

Usage des approvisionnements de compagnie dans les corps divisés.

Art. 38. Selon les circonstances et les conditions dans lesquelles se trouvent placées les unités détachées, le chef de corps prend ou provoque les mesures qui lui paraissent les plus convenables pour l'exécution du service.

Il se préoccupe notamment des moyens à l'aide desquels les effets qui seraient laissés dans les magasins de compagnie pourront être utilisés en cas de mobilisation.

Si cela est nécessaire, il provoque du commandement des ordres pour assurer l'expédition de ces effets, soit sur les dépôts, soit sur les points où doivent venir s'habiller les hommes appelés.

Au besoin, même en temps de paix, le chef de corps demande qu'une partie des approvisionnements de compagnie soit emmagasinée au dépôt. Dans ce cas, chacun de ces approvisionnements doit être arrimé distinctement.

Le règlement donne au chef de corps les moyens de faire préparer, dans chaque unité, des ressources en rapport avec les besoins.

En prescrivant des versements d'effets de compagnie à compagnie, il lui est possible de doter des effets nécessaires les unités qui reçoivent des hommes appelés pour une période d'instruction.

Ces versements, temporaires ou définitifs, se font moyennant une compensation en nature ou en deniers qu'il est d'autant plus facile d'évaluer que le décret fixe nettement la valeur de tous les effets suivant leur classement.

Lorsque les mouvements résultent d'ordres émanant de l'autorité supérieure, par exemple pour assurer la constitution d'approvisionnements destinés aux hommes de la réserve ou de l'armée territoriale, en cas de changement de garnison, etc., les frais de transport sont à la charge de l'Etat.

Ils le sont également lorsque les effets sont envoyés par le magasin du corps aux compagnies ou réciproquement.

CHAPITRE II.

PERSONNEL D'EXÉCUTION.

Personnel permanent d'exécution du service de l'habillement.

Art. 39. La conservation des approvisionnements nécessitant une surveillance de tous les instants et de fréquentes manutentions, il est mis, dans les corps de troupe, à la disposition de l'officier d'habillement, outre le garde-magasin dont l'emploi est créé par la loi des cadres, un homme par mille collections à entretenir, ou fractions de mille en prenant pour base l'effet d'habillement dont le chiffre est le plus élevé.

Ces fixations reposent sur des journées de travail effectif; en conséquence, toute perte de travail, pour quelque cause que ce soit, doit être compensée par une augmentation correspondante du personnel.

Parmi ce personnel, celui ci-après indiqué est employé d'une manière permanente :

1 caporal et 3 hommes par régiment d'infanterie;
1 homme par bataillon de chasseurs à pied, compagnie ou section formant corps;
1 brigadier et 1 homme par régiment de cavalerie ou escadron du train des équipages militaires ayant ou n'ayant pas la gestion des approvisionnements d'un corps de réserve ou territorial correspondant;
1 brigadier et 2 hommes par régiment d'artillerie;
1 homme en plus par régiment d'artillerie ayant la gestion des approvisionnements des éléments territoriaux d'artillerie;
1 caporal et 4 hommes par régiment du génie.

Le surplus de personnel n'est employé qu'à titre auxiliaire et est remplacé mensuellement.

Personnel auxiliaire.

Art. 40. Les fixations qui précèdent sont un minimum qui peut être dépassé, sur l'ordre du chef de corps, toutes les fois que les nécessités du service l'exigent, mais seulement en ce qui concerne le personnel auxiliaire.

Les employés à l'habillement, soit à titre permanent, soit à titre auxiliaire, sont prélevés sur le personnel des compagnies à l'effectif desquelles ils continuent de compter.

Les commandants d'unité, en ce qui concerne leurs approvisionnements, et l'officier d'habillement, en ce qui concerne les approvisionnements de l'Etat et du corps, soumettent au chef de corps des propositions, par la voie hiérarchique, au sujet du personnel auxiliaire à employer.

Le chef de corps règle ensuite pour le service de l'habillement, comme il le fait pour tous les autres services, l'emploi de ce personnel.

Magasin de compagnie séparé de la compagnie.

Art. 41. Les règles posées à l'article 41 du décret sont observées lorsque la compagnie est séparée de son magasin pendant les manœuvres, et pendant tout déplacement de courte durée, suivi de retour à l'ancienne garnison.

Organisation des ateliers.

Art. 42. Le chef de corps et les commandants de compagnie ne perdent pas de vue que la réunion des ouvriers dans un atelier commun présente, le plus souvent, pour l'économie et la bonne exécution du travail, des avantages dont on doit tirer parti.

C'est dans cet atelier commun seulement que peuvent être instruits les apprentis indispensables, dans la plupart des corps, pour compléter le nombre des ouvriers tailleurs de profession.

Il y a donc un sérieux intérêt à ce que l'atelier commun soit toujours organisé de manière qu'on puisse y exécuter les confections d'effets, les retouches les plus importantes, etc.

Art. 43. . . . . (1).

Gratifications.

Art. 44. (Sans observations.)

TITRE IV.

FONCTIONNEMENT DU SERVICE DANS LA COMPAGNIE.

CHAPITRE PREMIER.

RÈGLES GÉNÉRALES.

Attributions et responsabilité du commandant de compagnie.

Art. 45. Le commandant de compagnie administre, de sa propre initiative, les ressources mises à sa disposition, sous la

---

(1) Annulé. (Article 43 du décret du 10 mai 1912, *B. O.*, p. 719.)

réserve de se conformer aux prescriptions des présents décret et instruction, aux règlements et instructions en vigueur, aux décisions du Conseil d'administration et aux ordres du chef de corps.

Tout en gérant le fonds particulier de sa compagnie avec économie, il doit s'efforcer de constituer les collections prévues à l'article 15, en suivant l'ordre indiqué à l'article 53.

Outre l'achat de tous les effets qui sont fournis par le magasin du corps, le fonds particulier supporte toutes les dépenses relatives à la conservation, à l'entretien et à la réparation des effets (achat de substances et ustensiles employés pour le nettoyage, le graissage, la désinfection, la préservation de la piqûre des insectes, etc.).

Le chef de corps fait connaître aux commandants de compagnie les procédés généraux de conservation prescrits par les instructions ministérielles ainsi que les procédés locaux, variables avec le climat et l'état du casernement, que l'expérience aura recommandés.

Dans les cas de force majeure, tels qu'ils sont définis par le règlement sur la comptabilité des matières appartenant au département de la guerre, les pertes et dégradations sont à la charge de l'État. La compagnie est immédiatement indemnisée par le fonds commun du corps, et le Conseil d'administration demande le remboursement par le budget de l'habillement, comme il est dit aux articles 5 et 7.

En cas de perte par la faute des hommes, le commandant de compagnie rend compte par écrit au chef de bataillon et inscrit le nombre et la nature des effets ou objets perdus sur un état conforme au modèle n° 14.

Cet état, ouvert le premier jour de chaque trimestre, est vérifié par le chef de bataillon à la fin du trimestre qu'il concerne et sert de pièce justificative de la sortie à inscrire au registre des entrées et des sorties de l'unité (1).

Le numéraire appartenant au fonds particulier de chaque compagnie reste dans la caisse du corps sous forme de créance au profit de l'unité. Par suite, toutes les dépenses, imputables au fonds particulier de la compagnie, sont payées, directe-

---

(1) En ce qui concerne les réservistes et les territoriaux, la perte des effets ou objets est constatée conformément aux dispositions de l'article 153 du règlement du 20 mars 1906, sur l'administration et la comptabilité des corps de troupe (vol. I).

ment ou par voie de virement, par la caisse du corps, et sont portées au débit de ladite créance.

Le trésorier paie les menues dépenses des compagnies sur la présentation des mémoires ou quittances, signés, pour autorisation de paiement, par le commandant de la compagnie et visés par le major. Ces pièces doivent être établies de manière à en réduire le nombre le plus possible.

Pour que la multiplicité de ces opérations de détail n'apporte pas d'entraves au service général du trésorier, le chef de corps peut, s'il le juge convenable, fixer les jours et heures auxquels les paiements auront lieu.

Pour ne pas multiplier les inscriptions à son registre-journal, le trésorier récapitule en un seul bordereau tous les payements qu'il a faits, dans un même jour, des dépenses afférentes à un même trimestre, et ne fait qu'une seule inscription par bordereau.

La signature des fonctionnaires de l'intendance et le timbre d'annulation, prévu au règlement sur l'administration et la comptabilité des corps de troupe, sont apposés non seulement sur les bordereaux, mais encore sur toutes les pièces y annexées.

Les règles générales concernant le timbre de quittance des pièces de comptabilité sont applicables à toutes les pièces qui concernent la masse d'habillement.

Les pièces de dépenses relatives tant au fonds commun qu'aux fonds particuliers restent soumises aux formalités exigées par le règlement sur la comptabilité publique. Le major donne toutes les instructions nécessaires et veille à l'exécution de cette prescription.

Passation des marchés relatifs à l'entretien de l'approvisionnement
de la compagnie.

Art. 46. En principe, dans l'intérêt général du corps, les Conseils d'administration passent des marchés d'ensemble, mais ils peuvent autoriser, dans des circonstances exceptionnelles, les commandants de compagnie à passer des marchés ou conventions relatifs aux achats de certaines matières premières pour les réparations.

Les conventions, marchés ou abonnements avec les premiers ouvriers, sont toujours passés par les Conseils d'administration.

Les machines à coudre et les outils nécessaires aux ouvriers tailleurs et cordonniers des unités, ainsi que les divers ingrédients pour l'entretien, le nettoyage et la conservation des effets en service et en magasin, sont toujours achetés par les soins des Conseils d'administration pour être cédés aux unités par le magasin commun du corps, à charge de remboursement par les fonds particuliers.

Les effets ne sont pas la propriété des détenteurs.

Art. 47. Le commandant de compagnie fait faire, dans sa compagnie, toutes les distributions et tous les échanges d'effets qu'il juge utiles sans que les détenteurs puissent élever aucune réclamation à ce sujet. Il y a tout avantage à limiter au strict nécessaire ces échanges pour les effets de linge et de chaussure.

Les effets n'ont pas de durée obligatoire.

Art. 48. La latitude laissée au commandant de compagnie dans le choix des effets à percevoir lui permet de faire remplacer, quand il en reconnaît le besoin, les effets usés, même prématurément, et il profite intégralement des économies faites sur les effets dont il prolonge la durée.

Il est interdit de faire porter des effets hors de service aux hommes autres que les ouvriers pour lesquels il n'est pas prévu d'effets spéciaux.

Les effets hors de service ainsi employés sont marqués, à l'encre indélébile, des initiales H. S. Il ne doit y être apposé ni galons de grade ou de fonctions, ni pattes ou écussons à numéro ou autres signes distinctifs (art. 65 ci-après).

Réintégrations au magasin commun interdites.

Art. 49. Les prescriptions du règlement ne sont pas applicables au matériel du tableau n° 1. Par conséquent, les objets compris dans ce tableau sont réintégrés par les compagnies au magasin du corps lorsqu'ils ne leur sont plus utiles ou qu'ils doivent être remplacés.

L'exception ci-dessus est également applicable aux effets de tailles exceptionnelles délivrés aux réservistes et aux territoriaux par prélèvement sur le lot spécial prévu au § 5 de l'article 66 ci-après.

Pour les autres effets, il est fait exception au principe posé par le règlement (art. 49) dans le cas où les effets hors de service versés par les compagnies en vertu de l'article 64 ci-après ne suffisent pas pour faire face aux besoins à satisfaire.

Des prélèvements peuvent être alors opérés sur les collections des compagnies, sauf remboursement par le fonds commun sur les bases indiquées à l'article 32 du règlement.

Ces prélèvements sont ordonnés :

1° Par le commandant du corps d'armée pour les besoins d'autres corps de troupe ;

2° Par le chef de corps, pour les besoins de l'infirmerie régimentaire, et, éventuellement, pour ceux de la réserve de guerre (par exemple, pour assurer la couverture des petits bidons en cas d'augmentation d'effectif ou de changement de modèle). La valeur des matières, effets ou objets livrés est remboursée aux corps livranciers :

A) Sur les fonds du budget de l'habillement :

Pour les matières ou effets prélevés pour les besoins de la réserve de guerre ;

B) Sur les fonds de la masse d'habillement des corps cessionnaires :

Pour les effets ou objets qu'ils ont reçus d'autres corps.

Le matériel prélevé est porté en sortie sur les registres des compagnies ; décharge en est donnée sur les mêmes registres par l'officier d'habillement.

Celui-ci les porte en entrée, puis en sortie, dans ses écritures, suivant les règles ordinaires.

Echange d'effets.

Art. 50. L'échange des effets entre les compagnies, ou bien entre les compagnies et le magasin du corps, facilite l'assortiment des pointures. L'usage de cette mesure présente des avantages dont chacun doit tirer parti pour la bonne exécution du service.

Effets de confection ancienne.

Art. 51. Les commandants de compagnie doivent s'efforcer de mettre en service les effets de confection ancienne ou ceux qui, bien que de confection moins ancienne, seraient impropres à un service de guerre. Les chefs de bataillon s'assurent que cette prescription est exécutée et tiennent la main à ce que des préoccupations d'économie n'empêchent pas les commandants de compagnie de faire exécuter les retouches nécessaires pour la mise en service des effets.

Dénomination et composition des diverses collections d'effets.

Art. 52. La composition de chacune des collections est donnée, pour chaque arme ou subdivision d'arme, et par grade, distinctement pour les hommes montés et non montés, par des barèmes qui déterminent, en même temps, la richesse théorique individuelle des militaires de l'armée active ainsi que celle des réservistes et des territoriaux (vol. 3 *bis*) (1).

La composition de ces collections ne peut être modifiée que sur un ordre du Ministre.

Marquage des effets. — Les effets des différentes collections sont distingués par l'apposition d'un chiffre romain correspondant au numéro de la collection.

Cette marque de collection est placée de telle manière qu'elle ne soit pas apparente lorsque l'effet est sur l'homme.

Outre la marque du numéro de la collection, l'effet reçoit :

1° Le numéro du régiment par les soins de l'officier d'habillement ; ce numéro est apposé au moment de la distribution des effets par le magasin commun ;

2° La marque de la compagnie (lettre ou numéro) ;

3° Et enfin, le numéro matricule de l'homme.

Ces deux dernières marques sont apposées par les soins du commandant de la compagnie. Toutefois, pour les effets de la collection n° 1, la marque de la compagnie et le numéro matricule de l'homme ne sont pas apposés sur l'effet lui-même, mais simplement sur un morceau de toile cousu sur la doublure intérieure de l'effet. Toutes les marques indiquées ci-dessus sont faites à l'encre noire indélébile.

Sur les effets qui ne peuvent être marqués lisiblement à l'encre, on applique les différentes marques par les procédés réglementaires.

Les chefs de corps prescrivent de faire apposer sur les effets de la collection d'instruction un signe apparent, permettant de s'assurer d'un coup d'œil que l'homme est bien dans la tenue prescrite

____

(1) Voir, page 289, l'instruction du 31 janvier 1923.

Tous les frais de marquage et de pose de signes apparents destinés à distinguer les effets de chaque compagnie et de chaque collection sont à la charge du fonds particulier. Le fonds commun ne supporte que les frais relatifs à l'apposition des marques générales du corps.

Les caisses de tambour et les clairons, en raison de leur nature et de leur durée, ne se prêtant pas facilement à l'apposition du numéro matricule de leurs détenteurs successifs, ne reçoivent que le numéro du régiment, la marque de la compagnie et un numéro de série qui sert à distinguer entre eux les instruments d'une même compagnie.

CHAPITRE II.

CRÉATION, ENTRETIEN ET EMPLOI DE L'APPROVISIONNEMENT DE COMPAGNIE.

Création, entretien et emploi des collections.

Art. 53. Les collections sont constituées, entretenues et employées d'après les dispositions ci-après :

Création des collections. — Conformément aux dispositions de l'article 8, la masse reçoit, pour chaque augmentation de l'effectif réglementaire de paix, une allocation correspondante, pour lui permettre de constituer le nombre nécessaire de collections réglementaires.

Les collections n°s 2 et 3 à constituer pour des unités de nouvelle formation sont prélevées sur les unités déjà existantes, sauf remboursement sur les bases indiquées à l'article 32 du règlement.

Pour les unités qui n'auraient pas reçu la dotation complète de leur masse d'habillement et pour celles qui, pour des raisons justifiées, n'auraient pas leurs collections au complet, les collections seront constituées dans l'ordre ci-après :

1° Collection d'extérieur (n° 2), pour les hommes de l'armée active ;

2° Collection d'instruction, pour les hommes de l'armée active (n° 3) ;

— 88 —

3° Collection pour les réservistes et les territoriaux convoqués pour accomplir une période d'instruction (1);

4° Collection de guerre (n° 1), pour l'effectif réglementaire de paix;

5° Majoration du 1/15° des collections 2 et 3 de l'effectif réglementaire de paix.

Toutefois, on ne doit pas sacrifier au désir d'avoir des collections de guerre constamment complètes la nécessité d'avoir des effets d'instruction convenables et en bon état pour les périodes d'exercice des réservistes et des territoriaux.

Entretien des collections. — Les effets reçus du magasin commun donnent lieu à des déclassements successifs, en passant par les différentes collections.

En conséquence, le passage des effets d'une collection à l'autre s'effectue dans l'ordre ci-après :

1° Collection de guerre (n° 1) ;

2° Collection d'extérieur (n° 2) ;

3° Collection pour les réservistes et les territoriaux convoqués pour accomplir une période d'instruction (n° 3);

4° Collection d'instruction pour les hommes de l'armée active (n° 3).

Au moment de la première mise en service (affectation à la collection n° 2), chaque effet d'habillement reçoit, par les soins du commandant de la compagnie, l'apposition, au-dessous du numéro du corps, d'un timbre indiquant la date (mois et an) de cette mise en service (2).

Les effets des collections destinées aux réservistes et aux territoriaux convoqués pour accomplir une période d'instruction, servant à la fois de tenue d'extérieur et de tenue d'exercices, doivent provenir directement de la collection n° 2.

Les effets de la collection n° 2 qui ont été remplacés sont réintégrés au magasin de l'unité au lieu d'être conservés par les détenteurs comme effets n° 3; exception est faite pour les effets qui n'entrent pas dans la collection d'instruction des réservistes et territoriaux.

Tous les déclassements, sauf ceux des effets neufs, se font au magasin de compagnie.

---

(1) La constitution de la collection III est réservée. (Voir page 292.)
(2) Par effets d'habillement, il faut entendre les vêtements en drap.

Le déclassement d'effets nécessaires pour assurer l'habillement des réservistes et des territoriaux est prononcé par une commission composée :

Dans les régiments, portion principale et portion centrale :

D'un lieutenant-colonel, président, ou, à défaut, du chef de bataillon le plus ancien ;

Du chef de bataillon qui a sous ses ordres la compagnie dont les effets sont examinés ; dans le cas où ce chef de bataillon préside la commission, il est remplacé, comme membre, par l'officier qui prend rang immédiatement après lui dans son bataillon ;

Du major ou de son suppléant ;

De l'officier chargé du service de l'habillement.

Dans les bataillons formant corps et dans les unités détachées :

Du commandant du bataillon chef de corps, ou du chef de bataillon qui a sous ses ordres la compagnie dont les effets sont examinés ;

De l'officier qui prend rang immédiatement après lui ;

Du major ou faisant fonctions, ou, à défaut, de l'officier chargé du service de l'habillement.

Cette dernière commission se déplace le cas échéant, sauf exception motivée par l'importance de la durée ou des frais de déplacement, le général commandant le corps d'armée prononçant sur ces cas d'espèce.

La commission fait apposer en sa présence, sur chaque effet d'habillement affecté à la collection destinée aux réservistes et aux territoriaux, le timbre H. T. Ce timbre doit toujours rester en la possession du président de la commission.

Chaque effet versé à la collection destinée aux réservistes et aux territoriaux y remplace un effet de même nature à verser à la collection n° 3 (Armée active).

Par suite, la marque H I apposée sur les vêtements de drap est annulée par la commission de classement, par l'apposition d'une seconde marque H I en croix sur la première.

Emploi des collections. — Les différentes collections sont employées conformément aux indications de l'article 52 du règlement (1).

Les majorations de 1/7ᵉ et de 1/15ᵉ prévues à l'article 15 peuvent être utilisées pour l'habillement et l'équipement des hommes en excédent de l'effectif réglementaire de paix. Il

______

(1) Consommation de l'approvisionnement du fonds commun en effets d'instruction. (Voir page 296.)

n'est pas constitué de collection de guerre pour ces hommes, cette collection existant à la réserve de guerre.

Dans le cas où la majoration de 1/7ᵉ est utilisée dans les conditions susindiquées, les Conseils d'administration des corps séparés de leur dépôt et se mobilisant dans des conditions spéciales peuvent faire déposer dans les magasins des unités, par prélèvement sur leur approvisionnement de corps, le nombre d'effets nécessaires pour reconstituer cette majoration. Ces effets ne cessent pas de figurer dans les comptes de l'officier d'habillement, et sont réintégrés au magasin commun dès que la situation qui en a motivé le dépôt est redevenue normale.

Dans le cas où le dépassement d'effectif est important, par exemple s'il est nécessaire d'employer la totalité des majorations de 1/7ᵉ et de 1/15ᵉ, le corps peut demander un secours au Ministre.

Bon mensuel des effets de la première et de la deuxième portion.

Art. 54. Le bon mensuel comprend deux parties (1) :

La première fait ressortir le crédit acquis à la compagnie le dernier jour du mois;

La seconde contient le détail décompté des effets de toute nature que le commandant de compagnie juge nécessaires pour son unité.

La valeur des effets demandés doit toujours être inférieure à celle du crédit ; le commandant de compagnie est tenu en outre de conserver disponible à son fonds particulier la somme qu'il suppose nécessaire au paiement des dépenses et imputations de toute nature à la charge de ce fonds.

Sur le bon mensuel, la valeur des effets de la première portion est décomptée et totalisée distinctement de celle des effets de la deuxième portion.

Lorsqu'un commandant de compagnie juge inutile de demander des effets à la fin d'un mois, il doit néanmoins fournir un bon négatif, dans lequel il se borne à remplir la situation financière de son fonds particulier.

Toutefois, les demandes doivent être établies de manière à atteindre, pour la première portion et pour l'ensemble des trois bons du trimestre, le minimum indiqué à l'article 22.

Payement des bons.

Art. 55. A moins d'ordre contraire du Ministre, les effets de modèles anciens sont distribués avant tous autres.

---

(1) Voir, page 296, le paragraphe « Consommation de l'approvisionnement du fonds commun en effets d'instruction ».

Dans le cas où le nombre d'effets de modèles anciens est insuffisant pour que toutes les unités en soient pourvues, le chef de corps, afin d'éviter des disparates dans la même unité, désigne les unités qui doivent faire usage de ces effets jusqu'à épuisement, ou bien il fait faire une répartition égale, entre toutes les unités, du reliquat restant en magasin, si cette mesure ne doit pas entraîner des différences trop sensibles dans l'aspect de l'ensemble de la troupe.

Par analogie, la même prescription est applicable aux effets qui, en raison de leurs pointures, ne seraient demandés que très rarement et menaceraient de rester indéfiniment en magasin.

Mais, dans ce cas, les effets en question sont ramenés à des pointures courantes ou sont ajustés préalablement à leur distribution, et aux frais du fonds commun, à la taille des hommes que désignent les commandants de compagnie.

En principe, l'importance en valeur de la demande du bon mensuel doit être inférieure au crédit acquis à la compagnie.

Toutefois si, par suite de circonstances exceptionnelles, le commandant d'une compagnie a demandé des effets pour une valeur supérieure à son crédit, l'officier d'habillement prend les instructions du major, qui en réfère, s'il y a lieu, au Conseil d'administration. Si celui-ci juge la demande justifiée, il accorde un secours à la compagnie, sauf restitution par cette unité lorsque la situation de son fonds particulier se sera améliorée.

La quatrième page du bon de compagnie, relative aux pointures, ne porte pas d'indications relatives à la longueur des manches.

Mode d'opérer dans les détachements.

Art. 56. (Sans observations.)

CHAPITRE III.

REMISE ET REPRISE DES EFFETS AUX HOMMES.

Habillement et équipement à l'arrivée au corps.

Art. 57. Les commandants de compagnie doivent s'attacher à écouler le plus rapidement possible les effets de chaussure, de linge et de petit équipement ayant déjà servi qu'ils ont en magasin. Ordinairement, ils pourront distribuer aux hommes de la nouvelle classe appelée tous les effets utilisables repris aux hommes de la dernière classe renvoyée dans ses foyers. Lorsque les hommes de la nouvelle classe ne sont pas habillés et équipés dans la fraction du corps d'où sont partis les hommes de la dernière classe renvoyée, le chef de corps, usant du droit que lui confère l'article 38 du règlement, prend les mesures nécessaires pour hâter l'écoulement des vieux effets, de la manière la plus avantageuse pour l'ensemble des compagnies.

Militaires en subsistance (1).

Art. 58. Le corps ou établissement nourricier est juge de l'opportunité des distributions à faire aux subsistants.

Lorsqu'un militaire est libéré, étant en position de subsistance, les effets qu'il ne doit pas emporter dans ses foyers lui sont retirés par le corps ou l'établissement nourricier.

Ces effets sont renvoyés au corps d'origine aux frais de l'Etat ou conservés par le corps nourricier, selon que leur valeur est supérieure ou inférieure aux frais de transport (art. 60, § 1°, 2° alinéa).

Lorsque, en cas de nécessité absolue, un corps est obligé d'envoyer, pour un militaire en subsistance dans un autre corps, des effets que le corps nourricier n'aura pu se procurer plus économiquement, les frais de transport sont à la charge de l'Etat.

Les sous-officiers remplaçant momentanément des agents de la justice militaire reçoivent, par les soins des corps d'origine, les effets de toute nature qu'il y a lieu de leur délivrer pendant la durée de leurs fonctions.

Ces sous-officiers remboursent, à leur corps d'origine, le montant de la prime journalière fixée pour leur arme.

Cette somme est envoyée mensuellement au corps d'origine par les soins du Conseil d'administration ou de l'agent principal de l'établissement, au moyen d'un mandat sur le Trésor.

Militaires placés en subsistance dans une école militaire. — Les militaires de tout grade, autres que les sous-officiers élèves officiers, envoyés à une école sont considérés comme subsistants et traités comme tels quand ils continuent de compter à l'effectif de leur corps d'origine.

Ces militaires sont pourvus, au départ de leur corps, des effets qui leur sont nécessaires et dont la nomenclature est déterminée par le Ministre (vol. 35).

---

(1) Voir, page 301, l'application des dispositions *in fine* de l'article 58 du décret du 22 janvier 1907.

La portion de prime journalière à percevoir par les corps d'origine est fixée par le tarif n° 3 annexé au règlement sur le service de l'habillement dans les écoles militaires (1) (vol. 35).

Quant à ceux de ces militaires qui sont rayés de l'effectif de leur corps d'origine pour être inscrits à l'effectif « hors cadres », ils sont complètement administrés par l'école où ils sont envoyés et cessent de l'être par leur corps d'origine, dès le jour de la radiation des contrôles de ce corps.

Militaires suivant, en qualité d'élèves officiers de reserve, les cours spéciaux prévus par l'article 24 de la loi du 21 mars 1905 (2) sur le recrutement de l'armée. — La portion de la prime journalière de la masse d'habillement attribuée aux écoles militaires, autres que l'École supérieure de guerre et l'École normale de gymnastique et d'escrime, par le tarif n° 3 annexé au règlement sur le service de l'habillement dans les écoles militaires, pour les militaires qu'elles reçoivent en subsistance (élèves et cadre mobile), est allouée aux corps de troupes ayant en subsistance les hommes suivant, en qualité d'élèves officiers de réserve, les cours spéciaux prévus par l'article 24 de la loi du 21 mars 1905 sur le recrutement de l'armée. Cette portion de prime est également allouée pour les militaires du cadre, ainsi que pour les soldats ordonnances des officiers instructeurs (3).

La portion de la prime journalière attribuée au corps nourricier est destinée à l'entretien de tous les effets et au remplacement de ceux de petit équipement, y compris la chaussure.

Les journées passées en subsistance par les militaires dont il s'agit sont inscrites à l'encre rouge sur le bordereau récapitulatif (modèle n° 193 de la nomenclature des imprimés de la guerre), produit par le corps d'origine à l'appui du tableau de prestations en deniers de la masse d'habillement.

En outre, les corps qui reçoivent ces militaires en subsistance doivent, par analogie avec ce qui a lieu pour les écoles militaires, produire, à l'appui du tableau de prestations en de-

______

(1) Ces dispositions ne sont pas applicables aux militaires placés en subsistance dans les écoles pendant quelques jours pour prendre part à un concours ou y subir un examen, non plus qu'aux ordonnances des officiers désignés pour assister aux exercices pratiques qui ont lieu à l'École normale de tir.

(2) Remplacé par l'article 31 de la loi du 1er avril 1923.

(3) Nouvelle rédaction. (Modification du 18 juin 1908, B. O., p. 1096.)

niers de la masse d'habillement, un bordereau récapitulatif (modèle n° 4 annexé à l'instruction pour l'application du règlement sur le service de l'habillement dans les écoles militaires) faisant ressortir, par corps de troupe d'origine, le nombre de journées pour lesquelles la quote-part de la prime journalière est due à la masse d'habillement du corps nourricier (1).

Sapeurs-télégraphistes. — Les sapeurs-télégraphistes détachés sur les réseaux du commandement, dans une Direction du génie sur le territoire de laquelle se trouve stationné un corps ou un détachement du génie composé au moins d'une unité administrative, sont placés en subsistance dans une compagnie de ce corps ou détachement et sont *entièrement* habillés par celle-ci, lors même qu'ils seraient temporairement mis en subsistance dans un autre corps de troupe.

Le corps et la compagnie auxquels des sapeurs-télégraphistes sont ainsi rattachés perçoivent pour eux la prime journalière complète, comme s'il s'agissait d'hommes leur appartenant effectivement, et remboursent, s'il y a lieu, aux corps nourriciers les dépenses imputables à l'habillement. Le corps poursuit également, auprès du 5e régiment du génie, le remboursement du montant des journées de primes non perçues pour les sapeurs isolés qui reçoivent l'indemnité journalière exceptionnelle, lorsque le montant total des primes ainsi dues dépasse le produit de la perception de 1 centime par homme et par jour faite par le fonds commun pour l'ensemble des sapeurs-télégraphistes en subsistance et dans la limite de ce dépassement.

Les sapeurs-télégraphistes, détachés dans une Direction du génie sur le territoire de laquelle il n'existe aucune unité administrative du génie, rentrent dans la règle commune de la subsistance.

---

(1) Lorsqu'ils sont nommés officiers de réserve, les élèves officiers perçoivent une indemnité de première mise ou, à défaut de première mise, sont pourvus, sur leur demande, d'une tenue neuve en drap de sous-officier, conformément aux dispositions de l'article 66 ci-après.

Par suite, n'ayant plus l'emploi de leurs anciens effets de sous-officiers, ils sont tenus de les renvoyer à leur corps d'origine; comme conséquence, ce corps n'a droit à la prime fixe prévue au paragraphe 3 du tarif n° 1 annexé au présent règlement que pour les sous-officiers nommés officiers sans avoir suivi les cours d'une école militaire d'élèves officiers.

Conformément à l'article 59 du présent règlement, les frais de transport sont au compte de la masse d'habillement des corps d'origine, l'envoi est fait par colis postal; à cet effet, ces corps enverront en temps utile aux corps nourriciers le nombre nécessaire de feuilles ou vignettes de colis postal, suivant le cas. (Circulaire du 28 février 1910, *B. O.*, p. 400.)

Leur habillement continue à être assuré par le bataillon des sapeurs-télégraphistes qui rembourse aux corps de troupe dans lesquels ces hommes sont mis en subsistance les dépenses imputables à la masse d'habillement.

Jeunes soldats placés en subsistance dans un corps de troupe avant d'avoir rejoint leur corps d'affectation. — Les corps de troupe dans lesquels des jeunes soldats qui n'ont pas encore rejoint leur corps d'affectation ou qui ne sont pas encore affectés à un corps de troupe sont, pour un motif quelconque, placés en subsistance, perçoivent, pour eux, les prestations de la masse d'habillement dans les mêmes conditions que la solde.

Le corps nourricier supporte, en échange, toutes les dépenses occasionnées par l'entretien de ces hommes et qui doivent normalement être imputées à la masse d'habillement ; mais, par analogie avec les dispositions prévues au deuxième alinéa de l'article 57 du décret, il ne leur délivre que les effets qui leur sont strictement nécessaires.

Autres cas où les prestations de la masse d'habillement sont perçues par les corps nourriciers. — L'énumération des cas, visés ci-dessus, où les prestations de la masse d'habillement sont perçues, en totalité ou en partie, par les corps nourriciers n'est pas limitative. La mesure peut être étendue, par des décisions ministérielles spéciales, à d'autres cas ; tel, par exemple, celui des cavaliers des annexes de remonte placés en subsistance dans les quatre premières compagnies de cavaliers de remonte et qui ne sont immatriculés que *pour mémoire* dans des corps de troupe (1).

Dépenses de l'ordinaire étrangères à l'alimentation des militaires en subsistance dans d'autres corps. — Pour le remboursement des dépenses de l'ordinaire étrangères à l'alimentation, des militaires des troupes métropolitaines en subsistance dans des corps de troupe à l'intérieur et en Afrique (2), dans les corps de troupes coloniales et dans les écoles militaires (lorsque celles-ci ne perçoivent pas la portion de prime fixée par le tarif n° 3 annexé au règlement sur le service de l'habillement dans les écoles militaires), il est opéré comme suit (3) :

Après l'arrêté de la revue de liquidation, le corps d'origine verse au Trésor, sur un ordre de reversement délivré par le sous-intendant-militaire qui a arrêté la revue, la portion

(1) *B. O., É. M.*, vol. 69, annexe 6.

(2) Excepté les militaires faisant partie des pelotons d'instruction visés ci-dessus.

(3) Voir page 159, la circulaire du 15 avril 1908.

de prime de 0,02 ou 0,01, selon le cas (art. 5), attribuée aux dépenses de l'ordinaire étrangères à l'alimentation, pour le nombre de journées de subsistance passées par les militaires du corps ayant droit à la masse d'habillement, dans d'autres corps ou écoles militaires n'ayant pas perçu la portion de prime fixée par le tarif n° 3 précité.

Les corps de troupe et les écoles militaires visées ci-dessus, qui ont eu des militaires des troupes métropolitaines en subsistance, pendant le trimestre, perçoivent, également après l'arrêté de la revue de liquidation, sur relevé n° 34, la portion de prime de 0,02 ou 0,01, selon le cas, pour le nombre de journées de subsistance passées au corps ou à l'école par des militaires d'autres corps des troupes métropolitaines. Le montant de cette perception est porté dans la colonne 20 dudit relevé n° 34, qui a pour titre : « Portion de prime attribuée aux dépenses d'ordinaire étrangères à l'alimentation, pour les militaires en subsistance au corps (ou à l'école) ».

Ce relevé est appuyé d'un état nominatif des militaires en subsistance au corps ou à l'école pendant le trimestre écoulé, avec la mutation complète y compris l'indication du corps d'origine et le nombre de journées de subsistance.

Pour les militaires des troupes coloniales en subsistance dans les corps de troupes métropolitaines, la portion de prime de 0,02 dont il s'agit est remboursée directement aux corps nourriciers par la masse générale d'entretien des corps d'origine. Les journées de subsistance des militaires en question ne sont donc pas à comprendre sur les relevés n° 34 (1).

Collection de guerre des militaires en subsistance dans d'autres corps. — Lorsque des militaires, en subsistance dans d'autres corps, sont détenteurs de leurs trois collections d'habillement, leurs collections de guerre sont déposées dans les magasins des unités où ils sont en subsistance.

Effets à emporter par les hommes quittant le corps.

Art. 59. Le tableau A indique les effets que doivent emporter les hommes quittant le corps.

Militaires changeant de corps sans rejoindre la portion centrale du corps qu'ils quittent. — Les soldats ordonnances du train des équipages, changeant de corps sans rejoindre la portion centrale de l'escadron qu'ils quittent, et les sapeurs colombophiles affectés à un colombier situé dans une place où ne réside pas une unité du génie emportent les effets des trois

---

(1) Les versements et les perceptions sont faits au titre du trimestre qu'ils concernent.

collections dont ils sont détenteurs au moment de leur mutation (1).

Sur l'ordre du commandement local, la même mesure est appliquée aux militaires isolés qui font mouvement dans les mêmes conditions.

La valeur des effets emportés est remboursée au corps d'origine par celui qui reçoit l'homme dans les conditions indiquées à l'article 60 ci-après.

Détachements ou unités complètes changeant de corps (2).

Effets à laisser aux militaires réformés étant à l'hôpital. — 1° Lorsque, au moment de l'envoi d'un militaire à l'hôpital ou aux eaux thermales, on peut, d'après son état de santé, prévoir qu'il sera réformé, ce militaire emporte seulement les effets que les hommes réformés peuvent emporter d'après les indications du tableau A.

2° Dans le cas où la réforme ne peut être prévue au moment de l'envoi à l'hôpital et où, par suite, le militaire aura emporté des effets autres que ceux visés ci-dessus, le corps auquel il appartient, s'il est en garnison dans la ville où est situé l'établissement hospitalier dans lequel la réforme est prononcée, retire les effets dont ce militaire est détenteur, et lui délivre la collection prévue au tableau A précité.

On se conforme, dans ce cas, aux prescriptions de l'avant-dernier paragraphe de l'article 280 du règlement du 25 novembre 1889, sur le service de santé (vol. 80);

3° Si un militaire, dont la réforme ne pouvait être prévue au moment de son départ du régiment, est réformé dans un hôpital situé en dehors du lieu de garnison de son corps d'origine, il est mis en route avec les effets prévus au tableau A, à quelque collection ou classement qu'appartiennent ces effets. Le corps, informé par l'officier comptable ou par l'économe, se conforme aux prescriptions de l'article 62 du règlement pour se faire renvoyer les effets emportés.

Le surplus est renvoyé au corps d'origine, par les soins de l'officier comptable ou de l'économe, qui se conforme aux dispositions prévues à l'art. 62 du règlement pour les effets des militaires décédés dans les hôpitaux.

Les effets sont, quelle que soit la destination qu'ils doivent recevoir, désinfectés par les soins de l'hôpital (§ 4 de la notice 7 annexée au décret du 25 novembre 1889 sur le service de santé).

Effets à laisser aux militaires renvoyés dans leurs foyers.

En principe, les effets militaires emportés dans leurs foyers par les hommes non gradés libérés doivent être renvoyés au corps par colis postal.

---

(1) Le numéro du corps de nouvelle affectation des sapeurs colombophiles est placé sur les différents effets par les soins du corps d'origine.
(2) Voir, page 301, la circulaire du 31 juillet 1923.

Cette mesure est applicable :

1° Aux hommes libérés, même isolément, dans une garnison de la France continentale ou de la Corse, et se retirant dans une localité quelconque de la France continentale ou de la Corse ;

2° Aux hommes libérés, même isolément, en Algérie ou en Tunisie, et se retirant dans une localité d'Algérie ou de Tunisie desservie par une voie ferrée, ou dans une localité quelconque de la France ou de la Corse, et, inversement, aux hommes libérés en France ou en Corse et se retirant dans une localité d'Algérie ou de Tunisie desservie par une voie ferrée.

Elle ne s'applique pas aux hommes libérés en France, en Corse, en Algérie ou en Tunisie, et se retirant soit dans une localité d'Algérie ou de Tunisie non desservie par une voie ferrée, soit dans les colonies françaises, soit à l'étranger, ni aux hommes libérés dans les colonies françaises, quelle que soit la localité où ils se retirent.

Sont également exclus de la mesure :

a) Les hommes gradés (sous-officiers, caporaux ou brigadiers) qui conservent leurs effets militaires et doivent les représenter aux périodes d'instruction ;

b) Les militaires indigènes des régiments de tirailleurs algériens et de spahis (autres que les brigadiers, caporaux ou soldats admis à la retraite ou réformés avec pension, pour lesquels il est prévu ci-après des mesures particulières), et les auxiliaires indigènes des autres armes à qui sont abandonnés en toute propriété les effets ci-après :

En hiver : vareuse en drap du classement instruction (tous les attributs militaires seront enlevés, les boutons d'uniforme seront remplacés par des boutons ordinaires), pantalon-culotte en drap, classement instruction.

En été : vareuse ou bourgeron en toile (du classement instruction), pantalon en toile.

En toute saison : une chéchia, une paire de bretelles de pantalon, un caleçon, une chemise, un mouchoir, une paire de chaussures (1).

c) Les militaires des régiments étrangers, des bataillons d'infanterie légère d'Afrique et des sections spéciales.

A) Les effets à renvoyer par les hommes comprennent les effets d'habillement (capote, manteau, veste, tunique, vareuse

---

(1) Texte nouveau. (Circulaire du 12 avril 1920, *B. O.*, p. 1268.)

ou dolman, gilet, jambières et pantalon ou culotte) et de coiffure (képi, béret ou chéchia), à l'exclusion de tous autres, notamment la chaussure et le petit équipement.

B) Il est remis à chaque homme, suivant le poids des effets à renvoyer (emballage compris), une feuille de colis postal de 3 ou de 5 kilos ou de 10 kilos.

C) Pour les hommes qui se retirent dans une localité située à plus de 5 kilomètres d'une gare, on ajoute à la feuille de colis postal la taxe de 0 fr. 25 déterminée pour apport à la gare du colis qui est alors déposé par l'homme au bureau de poste le plus voisin de sa localité; cette taxe de 0 fr. 25 est représentée par une vignette qui est remise à l'homme en même temps que la feuille du colis postal.

Lorsque le bureau de poste recevant les colis postaux est lui-même situé à plus de 5 kilomètres du domicile de l'homme libéré, ce dernier doit déposer le colis postal, à ses risques et périls, soit à la gare même, soit au bureau de poste, si celui-ci est moins éloigné que la gare de son domicile.

Dans ce dernier cas, il est muni de la vignette mentionnée ci-dessus.

Les corps se renseignent dans les gares ou dans les bureaux de correspondance de chemins de fer de leur garnison sur les conditions dans lesquelles les hommes doivent être pourvus d'une vignette de 0 fr. 25, par application des dispositions qui précèdent.

D) Les feuilles de colis postal et les vignettes sont achetées par les corps sur les fonds particuliers des masses d'habillement; elles reçoivent, avant le départ des hommes, toutes les indications nécessaires

E) Pour les colis postaux transportés sur le réseau du Médoc, il y a lieu de tenir compte des dispositions du décret du 13 août 1892, qui frappe d'un droit fixe de 0 fr. 25, pour frais de transport à travers la ville de Bordeaux, les colis postaux originaires ou à destination des chemins de fer du Médoc devant transiter ou ayant transité par Bordeaux.

Ce droit est à la charge de l'expéditeur lorsque le colis postal est déposé dans l'une des gares du réseau du Médoc, et à la charge du destinataire lorsqu'il est distribué par l'une de ces gares.

Par suite, les hommes qui doivent remettre le colis postal contenant leurs effets militaires dans une gare appartenant au réseau des chemins de fer du Médoc reçoivent, avant leur départ de leur corps, une somme de 0 fr. 25 destinée à l'acquittement de cette taxe supplémentaire. Ladite somme est imputée à la masse d'habillement (fonds particuliers).

D'autre part, la même taxe est acquittée directement par les corps qui tiennent garnison dans les villes desservies par les chemins de fer du Médoc, lorsqu'ils font retirer les colis postaux à leur adresse. L'imputation en est faite également à la masse d'habillement (fonds particuliers).

F) Les feuilles de colis postal et les vignettes dont il est question au paragraphe D n'existent, ni en Corse, en Algérie et en Tunisie pour les colis postaux à expédier en France, ni en France pour les colis postaux à expédier en Corse, en Algérie et en Tunisie ; on ne trouve, dans chacun de ces pays, que des feuilles d'expédition à 0 fr. 10 au moyen desquelles se font tous les envois de colis postaux, le prix du tarif étant acquitté au moment de la remise en gare ou au bureau de poste du colis à expédier.

Dans ces conditions les hommes libérés en Corse, en Algérie et en Tunisie, et se retirant en France, et *vice versa*, doivent être pourvus de ladite feuille d'expédition à 0 fr. 10 qui doit, au préalable, être remplie par les corps ; en outre, ceux-ci remettent aux hommes, avant le départ, une somme égale au prix du tarif à appliquer aux colis qu'ils auront à expédier.

Cette somme ainsi que la dépense d'achat des feuilles d'expédition sont imputées à la masse d'habillement des corps intéressés.

G) Chaque homme est muni, pour servir d'enveloppe à ces effets, soit d'un étui-musette en cours de durée ou hors de service, soit d'un morceau de toile de dimensions suffisantes provenant d'effets hors de service ; cette enveloppe est pourvue par les soins des corps d'une inscription ou d'une étiquette donnant l'adresse du destinataire du colis postal.

A défaut d'étuis-musettes ou de morceaux de toile provenant d'effets hors de service, la toile pour enveloppe est achetée directement par les corps au compte des fonds particuliers de la masse d'habillement. Il en est de même pour les étiquettes, le cas échéant.

H) Les hommes sont prévenus qu'ils s'exposent, pour le moins, à des peines disciplinaires, sans préjudice des poursuites dont ils pourraient être l'objet, en vertu du Code de justice militaire, en cas, par exemple, de vente ou de dissipation, s'ils ne renvoient pas leurs effets militaires dans un délai que fixent les chefs de corps.

Il leur est recommandé de conserver avec soin et d'annexer à leur livret le récépissé de remise du colis postal, à la gare ou au bureau de poste le plus rapproché de leur domicile.

Ils doivent coudre ou ficeler convenablement l'enveloppe contenant les effets à expédier.

I) Les corps s'entendent avec les gares desservant les localités où ils sont stationnés pour retirer sans frais, par les moyens militaires, les colis postaux à leur adresse contenant les effets renvoyés par les hommes libérés.

J) Les hommes non gradés qui le désirent sont autorisés à partir de leur garnison en effets civils; à ceux qui ne peuvent se procurer des effets sur place, il est accordé, suivant le cas, soit une permission pour aller les chercher, soit une feuille de colis postal accompagnée d'une vignette, s'il y a lieu, pour les faire venir de leur famille. Les dispositions du présent paragraphe ne sont pas applicables aux militaires libérés en Algérie et en Tunisie.

K) Les dépenses résultant de l'achat des feuilles de colis postaux et de la remise aux hommes des sommes destinées à acquitter différentes taxes sont justifiées au moyen d'un état modèle n° 12.

Militaires des bataillons d'infanterie légère d'Afrique et des sections spéciales envoyés dans d'autres corps pour y être libérés. — Le corps d'origine rembourse au nouveau corps recevant l'homme et chargé de le libérer le montant des dépenses que ce dernier a supportées, déduction faite du montant des primes perçues.

Dispositions spéciales.

Les militaires non gradés, libérés par les régiments étrangers et par les bataillons d'infanterie légère d'Afrique, ou provenant de ces corps et renvoyés dans leurs foyers par les dépôts d'isolés ou de convalescents, reçoivent des vêtements civils dont la nature est déterminée par les instructions du Ministre.

Cette mesure est toujours applicable aux militaires sans ressources, quelle que soit l'arme à laquelle ils appartiennent, réformés par congé n° 2, retraités pour blessures ou infirmités contractées dans le service, ou réformés par congé n° 1 (1).

Elle peut, suivant l'appréciation des chefs de corps ou de service, être étendue :

1° Aux militaires possédant des ressources, réformés par congé n° 2, lorsqu'il y a intérêt pour la discipline:

2° Aux militaires réformés temporairement;

3° Aux militaires réformés dans les hôpitaux.

---

(1) Addition du 15 avril 1908 (*B. O.*, p. 512).

Les effets militaires retirés aux hommes qui reçoivent des vêtements civils sont renvoyés au corps d'origine lorsque le prix du transport ne dépasse pas la valeur de l'envoi.

Dans le cas contraire, les effets dont il s'agit sont versés gratuitement au corps de troupe le plus à proximité.

Les caporaux, brigadiers et soldats indigènes des régiments de tirailleurs et de spahis algériens, admis à la retraite ou réformés par congé n° 1, reçoivent une collection de vêtements civils indigènes, comprenant :

Une gandoura ;

Un seroual (pantalon de forme arabe) ;

Une paire de souliers arabes ;

Un burnous { en coton pendant la saison chaude, du 16 mars au 15 octobre ; en laine pendant la saison froide, du 16 octobre au 15 mars.

Il sera, en outre, abandonné aux intéressés les effets militaires ci-après, prélevés sur ceux dont ils étaient détenteurs au moment de leur libération :

Une chéchia sans gland ;

Une chemise ;

Un caleçon ;

Un mouchoir ;

} au classement « bon ».

La fourniture des vêtements civils indigènes dont il est question ci-dessus et dont la valeur ne doit pas dépasser en moyenne la prime fixe de 25 francs pour les troupes à pied et de 30 francs pour les troupes à cheval, allouée par le tarif n° 1 dans les cas où cette mesure est applicable, est assurée directement par les corps intéressés qui se les procurent dans le commerce local, dans les mêmes conditions que les effets de la 2ᵉ portion qu'ils sont autorisés à acheter.

Les achats sont effectués à la portion centrale de chaque régiment, pour l'ensemble des besoins des unités administratives auxquelles les vêtements civils sont délivrés ou expédiés, en même temps que les effets militaires compris sur les bons mensuels.

Les sous-officiers indigènes des régiments de tirailleurs et de spahis, renvoyés dans leurs foyers à quelque titre que ce soit (libération du service actif, admission à la retraite, réforme), sont libérés avec les effets n° 2 énumérés au tableau A (2ᵉ cas) (1).

---

(1) Texte nouveau. (Circulaire du 12 avril 1920. *B. O.*, p. 1268.)

Les règles ci-dessus sont applicables, le cas échéant, aux auxiliaires indigènes des autres armes.

Mutations entraînant passage définitif à un autre corps
ou à un établissement (1).

Art. 60. Les mutations entraînant passage définitif à un autre corps ou à un établissement donnent lieu aux opérations suivantes:

1° L'homme est pourvu d'effets d'instruction.

En principe, les hommes de troupe changeant de corps, dans l'armée de terre, ou passant de l'armée de terre dans l'armée de mer ou dans l'armée coloniale, sous-officiers exceptés, n'emportent qu'une tenue d'instruction, telle qu'elle est indiquée au premier cas du tableau A ; mais les effets doivent toujours être propres et en bon état.

Les effets d'habillement sont, en principe, renvoyés au corps d'origine aux frais de l'Etat. Toutefois, cette expédition n'est faite que si la valeur des effets est supérieure aux frais de transport; dans le cas contraire, les effets sont conservés par le corps réceptionnaire et le corps ou établissement d'origine n'a droit à aucun remboursement.

Il est fait exception à la règle ci-dessus pour les hommes envoyés dans les corps ou établissements ci-après ou passant de ces corps ou établissements dans un corps de troupe :

1° Bataillon d'infanterie légère d'Afrique (2);

2° Sections spéciales;

3° Pénitenciers militaires ;

4° Ateliers de travaux publics.

Les effets apportés par ces hommes sont abandonnés aux corps ou établissements réceptionnaires sans donner lieu à remboursement.

Quant aux effets de chaussure, de linge et de petit équipement, ils sont toujours abandonnés au corps réceptionnaire sans qu'il soit tenu d'en rembourser la valeur (3).

---

(1) Détachements ou unités complètes changeant de corps. (Voir, p. 302, la circulaire du 31 juillet 1923.)

(2) N'est applicable qu'aux corps stationnés en France qui envoient des militaires à ces bataillons ou en reçoivent.

(3) En ce qui concerne les éperons, brides et sous-pieds d'éperons et les jambières, qui sont les accessoires obligés de la culotte, ils doivent être renvoyés avec cet effet lorsqu'il y a lieu à renvoi. (Circulaire du 21 juillet 1909, B. O., p. 1148.)

Le commandant de la compagnie ou de l'établissement qui perd l'homme établit et signe deux expéditions de la facture non décomptée qui, dans les corps de troupe, sont visées par le chef de corps et, dans les établissements, par le sous-intendant militaire chargé de la surveillance administrative de l'établissement; les deux expéditions de la facture sont adressées directement au corps réceptionnaire par le Conseil d'administration, et lorsque le matériel est arrivé à destination, elles sont revêtues de la prise en charge (colonnes Réceptions et Récépissés) du commandant de la compagnie qui a reçu les effets *et pour les seuls effets qui ne sont pas renvoyés au corps d'origine;* pour ces derniers, on porte : « Renvoyés au corps d'origine » dans la colonne « Observations », puis elles sont visées par le chef de corps.

Une expédition de la facture est renvoyée au corps expéditeur pour être mise à l'appui du registre des entrées et des sorties de la compagnie dont l'homme faisait partie.

La deuxième facture reste comme pièce à l'appui du registre des entrées et sorties de la compagnie réceptionnaire.

Les élèves entrant à l'École polytechnique, à l'École spéciale militaire et à l'École de santé militaire après avoir accompli une année de service dans un corps de troupe (1) doivent être pourvus, par les soins de ce corps, d'effets de 2° tenue strictement réglementaires et en bon état, y compris le manteau ou la capote, suivant l'arme.

Ces effets doivent être renvoyés dans le plus bref délai au corps d'origine par les soins de l'école et aux frais de l'État, dans les conditions ci-dessus (circulaire du 22 novembre 1908, *B. O.,* p. 1964).

2° *L'homme est pourvu d'effets neufs, très bons ou bons.*

a) Lorsque l'homme est *exceptionnellement* pourvu d'effets neufs, très bons ou bons, l'opération est réglée conformément aux prescriptions ci-après :

Le commandant de la compagnie qui perd l'homme établit et signe deux expéditions de la facture décomptée, qui sont visées par le chef de corps. Les deux expéditions de la facture sont adressées directement au corps réceptionnaire par le Conseil d'administration et, lorsque le matériel est arrivé à destination, elles sont revêtues de la prise en charge

---

(1) Entrent directement à ces écoles. (Loi du 1er avril 1923.)

du commandant de la compagnie qui a reçu les effets, puis visées par le chef de corps.

Une expédition de la facture, accompagnée d'un mandat sur le Trésor, est renvoyée au corps expéditeur; elle sert au trésorier à faire la recette et à créditer le fonds particulier de la compagnie.

La deuxième expédition, sur laquelle aura été inscrite la mention relative au mandat envoyé, ainsi que le numéro de ce mandat, reste comme pièce de dépense à l'appui du registre-journal du corps réceptionnaire.

Le montant de la facture est porté en dépenses au fonds particulier de la compagnie qui a reçu les effets.

Le commandant de la compagnie réceptionnaire a le droit de discuter le classement d'après lequel ces effets ont été décomptés; si la réclamation est reconnue fondée par le Conseil d'administration, il est procédé dans cette circonstance comme il est dit au paragraphe VII de l'article 22 ci-dessus.

b) Si l'homme provient du régiment de sapeurs-pompiers ou des corps de la gendarmerie ou de l'armée de mer, les effets qu'il apporte restent sa propriété, comme ayant été payés par sa masse individuelle.

En arrivant à son nouveau corps ou établissement, l'homme est pourvu de tous les effets qui lui sont nécessaires, mais il est obligé de faire usage du linge, de la chaussure et du petit équipement qu'il a apportés, jusqu'à ce que ces effets ne soient plus utilisables. Le corps d'origine établit en simple expédition une facture de livraison qui est adressée directement au corps ou établissement réceptionnaire.

Le commandant de la compagnie dans laquelle l'homme est classé, ou le Conseil d'administration de l'établissement, revêt de son récépissé cette facture qui est ensuite visée par le président du Conseil d'administration dans les corps de troupe. Cette facture est renvoyée au corps d'origine. Il n'est pas tenu d'écritures des effets apportés.

c) La valeur de la tenue en drap fin des sous-officiers rengagés, y compris le ceinturon verni et la capote du modèle spécial, n'est jamais remboursée au corps ou à l'établissement d'origine.

OBSERVATIONS. — *Destination à donner aux effets non utilisables par les corps ou établissements réceptionnaires et conservés par eux.* — Le directeur de l'intendance indique, conformément aux prescriptions en vigueur, la destination à donner à ces effets. Il est entendu que les effets apportés par des hommes provenant de corps où fonctionne le régime de la masse individuelle doivent leur être définitivement abandonnés, ces effets étant la propriété des détenteurs.

Règles applicables aux militaires envoyés dans les sections spéciales (1).

Les militaires dirigés sur les sections spéciales ne reçoivent qu'à leur arrivée dans ces sections les effets dont ils doivent être pourvus.

Ils restent munis, pour la route, d'effets d'instruction dégarnis de signes distinctifs délivrés par leur corps d'origine et à l'uniforme de ce corps.

Le tableau A (4ᵉ cas) détermine le nombre et la nature de ces effets. De plus, les militaires arrivés dans les sections spéciales pendant la saison chaude et libérés ou réintégrés dans un corps de troupe pendant la saison froide, sont pourvus à leur départ d'une capote ou d'un manteau adressé franco de port par colis postal par leur corps d'origine avisé en temps utile. Cet effet, abandonné aux détenteurs dans le cas de libération, fait l'objet d'une facture non décomptée

Les effets apportés par les hommes des sections spéciales doivent être en assez bon état de conservation pour pouvoir parcourir en service une période de trois mois au moins. Ces effets leur sont retirés à l'arrivée à la section spéciale.

Ils sont réparés et nettoyés suivant le besoin au compte de la masse d'habillement de la section spéciale puis placés au magasin, avec des étiquettes au nom et au numéro matricule de chaque homme. Mention particulière est faite au livret de chaque homme des effets qui ont été déposés au magasin pour lui être remis à son départ de la section spéciale, soit lors de sa réadmission dans un corps de troupe, soit au moment de sa libération.

Les effets d'habillement des hommes des sections spéciales qui sont condamnés à une peine égale ou supérieure à un an, sont versés au magasin d'habillement dans les mêmes conditions que les effets des militaires libérés.

Si un homme des sections spéciales, en traitement dans un hôpital, est susceptible d'y être libéré, le chef de corps dont dépend la section prend, sous sa responsabilité, les mesures

---

(1) Nouvelle rédaction. (Circulaire du 9 janvier 1911, *B. O.*, p. 25.)

nécessaires pour faire remettre ou expédier audit hôpital le ballot d'effets avec lequel le malade rentrera dans ses foyers après guérison. De son côté, le médecin chef de l'hôpital fait renvoyer à la section spéciale les effets retirés à l'homme libéré (1).

Militaires en prévention.

Art. 61. (Sans observations.)

Militaires rayés des contrôles étant en position d'absence.

Art. 62. (Sans observations.)

Militaires changeant de compagnie dans le même corps.

Art. 63. La plus grande latitude est laissée au chef de corps pour fixer le nombre et le classement des effets que doivent emporter les hommes changeant de compagnie dans le corps.

Pour fixer ce nombre et ce classement, le chef de corps tient compte des nécessités de l'ensemble du service et des ressources des compagnies intéressées.

Si les effets emportés appartiennent aux collections nos 1 ou 2, on opère de la manière suivante : ou bien il est fait à l'amiable un échange d'effets, comme il est prévu au 2e alinéa de l'article 50 du décret ; ou bien il est établi des factures décomptées, que les commandants de compagnie se transmettent. Le compte de la compagnie est, suivant le cas, crédité ou débité du montant de la facture.

Lorsque les militaires changeant de compagnie emportent des effets d'instruction, il est fait également des échanges à l'amiable, toutes les fois qu'il est possible.

Dans le cas contraire, les compagnies ne sont désintéressées qu'en fin d'année, par le fonds commun.

A cet effet, le Conseil d'administration, s'il en reconnaît l'utilité, accorde aux compagnies qui lui paraissent avoir été lésée, un secours calculé en prenant pour base la valeur des effets d'instruction emportés.

---

(1) Ces dispositions sont applicables aux hommes provenant des troupes coloniales ou de la marine. Toutefois, les effets dont ces hommes sont porteurs étant leur propriété personnelle, ceux qu'ils auront apportés leurs seront rendus au moment où ils quittent la section ou, en cas de décès, seront renvoyés à leur corps d'origine.

Afin de faciliter cette répartition de secours, les hommes faisant mutation doivent emporter, toutes les fois qu'il est possible, les effets prévus au cas n° 1 du tableau A (voir page 38).

Ce dernier mode d'opérer dispense d'établir des factures de livraison, lorsque les compagnies se trouvent dans la même garnison. La sortie et l'entrée correspondante sont, dans ce cas, simplement inscrites sur le registre dont il sera question à l'article 75.

Lorsque les passages s'effectuent entre des compagnies occupant des garnisons différentes et qu'il n'est pas fait d'échanges entre elles, les effets d'instruction emportés sont inscrits sur un bulletin, en deux expéditions, destinées l'une à la compagnie d'origine, l'autre à la compagnie nouvelle.

CHAPITRE IV.

MATÉRIEL HORS DE SERVICE.

Remise au magasin commun des effets hors de service.

Art. 64. Tous les effets et objets classés hors de service, par les commandants de compagnie, sont versés au magasin commun ou au magasin du détachement, au commencement du dernier mois de chaque trimestre (1).

Ce versement donne lieu à l'établissement d'un bulletin numérique modèle n° 13, signé du commandant de la compagnie et de l'officier d'habillement; il est revêtu du visa du major.

L'officier d'habillement inscrit ces effets ou objets à la première partie du registre-journal des distributions et réintégrations, section IX, sous les numéros du chapitre VIII de la nomenclature.

Ce matériel doit être absolument séparé de celui qui existe au magasin commun du corps; il doit, autant que possible, être placé dans une pièce distincte.

Tous les effets en drap ou en toile doivent être propres au moment de leur versement.

---

(1) Aucune dépense ne doit être engagée pour le transport des effets hors de service.

En conséquence, dans les fractions de corps détachées, les obligations prévues au présent article pour l'officier d'habillement, incombent, selon le cas, soit à l'officier délégué à l'habillement, soit à l'officier chargé des détails, soit à l'officier commandant la fraction détachée.

Destination à donner aux effets hors de service.

Art. 65. Les effets pouvant être utilisés à des confections ou réparations et aux nettoyages sont mis, par les soins de l'officier d'habillement, en pièces aussi grandes que possible, qui sont ensuite délivrées gratuitement aux commandants de compagnie, sur bons et au poids, au fur et à mesure de leurs besoins.

Les effets hors de service qui, conformément aux dispositions de l'article 48 ci-dessus, sont utilisés à l'habillement des ouvriers pour lesquels il n'est pas prévu d'effets spéciaux, ne deviennent pas la propriété des compagnies auxquelles ces ouvriers appartiennent. Ils ne sont délivrés qu'à titre de dépôt et continuent à figurer, à leur classement, dans les comptes de l'officier d'habillement (section IX).

Le remplacement de ces effets a lieu, nombre pour nombre, sans écritures.

Les chiffons provenant d'effets hors de service, et dont les corps n'ont pas l'emploi, ne doivent être expédiés aux établissements de l'artillerie que s'ils sont susceptibles d'être employés utilement par ces établissements.

TITRE V.

DISPOSITIONS SPÉCIALES.

CHAPITRE PREMIER.

DISPOSITIONS COMMUNES AUX HOMMES DE LA RÉSERVE ET DE L'ARMÉE TERRITORIALE.

Habillement des hommes convoqués pour une période d'instruction.

Art. 66, § 1. — *Constitution des lots d'effets.* — Le chef de corps fait préparer, dans les garnisons où sont convoqués les hommes des diverses catégories, les lots d'effets nécessaires pour les habiller et les équiper, en ayant soin d'en majorer le nombre pour tenir compte des différences de tailles imprévues.

Dans le but de diminuer les frais de transport, les chefs de corps fixent le nombre de collections d'effets d'habillement et d'équipement à entretenir en permanence, tant à la portion centrale que dans les portions détachées, pour assurer l'habillement des militaires de la réserve et de l'armée territoriale convoqués pour une période d'instruction.

Pour cette fixation, ils tiennent compte notamment des ressources du casernement ainsi que des frais de transport occasionnés, d'une part, par l'envoi des effets d'instruction et, d'autre part, par le renvoi desdits effets après qu'ils ont été déclassés pour être versés à la collection n° 3.

Ces effets continuent à figurer dans le compte des unités qui les ont fournis et sont entretenus par les soins soit des commandants des compagnies correspondantes, soit de l'officier d'habillement, soit enfin d'un officier spécialement désigné à cet effet (1).

Le règlement autorisant les échanges amiables de compagnie à compagnie et le retrait d'effets aux hommes de l'armée active, il est possible d'assortir, en vue des besoins, les pointures des effets d'instruction.

Les commandants de compagnie peuvent d'ailleurs, si cela est indispensable, faire effectuer des retouches aux frais de leurs fonds particuliers.

§ 2. — *Habillement des hommes de troupe autres que les adjudants.* — Les hommes de la réserve et de l'armée territoriale doivent être munis, pendant la période d'appel, de tous les effets prévus aux barèmes de la richesse théorique individuelle de leur arme ou subdivision d'arme (vol. 3 *bis*).

Les hommes qui auraient été renvoyés dans leurs foyers avec des effets d'habillement sont tenus de les rapporter en bon état au moment des périodes d'appel. Si ces effets ne sont plus à leur taille, ils en reçoivent d'autres des magasins de la compagnie chargée de les habiller. Lorsque la période est terminée, ils quittent le corps avec ces derniers effets, qu'ils sont obligés de conserver, d'entretenir et de représenter ultérieurement, comme il vient d'être dit.

---

(1) Les registres des entrées et des sorties des unités qui ont fourni les effets sont appuyés de factures de dépôt revêtues de la prise en charge de l'officier chargé de l'entretien desdits effets.

Certains corps peuvent avoir à habiller des hommes provenant d'autres armes ou subdivisions d'armes.

Dans ce cas, les hommes sont habillés avec des effets à l'uniforme du corps qui fournit les effets.

A la fin de la période d'instruction, les hommes sont renvoyés avec les effets qu'ils avaient apportés.

§ 3. — *Petit équipement et chaussures.* — Les hommes sont libres de faire usage, pendant la période d'appel, des effets de linge et chaussure qu'ils apportent, mais ils n'ont droit de ce chef à aucune indemnité.

§ 4. — *Délivrance d'effets neufs à charge de remboursement.* — Des effets d'habillement neufs, du modèle réglementaire, peuvent être remis aux hommes qui en font la demande et qui consentent à en verser immédiatement la valeur à la masse d'habillement du corps actif. Ces effets sont prélevés soit sur l'approvisionnement du corps, soit sur ceux des compagnies, escadrons ou batteries et leur valeur est versée au fonds commun. Dans le premier cas, ce versement fait recette définitive au fonds commun ; dans le second cas, les fonds particuliers des unités qui ont fourni les effets sont remboursés de leur valeur par le fonds commun.

Ces effets sont inscrits sur les livrets matricules des hommes et emportés par eux après la période d'instruction.

§ 5. — *Habillement des hommes de tailles exceptionnelles.* — La proportion d'effets de tailles exceptionnelles ou extra amples, nécessaires pour l'habillement des réservistes et des territoriaux, ne pouvant pas être déterminée pour des lots d'aussi faible importance que ceux à entretenir par les unités administratives, d'après les indications du tableau n° 5, il est constitué, au magasin commun du corps, et, s'il y a lieu, dans les magasins des détachements, un lot spécial de ces effets correspondant, comme importance, pour les quantités totales de collections à entretenir par le corps ou les détachements pour les périodes d'instruction des réservistes et territoriaux, aux proportions, pour mille, arrêtées par le Conseil d'administration pour la constitution des approvisionnements de la réserve de guerre.

Pour la constitution du lot spécial dont il s'agit, les effets de tailles exceptionnelles ou extra amples, existant dans les unités administratives, sont versés, à charge de remboursement, au magasin commun du corps. Les effets manquant, après cette opération, et ceux nécessaires aux remplacements sont compris dans les demandes trimestrielles.

Après chaque appel, les unités administratives remboursent, au fonds commun, la part de prime, fixée par le Conseil d'administration, correspondant au nombre et à la nature des effets qu'elles ont prélevés sur le lot spécial, pour compléter l'habillement des hommes qu'elles étaient chargées de pourvoir.

§ 6. — *Dispositions spéciales aux adjudants et assimilés.* — Les adjudants reçoivent des effets de drap neufs ou très bons prélevés sur les approvisionnements des unités des corps actifs (collection n° 1). Ces effets sont munis des galons de grade de l'arme par les soins de ces unités.

Ils peuvent également recevoir des effets en drap de sous-officier rengagé provenant de réintégration.

Les adjudants des bataillons de zouaves et de tirailleurs qui arrivent habillés sont, d'après l'ordre du général commandant le corps d'armée, soit laissés en possession de leur tenue spéciale, soit pourvus d'une tenue de sous-officier à l'uniforme du corps dans lequel ils sont appelés.

Cette dernière tenue leur est délivrée s'ils arrivent sans être habillés.

Les médecins et vétérinaires auxiliaires et les interprètes stagiaires sont pourvus de la même tenue que les adjudants, mais avec les attributs spéciaux de leurs services.

Les effets de grand équipement distribués aux adjudants et assimilés sont choisis parmi ceux des collections d'instruction ou d'extérieur.

Ces sous-officiers conservent, s'ils le désirent, pendant la durée de la période d'appel, les effets de petit équipement et de chaussures qu'ils apportent. S'il est nécessaire de les pourvoir de ces effets, il leur en est délivré de neufs ou de très bons.

Tous les effets distribués aux adjudants et assimilés sont réintégrés à la fin de chaque période. Ils sont repris par les unités actives au classement « en cours de durée » (bon).

Il est tenu compte à ces unités de la perte résultant de ce changement de classement.

Dans ce but, les fonds particuliers sont crédités par le fonds commun de la différence entre le prix de ces effets au classement neuf et leur prix au classement en cours de durée. Les Conseils d'administration poursuivent ensuite, et dans la forme ordinaire, le remboursement de cette moins-value par le budget de l'habillement.

§ 7. — *Dispositions spéciales aux officiers et assimilés ; habillement.* — Il est délivré gratuitement des effets d'habillement en drap de sous-officier (dolman ou tunique, pantalon d'ordonnance et képi), ainsi qu'un ceinturon en cuir verni avec dragonne en cuir, aux officiers qui en font la demande.

Sont seuls exclus du bénéfice de l'allocation gratuite d'une tenue en drap de sous-officier, les officiers qui ont servi dans l'armée active et ceux qui ont reçu l'indemnité de première mise d'équipement comme officiers de réserve.

Exception est faite cependant pour les agents supérieurs des sections de chemins de fer de campagne, même dans le cas où ils auraient déjà reçu gratuitement une tenue de drap de sous-officier comme titulaires d'un grade d'officier de réserve ou de l'armée territoriale dans d'autres corps ou services de l'armée.

Les effets sont livrés neufs et sont prélevés sur les ressources de l'approvisionnement des corps actifs ou sur celles de la collection n° 1 (guerre) des unités de ces corps. Le fonds commun ou les fonds particuliers, suivant le cas, sont remboursés de la valeur des effets, dans la forme ordinaire, par le budget de l'habillement.

Pour les officiers de corps de troupe, la livraison a lieu par les soins du corps actif chargé de la gestion des approvisionnements du corps auquel l'officier est affecté.

Pour les officiers sans troupe, y compris les officiers des *sections de chemins de fer de campagne,* le général commandant le corps d'armée désigne le ou les corps de troupe qui doivent délivrer les effets nécessaires à ces officiers. Ces corps sont choisis parmi ceux dont l'uniforme comporte des effets à fournir ou des effets d'un modèle s'en rapprochant et qui sont stationnés à proximité de la résidence de l'officier. Pour les agents supérieurs des sections de chemins de fer de campagne, le corps à désigner doit être un corps de l'artillerie ou du génie. Les effets à délivrer à ces agents supérieurs doivent être du modèle déterminé par la description des uniformes. Les frais d'envoi aux intéressés sont à la charge de l'Etat (1).

Les effets ainsi délivrés sont inscrits, au moment de l'appel, sur le livret matricule de l'officier (feuillet de mutations). Les corps qui ont fourni les effets les portent en sortie définitive dans leurs comptes.

Les officiers emportent ces effets après la période d'exercices ; ils sont tenus de les représenter en bon état aux appels suivants et de les conserver pendant tout le temps de service auquel ils sont astreints par la loi du recrutement (A).

Les dispositions qui précèdent sont applicables aux médecins, pharmaciens, vétérinaires et officiers d'administration des différents services, etc., de la réserve et de l'armée territoriale.

Les officiers ou assimilés ayant droit à une tenue de sous-officier à titre gratuit, et qui le demanderont, pourront recevoir des effets confectionnés sur mesure en drap de tenue de ville de sous-officier rengagé; mais ils devront subir, sur leur solde, une retenue égale à la différence entre le prix de la tenue en drap de sous-officier rengagé et le prix de celle en drap de sous-officier non rengagé.

Le montant de cette retenue sera versé au fonds commun du corps actif.

La tenue en drap de sous-officier rengagé n'est pas due aux officiers déjà pourvus d'une tenue en drap de sous-officier non rengagé.

Une tenue en drap de sous-officier rengagé peut leur être délivrée, mais non échangée contre l'ancienne ; celle-ci sera conservée par l'officier et le prix de la tenue en drap fin de sous-officier rengagé sera entièrement à la charge de la partie prenante, qui en acquittera directement, et préalablement à la confection, le montant au profit du fonds commun du corps livrancier.

Les galons de grade, brides d'épaulettes, numéros brodés, attributs brodés et boutons dorés, sont apposés sur les effets aux frais des officiers Ils supportent également la dépense résultant de l'échange des galons.

---

(1) Alinéa complété. (Circulaire du 20 janvier 1910, B. O., p. 175.)

(A) En ce qui concerne les sections de chemins de fer de campagne, les agents supérieurs sont admis à demander, par l'intermédiaire du commandant de la section, la réfection et au besoin le remplacement gratuit des effets fournis par l'Etat, qui ne seraient plus susceptibles d'être utilisés par les détenteurs, à la condition que les effets réformés seront restitués par les intéressés. (Circulaire du 20 janvier 1910, B. O., p. 175.)

Pour permettre au corps actif d'assurer en temps utile l'habillement des officiers de réserve et de l'armée territoriale, il est indispensable que les officiers convoqués, ayant droit à la délivrance d'effets, fassent connaître leurs besoins aux corps actifs, autant que possible, un mois à l'avance et leur envoient leurs mesures.

Pour les officiers et assimilés appartenant à des corps de troupe, les effets sont confectionnés par les soins du corps qui les administre ; pour ceux affectés à des formations étrangères aux corps de troupe, ils le sont par les soins d'un corps stationné dans la région où ils résident et désigné par le général commandant le corps d'armée.

Lorsqu'un officier est rayé des cadres avant d'avoir accompli le temps de service exigé par la loi, les effets qu'il a reçus sont réintégrés au corps auquel il appartient ou à un corps stationné à proximité de la résidence de l'officier et susceptible de les utiliser, à la diligence du corps ou service auquel il est affecté et par les soins de la gendarmerie. En cas de décès de l'officier, ses héritiers doivent opérer la réintégration de ses effets.

La réintégration a lieu aux frais de l'Etat et il est procédé comme pour les militaires rayés des contrôles étant en position d'absence.

L'unité administrative à laquelle les effets sont remis rembourse au budget de l'habillement le montant de leur valeur, déduction faite de la moins-value.

Lorsque les effets sont en drap de sous-officier rengagé, l'unité administrative rembourse :

1° Au budget de l'habillement une somme représentant la valeur des effets réintégrés décomptée au prix des effets similaires de sous-officier du même classement ;

2° A l'intéressé ou à ses ayants droit, la différence entre cette somme et la valeur réelle des effets au moment de la réintégration.

Les remboursements au budget de l'habillement prévus ci-dessus pour les effets en drap de sous-officier sont limités aux effets du modèle réglementaire susceptibles d'être mis en service dans cette unité ; les autres effets sont réintégrés, à titre gratuit, au classement « hors de service » et utilisés pour les réparations.

Pour les effets en drap de sous-officier rengagé, le remboursement au budget de l'habillement est également limité aux effets susceptibles d'être mis en service, mais le remboursement aux officiers ou héritiers intéressés s'applique à tous les effets sans distinction.

En cas de non-réintégration, la valeur des effets est imputée au détenteur ou à sa succession et versée au Trésor.

Les officiers qui ont accompli le temps de service exigé par la loi conservent de plein droit les effets qu'ils ont reçus.

CHAPITRE II.

HABILLEMENT DES CORPS DE RÉSERVE ET DE L'ARMÉE TERRITORIALE.

Corps désignés pour habiller les unités de réserve et de l'armée territoriale.

Art. 67. (Sans observations.)

Renseignements sur l'effectif à habiller.

Art. 68. Les répertoires tenus par les corps leur donnent tous les renseignements utiles sur les effectifs à recevoir. Si des corps doivent habiller des unités dont ils ne tiennent pas les répertoires, il est indispensable que l'autorité militaire fasse connaître à ces corps, au moins *un mois* à l'avance, l'effectif des hommes convoqués, ainsi que les points de convocation. Les corps ont, en effet, à prendre des dispositions non seulement pour préparer le matériel nécessaire, mais, dans certains cas, pour l'expédier sur les points de réunion.

Répartition entre les compagnies du corps actif.

Art. 69. Autant que possible, chaque compagnie de l'armée active est chargée d'habiller un groupe de réserve ou de l'armée territoriale, composé de compagnies entières ou de fractions constituées de compagnies.

Prélèvement des effets nécessaires.

Art. 70. Comme l'autorise l'article 70 du décret, lecommandant de compagnie peut retirer à des hommes de l'armée active des effets dont ils sont détenteurs, pour les affecter au service des réservistes et des territoriaux et les remettre ensuite en service dans sa compagnie après les réparations et nettoyages nécessaires.

Remise des effets aux commandants de compagnie de réserve
et de l'armée territoriale.

Art. 71, § 1. — *Mesures générales.* — Les commandants des
compagnies de réserve et de l'armée territoriale prennent en
charge les effets qui leur sont remis pour habiller leurs
hommes.

Les pattes à numéros et les écussons au numéro du corps
actif qui sont cousus sur les effets remis aux unités de réserve et de l'armée territoriale ne sont pas changés.

Les commandants des unités actives remettent aux unités
de réserve et de l'armée territoriale les galons et autres insignes distinctifs nécessaires pour en pourvoir les effets destinés aux sous-officiers, aux caporaux ou brigadiers, aux
tambours, clairons ou trompettes. Ces marques distinctives
de grade ou d'emploi sont prélevées sur les ressources de la
collection d'instruction des unités actives. Celles-ci sont
chargées de les faire coudre.

Les commandants des unités de réserve et de l'armée territoriale font imprimer sur la doublure des effets le numéro
matricule de l'homme. Ils reçoivent des commandants des
unités actives les boîtes à marques nécessaires.

Lors de la réintégration, le numéro matricule est biffé par
les soins de l'unité active qui a fourni les effets.

§ 2. — *Effets ou objets d'un usage collectif ou spéciaux.*—
Les unités de réserve et de l'armée territoriale reçoivent
également des unités actives les effets et objets d'un usage
collectif ou spéciaux tels que ceinturons de sergents-majors,
cannes de caporal tambour, tambours, clairons, trompettes,
équipements de tambours, cordons ou courroies de clairons
ou de trompettes, etc., etc., dans la proportion fixée par les
chefs de corps de l'armée active ou suivant les besoins.

§ 3. — *Effets et objets de campement.* — Les effets et
objets de campement mis gratuitement à la disposition du
corps (tableau n° 1 du décret) sont également prêtés aux
unités de réserve et de l'armée territoriale par les unités de
l'armée active, à moins que celles-ci n'aient elles-mêmes besoin de tout ou partie du matériel qui forme leur dotation
ou si celui dont elles disposent est insuffisant. Dans ce cas,
le matériel nécessaire, ou le complément de ce matériel,
est prélevé sur la réserve de guerre conformément aux dispositions prévues aux articles 4 du règlement et de la présente instruction.

§ 4. — *Ingrédients de propreté, instruments de perruquier, balais, etc.* — Les unités de l'armée active fournissent en outre, aux unités de réserve ou de l'armée territoriale, les ingrédients divers pour nettoyer les effets d'habillement, d'équipement, de chaussure et les armes ; les instruments et les ingrédients nécessaires aux perruquiers pour la coupe des cheveux et de la barbe ainsi que les balais pour le nettoyage des locaux.

§ 5. — *Effets de cuisine.* — Les unités actives, désignées par les chefs de corps, prêtent aux unités de réserve et territoriales les ustensiles, les bourgerons de toile, les pantalons de toile et les sacs à distribution nécessaires pour le service des cuisines et des ordinaires.

Reprise des effets à la fin de la période d'instruction.

Art. 72. § 1. — *Réintégration des effets et objets de toute nature.* — Les commandants des compagnies de réserve et de l'armée territoriale sont astreints à faire eux-mêmes la remise des effets qui leur ont été délivrés. L'exécution de cette prescription est rigoureusement obligatoire et les chefs de corps de l'armée active, ainsi que ceux de l'armée territoriale, doivent y tenir la main.

§ 2. — *Pertes et dégradations.* — Les commandants des unités de réserve ou territoriales sont responsables des pertes ou dégradations d'effets imputables à un manque de surveillance de leur part. Le montant de ces pertes est inscrit sur un bulletin d'imputation (1) ; il est versé à la masse d'habillement du corps actif (fonds commun ou fonds particuliers suivant le cas).

Lorsque la perte d'un effet provient du fait du détenteur, celui-ci peut être l'objet de l'une des mesures suivantes :

1° Peine disciplinaire ; cette peine est subie dans un corps de l'armée active ;

2° Traduction devant un conseil de guerre.

Les pertes, mises hors de service et dégradations (réparables), provenant du fait des réservistes ou territoriaux, sont régularisées au moyen de procès-verbaux établis conformément aux prescriptions du règlement sur l'administration et la comptabilité des corps de troupe.

Une expédition de ces procès-verbaux est remise aux

---

(1) Modèle n° 67, *B. O.*, É. M., vol. 1 *bis*.

corps actifs qui avaient fourni les effets perdus ou détériorés. Le fonds particulier des unités livrancières est immédiatement crédité par le fonds commun du montant des pertes ou dégradations. Les conseils d'administration en poursuivent ensuite le remboursement par le budget de l'habillement.

Le bon numérique justifie l'inscription des *pertes* au registre des entrées et sorties de l'unité active qui a prêté les effets.

§ 3. — *Mode de justification d'effets délivrés et réintégrés.* — Les corps de réserve et territoriaux n'ont pas à tenir de comptabilité pour le service de l'habillement. Les effets ne sont délivrés qu'à titre de prêt aux commandants d'unités de réserve ou territoriales par le corps de l'armée active. Les commandants de ces unités se bornent à signer les bons.

Ces bons sont numériques et sont tirés du carnet à souche dont le modèle est donné par l'instruction pour l'application du décret sur l'administration et la comptabilité des corps de troupe.

§ 4. — *Expériences d'habillement à faire pendant les convocations annuelles.* — Afin de pouvoir vérifier si les lots destinés à l'habillement des unités territoriales sont composés d'effets correspondant à la taille des hommes, les généraux de brigade prescrivent, lorsqu'ils le jugent nécessaire, de faire des expériences pendant les périodes de convocation. Ils donnent à ce sujet des ordres au corps actif qui a les approvisionnements en charge, ainsi qu'aux unités territoriales appelées à essayer les effets.

Pour les expériences, on constitue des unités complétées à l'effectif de guerre, à l'aide des hommes convoqués, et on livre à chacune de ces unités un lot d'effets tel qu'il est préparé dans les magasins du corps (1).

Après la période d'appel, un rapport spécial, rédigé par le chef de corps de l'armée territoriale, est adressé au Ministre sous le timbre de l'état-major de l'armée (1er Bureau) (2).

---

(1) Il est bien entendu qu'il s'agit d'un simple essayage de ces effets et que, conséquemment, ils ne doivent pas être portés par les hommes.

(2) Lorsque les généraux ne jugeront pas nécessaire de faire procéder à l'expérience susvisée, ils pourront prescrire, en remplacement, une démonstration *pratique* faite par un capitaine du cadre actif, en présence des cadres territoriaux, des règles adoptées pour habiller une compagnie avec le lot de mobilisation.

Les primes sont acquises à la compagnie qui a fourni les effets.

Art. 73. La perception des primes journalières a lieu sur l'état collectif du corps actif, au moyen d'un relevé des journées de présence des hommes de l'armée territoriale.

Les corps de troupe chargés de fournir les effets de grand équipement au personnel de la télégraphie militaire pendant les manœuvres ou à l'occasion d'essais de mobilisation reçoivent, sur les fonds du budget de la télégraphie militaire (personnel), une indemnité fixée à 0 fr. 03 par jour et par homme équipé.

TITRE VI.

ÉCRITURES ET COMPTABILITÉ INTÉRIEURES.

CHAPITRE PREMIER.

ÉCRITURES DE L'OFFICIER D'HABILLEMENT

Registres à tenir.

Art. 74. (Sans observations.)

CHAPITRE II.

ÉCRITURES ET COMPTES DES COMPAGNIES ET DU TRÉSORIER.

Écritures et comptes des compagnies.

Art. 75. L'article 75 du décret indique les écritures et comptes à tenir dans chaque compagnie.

1o *Bon mensuel.* — Le bon mensuel est établi conformément aux prescriptions de l'article 54.

2o *Livrets matricule et individuel.* — Les effets remis à l'homme sont enregistrés sur le fascicule de son livret individuel, y compris les effets spéciaux de sous-officier rengagé.

Les effets ne sont pas enregistrés sur le livret matricule.

La remise aux hommes et la réintégration en magasin sont

portées en sortie ou en entrée à la deuxième partie du registre modèle n° 15. Mais les effets qu'emportent les hommes renvoyés dans leurs foyers sont inscrits sur le livret matricule lorsque ces hommes sont dispensés de les réexpédier au corps d'origine.

3° *Registre de comptabilité.* — Le registre de comptabilité est tenu conformément aux instructions du règlement sur l'administration et la comptabilité des corps de troupe.

4° *Registre des entrées et sorties.* — Pour permettre au commandant de compagnie de pouvoir se rendre compte, à toute époque, de la situation de la répartition des approvisionnements qu'il a pris en charge, il est tenu un registre d'entrées et de sorties, conforme au modèle n° 15 et acheté sur les fonds particuliers des compagnies.

Les observations portées sur ce modèle indiquent comment ce registre est constitué et comment il doit être tenu.

Les écritures auxiliaires, relatives au matériel existant dans les magasins de la compagnie, doivent, autant que possible, se borner à l'inventaire du garde-magasin et à des étiquettes destinées à faciliter les recensements.

5° *Compte trimestriel.* — A la fin de chaque trimestre, le commandant de compagnie arrête et signe le compte trimestriel du fonds particulier, modèle n° 16.

Ce compte est ensuite adressé à l'officier d'habillement qui le rapproche de ses propres écritures, signale et provoque les redressements des erreurs, puis l'envoie au trésorier. Celui-ci vérifie le compte avec les éléments dont il dispose et établit la situation du compte particulier de la compagnie.

Le compte trimestriel est établi en deniers seulement.

6° *Inventaire estimatif.* — Le 31 décembre de chaque année le commandant de la compagnie établit, en double expédition, l'inventaire estimatif des matières, effets et objets au compte du fonds particulier existant en magasin et en service dans l'unité à cette date.

Une des expéditions est remise à l'officier d'habillement pour servir à l'établissement de l'inventaire estimatif de l'ensemble du corps et à la minute duquel elle est annexée ; l'autre est jointe au registre des entrées et des sorties (première partie) de l'année suivante.

L'inventaire estimatif des unités est conforme au modèle n° 20 annexé à la présente instruction.

7° *Frais de bureau.* — Les Conseils d'administration fixent la somme que les commandants de compagnie sont autorisés à prélever trimestriellement sur leurs fonds particuliers comme supplément de frais de bureau nécessité par le service de l'habillement.

Dans les corps de troupe organisés en régiment, bataillon ou escadron, le prélèvement trimestriel ne doit jamais dépasser la somme de 6 francs.

Dans les compagnies et sections formant corps, ces fixations sont arrêtées par le directeur de l'intendance.

Compte général trimestriel de la masse d'habillement établi par le trésorier.

Art. 76. La distinction entre le fonds commun et les fonds particuliers a pour objet le classement méthodique des dépenses. Ce classement s'obtient en imputant au fonds commun les dépenses générales et aux fonds particuliers les dépenses spéciales à chaque unité administrative.

Dès lors, le compte du fonds commun est, comme les comptes des fonds particuliers. un des éléments du compte trimestriel de la masse d'habillement du corps, laquelle figure dans les écritures de la centralisation sans division entre les recettes ou les dépenses afférentes soit au fonds commun, soit aux fonds particuliers.

L'avoir de la masse d'habillement se compose : 1° du numéraire en caisse, augmenté du moins-perçu du trimestre ou diminué du trop-perçu ; 2° de la valeur du matériel en compte au magasin commun du corps.

Parmi les augmentations et les diminutions de la masse, il y en a qui sont effectives, c'est-à-dire qui influent en plus où en moins sur son avoir ; telles sont : les primes perçues, les dépenses faites pour l'entretien du magasin, la distribution aux unités d'effets ou objets à la charge du fonds commun, etc.

Il y en a d'autres qui ne sont qu'apparentes, en ce sens qu'elles se compensent les unes par les autres ; telles sont :

1° Les versements faits au Trésor pour valeur d'effets reçus par le magasin commun du corps ;

2° Les sorties d'effets livrés à d'autres corps à charge de paiement, etc.

Dans le premier cas, il y a diminution de numéraire et augmentation égale de la valeur du matériel en magasin.

Dans le second cas, le résultat est inverse, mais ni dans l'un ni dans l'autre de ces deux cas l'avoir de la masse ne se trouve modifié.

Par suite, les opérations à relater dansle compte trimestriel doivent y figurer sous le titre générique :

1re Partie. — *Recettes, dépenses* (fonds particulier).

2e Partie. — Article 1er. *Recettes, dépenses.*

2e Partie. — Article 2. *Valeur des entrées, valeur des sorties.*

3e Partie. — *Augmentations, diminutions, compensations totales ou partielles.*

Chaque compte trimestriel fait ressortir l'avoir réel de la masse, deniers (fonds communs et particuliers) et matières (fonds-commun, effets en magasin seulement), y compris les sommes restant à recevoir, et défalcation faite de celles restant à payer.

Ce résultat est obtenu par l'ouverture, au registre des fonds divers, d'un chapitre spécial qui, en fin de trimestre et au moyen d'un virement, rembourse à la masse d'habillement le montant des restants à recouvrer et reçoit d'elle le montant des restants à payer **(1)**.

L'ouverture de ce chapitre, qui a une grande analogie avec le carnet d'échéance tenu dans les maisons de commerce, permet au trésorier de suivre avec la plus grande facilité les recouvrements à faire ou les dettes à payer.

Le compte général trimestriel de la masse d'habillement est établi conformément au modèle n° 17.

Pour permettre au trésorier d'établir les comptes trimestriels de la masse, l'officier d'habillement lui communique le registre des entrées et des sorties du matériel appartenant au corps et tous les autres documents nécessaires pour le classement régulier des entrées et des sorties.

Le compte général trimestriel de la masse d'habillement

---

(1) Il est opéré ainsi pour les versements faits au Trésor du montant des commandes d'effets de la deuxième portion. La masse d'habillement rembourse ensuite trimestriellement aux « fonds divers » la valeur des effets de cette portion reçus, pendant le trimestre écoulé, à valoir sur les commandes faites les trimestres précédents.

doit être établi dans un délai aussi rapproché que possible de l'expiration du trimestre qu'il concerne.

Compte annuel de la masse d'habillement.

Art. 77. Le compte annuel de la masse d'habillement est établi conformément au modèle n° 18.

Il importe, pour apprécier la gestion des corps de troupe, que leurs opérations de chaque année soient résumées dans un compte unique.

Ce compte annuel doit être la récapitulation des comptes trimestriels dans lesquels les recettes et les dépenses, la valeur des entrées et des sorties, les augmentations et diminutions, les compensations totales ou partielles sont classées suivant leur nature.

Comme le compte trimestriel, le compte annuel de la masse d'habillement est établi par le trésorier.

L'officier d'habillement communique au trésorier tous les documents nécessaires, notamment le registre des entrées et des sorties, ainsi que l'inventaire estimatif du matériel à la charge de la masse d'habillement existant au 31 décembre.

Le compte annuel de la masse d'habillement doit parvenir, au plus tard, le 15 avril de chaque année, à l'administration centrale, où il sera rattaché aux états modèles 24 et 25 dont la production est prescrite par l'instruction pour l'application du règlement sur la comptabilité des matières appartenant au département de la guerre.

TITRE VII.

SURVEILLANCE ADMINISTRATIVE.

Surveillance administrative.

Art. 78. La surveillance administrative du service de l'habillement est exercée par les généraux commandant les corps d'armée, les généraux de division et les généraux de brigade dans les conditions indiquées aux articles 168 et 169 du règlement du 20 mars 1906 sur l'administration et la comptabilité des corps de troupe (vol. 1).

En vertu de leur action propre, les sous-intendants militaires procèdent chaque année, dans le courant des mois d'octobre ou de novembre, au recensement des approvisionnements de réserve qui existent dans les magasins des corps dont ils vérifient et régularisent les comptes. Ils vérifient l'assortiment de chaque approvisionnement (corps actif, corps de réserve, corps territorial et approvisionnements spéciaux) ; ils s'assurent qu'il est tenu compte de l'ancienneté de confection des effets pour leur mise en service et que tous les effets recensés sont en bon état d'entretien.

Les résultats de cette opération sont constatés dans des procès-verbaux (modèle n° 19). Ces procès-verbaux sont adressés, au plus tard, dans le courant du mois de décembre, au directeur de l'intendance, qui soumet au Ministre, dans un rapport sommaire d'ensemble, les observations que lui a suggérées l'examen des documents.

Les procès-verbaux sont conservés dans les archives du directeur de l'intendance.

Le recensement dont il est question ici ne dispense pas les sous-intendants militaires des recensements partiels et inopinés portant sur les magasins des corps et prévus par le règlement sur la comptabilité des matières appartenant au département de la guerre.

Toutes les parties de la comptabilité de l'habillement du corps sont vérifiées par les sous-intendants militaires. Cette vérification comporte, dans tous les cas, l'examen de toutes les pièces et registres, y compris les registres des entrées et sorties des unités.

TITRE VIII.

MOBILISATION ET SERVICE EN TEMPS DE GUERRE.

CHAPITRE PREMIER.

MOBILISATION.

Passage du pied de paix au pied de guerre.

Art. 79. Afin de faciliter les opérations au moment de la mobilisation, les magasins de compagnie conservent leur autonomie pendant cette période.

Les commandants de compagnie arrêtent et certifient, dès qu'ils en reçoivent l'ordre, la balance des écritures de leur registre des entrées et sorties.

Ce registre est remis, la veille ou le jour du départ de la compagnie, au chef du bureau spécial de la comptabilité.

La clef du magasin de compagnie est remise au major, qui fait surveiller le magasin, manutentionner les effets, etc., par les soins de l'officier d'habillement.

Le commandant du dépôt donne les instructions nécessaires pour l'emploi des effets, suivant les besoins des fractions du dépôt ou suivant les ordres qu'il reçoit de l'autorité supérieure.

Les mouvements ainsi ordonnés sont appuyés de pièces justificatives régulières.

En ce qui concerne les effets existant dans les compagnies séparées du dépôt, des dispositions spéciales sont arrêtées dès le temps de paix, ainsi qu'il est prescrit à l'article 38.

CHAPITRE II.

SERVICE EN TEMPS DE GUERRE.

Fonctionnement du service de l'habillement en temps de guerre.

Art. 80. (Sans observations.)

TITRE IX.

DISPOSITIONS ABROGÉES.

Ministre chargé de l'exécution.

Art. 81. (Sans observations.)

Art. 82. Les prescriptions antérieures à la présente instruction sont et demeurent abrogées, notamment les documents énumérés ci-après :

1903. 14 juin. Instruction pour l'application du règlement sur le service de l'habillement dans les corps de troupe.

Le Ministre de la guerre,

G. PICQUART.

TABLEAUX

ANNEXÉS A L'INSTRUCTION

SERVICE DE L'HABILLEMENT.

RÉSERVE DE GUERRE.

APPROVISIONNEMENTS DITS « SPÉCIAUX » (1).

TARIF des indemnités annuelles de frais de gestion et de bureau.

Par approvisionnement groupé dans un seul magasin ou pour chaque lot entretenu par un gérant d'annexe :

De 1 à 100 collections..................... 0,25 par collection.
Par collection en plus des 100 premières. 0,05   —

La détermination du nombre de collections doit avoir lieu en prenant pour base l'un des effets qui doivent entrer dans la composition de toutes les collections, à raison d'un par collection.

Toutefois, il convient de déduire la proportion correspondant à la majoration d'essayage; l'effet à choisir est celui dont l'existant est le plus élevé, compte tenu de cette déduction. Les approvisionnements qui ne comprennent que du grand équipement et du campement ne donnent pas droit à l'allocation d'indemnités.

Nota. — L'indemnité est due à partir du jour où les approvisionnements entrent en voie de formation (date constatée par le sous-intendant militaire). Elle se décompte par mois de 30 jours ou, selon le cas, par jour. Elle est payée trimestriellement, savoir :

Aux officiers des corps de troupe, sur état émargé, par les soins du corps gestionnaire;

Aux officiers sans troupe *gestionnaires*, sur état décompté, par mandat direct délivré par le fonctionnaire de l'intendance chargé du service de l'habillement.

Les corps ou officiers sans troupe gestionnaires d'approvisionnements dits « spéciaux » remboursent aux corps ou établissements dans lesquels sont déposés tout ou partie desdits approvisionnements, les dépenses faites par ces derniers pour frais de gestion et de bureau concernant les approvisionnements en question.

Les dépenses pour frais d'entretien sont toujours faites par le gérant des approvisionnements. Si le gérant est un comptable des magasins administratifs, il comprend ces dépenses dans les frais d'exploitation. Dans les autres cas, le gérant reçoit en nature les ingrédients nécessaires, d'après sa demande et, sur l'ordre du sous-intendant militaire de la place, par les soins du corps de troupe le plus voisin.

Ce corps comprend la dépense dans ses comptes et en demande le remboursement par le budget de l'habillement.

---

(1) **La** désignation des groupes ou formations pour lesquels il est constitué des approvisionnements dits « spéciaux » fait l'objet de notifications spéciales du Ministre.

Les approvisionnements constitués en vue de la mobilisation des détachements de sapeurs télégraphistes et de sapeurs colombophiles sont assimilés, au point de vue des allocations pour frais de gestion et de bureau, aux approvisionnements dits « spéciaux ».

MANIÈRE DE PRENDRE MESURE (1).

CAPOTE ET MANTEAU.

Longueur du dos. — Mesurer l'homme à partir de la base du collet jusqu'à terre (A C, figure n° 1) et déduire 0m,33.

Grosseur sous les bras. — Placer le ruban métrique le plus haut possible sous les bras, touchant les aisselles horizontalement, et donner la mesure trouvée (H, figure n° 2).

Largeur de carrure. — Mesurer du milieu du dos jusqu'à la couture de la manche (D E, figure n° 1) et doubler la mesure trouvée.

Longueur du collet. — Cette mesure est prise par-dessus le col ou la cravate, en faisant le tour du cou (G. figure n° 2).

Longueur des manches. — Faire placer le bras horizontalement, l'avant-bras plié en équerre, et continuer la mesure de carrure en passant par le coude pour s'arrêter au poignet (E F, figure n° 1).

TUNIQUE, DOLMAN ET VESTE.

Longueur de taille. — Mesurer l'homme à partir de la base du collet jusqu'à la ligne inférieure du ceinturon (A B, figure n° 1).

Grosseur sous les bras. — Comme ci-dessus (H, figure n° 2).

Grosseur à la ceinture. — Mesurer l'homme immédiatement au-dessus des hanches, sur la ceinture du pantalon, et donner la mesure trouvée (I, figure n° 2).

Longueur du collet. — Comme ci-dessus (G, figure n° 2).

Longueur des manches. — Comme ci-dessus (E F, figure n° 1).

PANTALON.

Longueur de côté. — Prendre mesure depuis le creux de la hanche jusqu'au-dessous du cou-de-pied, à environ 2 centimètres au-dessus de la semelle de la chaussure (J K, figure n° 2).

Longueur d'entre-jambes. — Mesurer depuis l'enfourchure jusqu'à la même distance du bas que pour la longueur de côté (L M, figure n° 2).

Grosseur de ceinture. — Comme ci-dessus (I, figure n° 2).

CULOTTE.

Longueur d'entre-jambes. — Comme ci-dessus (L M, figure n° 2).

Grosseur de ceinture. — Comme ci-dessus (I, figure n° 2).

COIFFURE.

Grosseur de la tête. — Prendre la circonférence de la tête à sa plus forte grosseur (N, figure n° 2).

CHAUSSURE.

Longueur du pied. — Se mesure au moyen du compas à coulisse, de la face extérieure du talon à l'extrémité du gros orteil.

Grosseur des doigts. — Se prend à l'articulation des orteils, au moyen du centimètre à ruban.

Grosseur du cou-de-pied. — S'obtient avec le centimètre à ruban à la partie supérieure du pied où commence le plan incliné.

---

(1) La longueur de dos, la longueur de taille, la largeur de carrure, la longueur des manches doivent être prises l'homme étant vêtu d'une veste ou d'une tunique. — La grosseur sous les bras ne se mesure jamais que par-dessus la chemise.

INSTRUCTION SUR LA MANIÈRE DE PRENDRE LES MESURES AU MOYEN DU TYPOMÈTRE.

Le typomètre est employé dans les mêmes conditions que le mètre ordinaire; seulement, les lectures faites sont doubles, en ce sens qu'on lit à la fois les types ou les subdivisions de types des effets à distribuer et les longueurs correspondantes.

Les mesures sont prises à la manière ordinaire.

1° RECHERCHE DES TYPES DES EFFETS D'HABILLEMENT ET DES TAILLES DES EFFETS DE LINGE.

Les mesures sont prises sur l'homme vêtu de la tunique ou de la veste avec une courroie ou le ceinturon reposant bien horizontalement sur les hanches, le recto (types) du typomètre en dehors.

Capote ou manteau et chemise. — Mesurer l'homme à partir de la base du collet jusqu'à terre; lire sur l'échelle métrique la longueur du dos, sur la graduation en lettres capitales le type de la capote ou du manteau, et sur la graduation en chiffres romains la taille de la chemise.

Tunique, dolman et veste. — Mesurer l'homme à partir de la base du collet jusqu'à la ligne inférieure du ceinturon; lire sur l'échelle métrique la longueur de la taille, et sur la graduation en lettres capitales le type de la tunique, du dolman ou de la veste.

Pantalon et caleçon. — Mesurer depuis l'enfourchure jusqu'à trois centimètres environ de terre; lire sur l'échelle métrique la longueur d'entre-jambes, sur la graduation en lettres capitales le type du pantalon, et sur la graduation en chiffres romains la taille du caleçon.

2° RECHERCHE DES SUBDIVISIONS DE TYPES DES EFFETS D'HABILLEMENT.

Les mesures sont prises sur l'homme vêtu seulement de la chemise, de la cravate et du pantalon.

Capote, manteau, tunique, dolman et veste. — Prendre la grosseur sous les bras en plaçant le typomètre le plus haut possible, touchant les aisselles horizontalement; lire la grosseur mesurée et le numéro indiquant la subdivision de type cherchée.

Pantalon. — Prendre la grosseur de ceinture en mesurant l'homme immédiatement au-dessus des hanches, sur la ceinture du pantalon; lire la grosseur de ceinture et la subdivision de type cherchée.

3° RECHERCHE DES AUTRES MESURES.

Toutes les autres mesures peuvent être déterminées à l'aide du typomètre en se servant de cet instrument comme d'un mètre simple ordinaire et en se conformant aux indications données par le tableau ci-dessus.

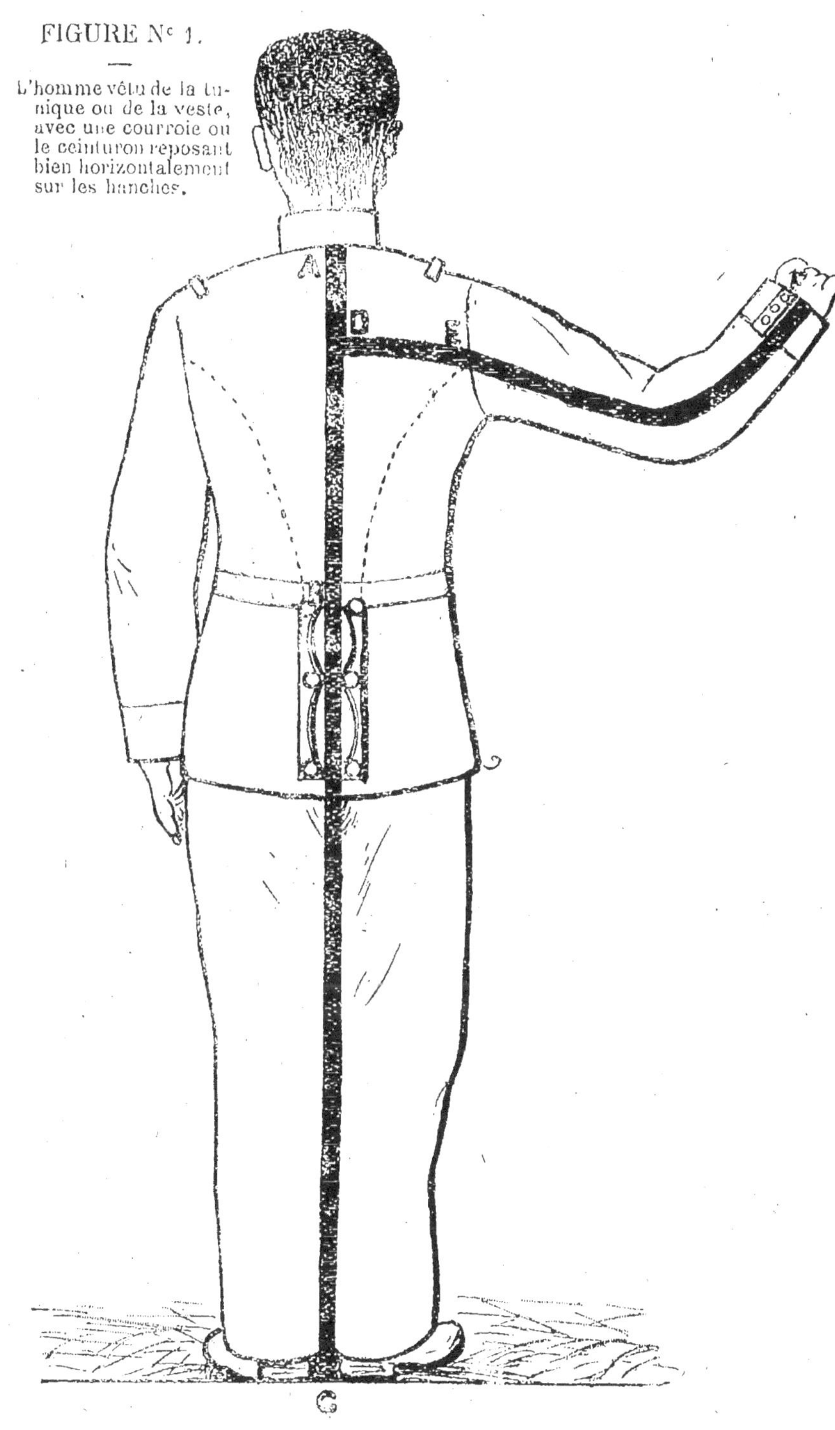

FIGURE Nᶜ 1.

L'homme vêtu de la tu-
nique ou de la veste,
avec une courroie ou
le ceinturon reposant
bien horizontalement
sur les hanches.

FIGURE Nº 2.

L'homme n'ayant que la chemise, la cravate et le pantalon

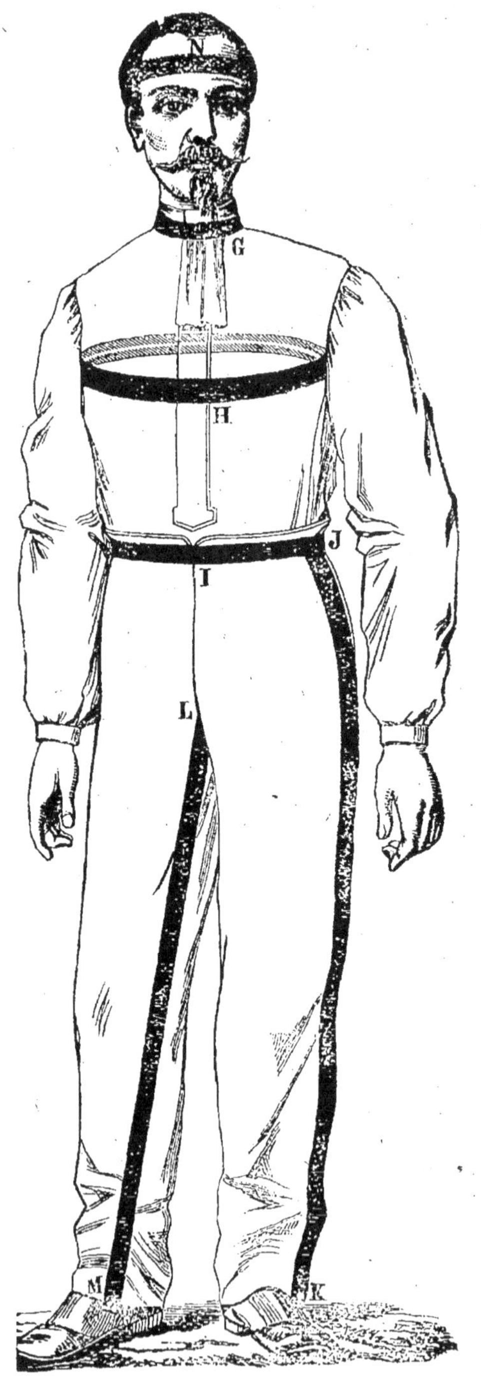
N
G
H
I
J
L
M
K

TABLEAU indiquant les quantités de collections à entretenir pour les périodes d'instruction des réservistes et territoriaux.

TABLEAU N° 5
—
Art. 33
de l'Instruction.

Modifié par les circ. des 22 déc. 1910, 30 avril 1913, *B. O.*, p. 2207 et 458.

DÉSIGNATION des ARMES ET SUBDIVISIONS D'ARMES.	NOMBRE DE COLLECTIONS à entretenir par		OBSERVATIONS.
	les sections ou pelotons hors rang.	les compagnies, escadrons ou batteries.	
Régiments d'infanterie subdivisionnaires (1)	40	110	(1) Le régiment d'infanterie subdivisionnaire de Corse entretient un nombre de collections d'effets d'instruction pour réservistes et territoriaux égal à son effectif réglementaire de paix.
Régiments d'infanterie régionaux	20	45	(2) Par régiment ou groupe autonome d'artillerie. En plus de cette fixation, il est entretenu par les pelotons hors rang des corps de troupe auxquels comptent des sections d'ouvriers, et au titre de ces sections, un nombre de collections égal au tiers du chiffre de l'effectif théorique de ces sections (gradés compris). Circ. du 22 déc. 1910, B. O., p. 2207.
Bataillons de chasseurs à pied des 14e et 15e corps d'armée	10	90	
Bataillon de chasseurs à pied des autres corps d'armée	10	60	
Zouaves — En Afrique — 1er régiment	20	90	
2e régiment	10	40	
3e régiment	10	40	(3) Ces fixations sont des moyennes pour l'ensemble du corps. Les chefs de corps pourront, selon les besoins, prescrire des augmentations pour certaines unités et des diminutions correspondantes pour d'autres.
4e régiment	10	20	
En France	»	100	NOTA. — Le nombre de collections d'effets à entretenir pour les périodes d'instruction des réservistes et territoriaux dans les escadrons du train des équipages militaires en France, et les compagnies en Algérie et en Tunisie, dans les compagnies de cavaliers de remonte, ainsi que dans les sections de secrétaires d'ét. maj., de commis et ouvriers m.lit. d'administrat. et d'infirm. est fixé par les généraux command les corps d'armée suivant les besoins de chaque région.
Régiments de cavalerie en France formant à la mobilisation :			
0 ou 1 escadron de réserve	10'	20	
2 escadrons de réserve	10	50	
4 —	10	40	
6 —	10	70	
Chasseurs d'Afrique	5	12	
Artillerie — Batterie montée ou de montagne de France	»	50	
Batterie montée renforcée	»	70	
Batterie à cheval	»	35	
Batterie de montagne et de campagne d'Afrique	10 (2)	35	
Batterie à pied	»	40	
Compagnie d'ouvriers	»	80	
Batteries affectées aux groupes alpins	»	35	
Batteries à cheval des divisions de cavalerie indépendantes et batteries à cheval affectées à l'artillerie de corps du 16e corps d'armée	»	35	
Génie, sapeurs-mineurs et sapeurs-conducteurs	10	160 (3)	

Observations. — Dans le cas où un corps de troupe ne peut pas assurer l'habillement et l'équipement complet de tous les réservistes et territoriaux convoqués ensemble avec le nombre de collections fixé ci-dessus, le général commandant le corps d'armée prescrit, à un ou plusieurs corps ayant des excédents, d'envoyer au corps où elles font défaut les excédents de collections complètes, telles qu'elles sont déterminées par les barèmes. Les corps expéditeurs reçoivent du corps réceptionnaire une indemnité égale au montant de primes journalières d'un réserviste ou territorial présent pendant toute la période d'instruction pour chacune des collections prêtées.

Jusqu'à ce que les compagnies de cavaliers de remonte aient pu constituer les collections d'effets nécessaires aux réservistes et aux territoriaux qui leur sont affectés, ces hommes seront habillés et équipés, pendant les périodes d'instruction, par les corps de troupe de cavalerie ou, à défaut, d'infanterie, stationnés dans la garnison ou à proximité, désignés par les généraux commandant les corps d'armée.

Les généraux commandant les corps d'armée doivent autant que possible laisser un intervalle suffisant entre chaque appel, pour permettre aux corps de faire remettre en état les effets ayant servi.

AÉRONAUTIQUE.

(Additifs des 30 juin et 25 novembre 1921, *B. O.*, p. 2238 et 3806.)

DÉSIGNATION des ARMES ET SUBDIVISIONS D'ARMES.	NOMBRE DE COLLECTIONS à entretenir par les		OBSERVATIONS.
	sections ou pelotons hors rang.	escadrilles, compagnies, batteries	
Aviation.			(a) Ces fixations sont des moyennes pour l'ensemble du groupe. Le chef de corps pourra, selon les besoins, prescrire des augmentations pour certaines unités et des diminutions correspondantes pour d'autres.
Régiment de combat (chasse et bombardement). — Section hors rang.	10	»	
Escadrilles.	»	5	
Section d'ouvriers d'aviation.	»	35	
Régiment d'observation. — Section hors rang.	10	»	
Escadrilles.	»	15	
Section d'ouvriers.	»	35	
1er groupe d'ouvriers d'aviation formant corps. — Section hors rang.	10	»	
Section d'ouvriers.	»	60 (a)	
12e section d'ouvriers d'aviation formant corps.	»	30	
13e section d'ouvriers d'aviation formant corps.	»	5	
14e section d'ouvriers d'aviation formant corps.	»	50	
15e section d'ouvriers d'aviation formant corps.	»	60	
Défense contre aéronefs.			
Régiment de défense contre aéronefs. — Batterie de 75 automobile.	»	50	
Batterie de 75 sur plate-forme.	»	50	
Compagnie de projecteurs.	»	50	
Compagnie de mitrailleuses.	»	»	
Compagnie mixte (aérostation et camouflage).	»	50	
1re compagnie d'ouvriers de défense contre aéronefs.	»	80	
Aérostation.			
Section hors rang.	»	»	
Compagnie d'aérostiers.	»	100	

SERVICE DE L'HABILLEMENT.

APPROVISIONNEMENTS DE GUERRE.

BASES D'ALLOCATIONS

DES INDEMNITÉS ANNUELLES DE FRAIS DE GESTION ET DE BUREAU

Nota. — L'indemnité est due à partir du jour où les approvisionnements entrent en voie de formation (date constatée par le sous-intendant militaire). Elle se décompte par mois de 30 jours ou, selon le cas, par jour. Elle est payée trimestriellement, sur état émargé, par les soins du corps gestionnaire.

En ce qui concerne les approvisionnements entretenus par des gérants d'annexes, les indemnités pour frais de gestion et de bureau fixées par le présent tableau, sont allouées, pour les trois quarts, au gérant d'annexe et pour le quart restant à l'officier d'habillement du corps gestionnaire.

La somme revenant au gérant d'annexe lui est envoyée trimestriellement, par mandat sur le Trésor, par le corps gestionnaire.

DÉSIGNATION DES CORPS.	Taux de l'indemnité annuelle.	À augmenter pour chaque unité en plus.	À déduire pour chaque unité en moins.	OBSERVATIONS.
	Fr.	Fr.	Fr.	
Infanterie. — 1° Par régiment : Actif à 12 compagnies......	120	5	5	(1) Il est en outre attribué aux corps de troupe d'artillerie une allocation supplémentaire de 5 fr. pour chaque compagnie d'ouvriers mobilisée et de 1 franc pour 50 collections ou par fraction de 50 collections pour les sections d'ouvriers mobilisées.
De réserve à 12 compagnies.	120	5	5	
Territorial à 12 compagnies.	120	5	5	
2° Par compagnie active détachée se mobil. sur place.	30	5	»	
Par compagnie de réserve ou territoriale se mobilisant dans une autre place que le dépôt...............	15	5	»	
Chasseurs à pied. — Par bataillon actif à 6 comp..	90	5	5	
Par bataill. de rés. à 4 comp.	80	5	5	
Par bataill. territ. à 4 comp.	80	5	5	
Par compagnie active détachée se mobil. sur place.	30	5	»	
Par compagnie de réserve ou territoriale se mobilisant dans une autre place que le dépôt...............	15	5	»	
Zouaves. — Par rég. à 22 compagnies..	170	5	5	
Par bataillon détaché en France, à 4 compagnies..	80	5	5	
Par bataill. territ. à 4 comp.	80	5	5	
Par compagnie active détachée se mobil. sur place. Par compagnie de réserve ou territoriale se mobilisant dans une autre place que le dépôt......	30	5	»	
	15	5	»	
Tiraill. algér. — Par régiment à 25 compag..	185	5	5	
Infanterie légère. — Par bataillon actif à 6 comp.	90	5	5	
Par compagnie de réserve..	5	»	»	
Cavalerie. — Par régiment actif........	85	»	»	
Par escadron de réserve...	15	»	»	
Par escadron territorial....	15	»	»	
Artillerie de campagne et de montagne. (1) — 1° Par rég. à 12 batteries...	120	5	5	
2° Par groupe autonome à 4 batteries.............	80	5	5	
3° Par batterie active détachée gérante d'annexe pour son corps des approvisionnements de réserve constitués pour elle......	30	5	»	
4° Par unité de réserve de l'armée territoriale se mobilisant au dépôt.........	5	»	»	
5° Par une unité de réserve de l'armée territoriale se mobilisant dans une autre place que le dépôt.......	15	5	»	

DÉSIGNATION DES CORPS.	Taux de l'indemnité annuelle.	A augmenter pour chaque unité en plus.	A déduire pour chaque unité en moins.	OBSERVATIONS.
	Fr.	Fr.	Fr.	
Artillerie à pied (Régiment et groupe autonome) (1) — 1° Par rég. à 12 batteries...	180	5	5	(1) Il est en outre attribué aux corps de troupe d'artillerie une allocation supplémentaire de 5 fr. pour chaque compagnie d'ouvriers mobilisée et de 1 franc pour 50 collections ou par fraction de 50 collections pour les sections d'ouvriers mobilisées. (Circ. du 22 déc. 1910.)
2° Par groupe autonome à 4 batteries...............	100	5	5	(2) Par unité administrative, on entend compagnie ou section s'administrant isolément.
3° Par batterie active détachée gérante d'annexe pour son corps des approvisionnements de réserve constitués pour elle......	30	5	»	2°, 3° et 4°. Sont considérées comme unités les formations suivantes : Escadrilles, parc d'aviation d'armée, groupe des premières réserves. (Circulaire du 30 avril 1913.)
4° Par batterie de réserve de l'armée territoriale se mobilisant au dépôt.....	5	»	»	(3) Voir p. 156 la circulaire du 19 mai 1908.
5° Par batterie de réserve se mobilisant dans une autre place que le dépôt.	15	5	»	(4) Dans les sections de C. O. A. et d'infirmiers militaires, l'augmentation ou la réduction à faire subir à l'indemnité annuelle est fixée à 1 franc par 50 collections, en plus ou en moins du nombre de collections pour lequel cette indemnité est allouée. (Modification du 2 juillet 1914.)
Génie. — 1° Par régiment à 15 comp.	135	5	5	
2° Par compagnie active détachée se mobil. sur place.	30	5	»	
3° Par compagnie de réserve ou de l'arm. territ. au dépôt.	5	»	»	
4° Par compagnie de réserve ou territoriale se mobilisant dans une autre place que le dépôt.............	15	5	»	
Aéronautique. — 1° Par groupe actif de 12 unités administratives (2).	120	5	5	
2° Par compagnie ou section de réserve ou territoriale.	5	»	»	
3° Par unité active détachée se mobilisant sur place ..	30	5	»	
4° Par l'unité de réserve ou territoriale se mobilisant dans une place autre que le dépôt	15	5	»	
Train des équipages militaires (3). — 1° Par escadron à 3 comp..	75	5	5	
2° Par compagnie active détachée se mobilisant sur place.................	30	5	»	
3° Par compagnie de réserve ou de l'armée territoriale.	5	»	»	
Section de secrét. d'état-maj. et du recrut.	60	»	»	
Section de commis et ouvriers militaires d'administration. — Section active pour 1.500 collections ..	60	» (4)	» (4)	
Section d'infirmiers militaires. — Section territoriale pour 750 collections	30	» (4)	» (4)	

NOTA. — L'indemnité annuelle de frais de gestion et de bureau est attribuée à l'officier gestionnaire pour toutes les unités de réserve et de l'armée territoriale donnant droit, pour la masse d'habillement, à l'allocation du supplément de prime mensuelle (tarif n°1).

En outre, une indemnité annuelle de 5 fr. par 250 collections est également attribuée à l'officier gestionnaire des approvisionnements d'effets de grand équipement destinés à la plus jeune classe à appeler à la mobilisation. Cette indemnité est augmentée ou diminuée de 1 fr. par 50 collections en plus ou en moins.

Cessions, à titre remboursable, de drap et effets aux officiers, adjudants et assimilés, et aux sous-officiers s'habillant à leurs frais.

Des effets de la deuxième portion, des bandes molletières dans les corps de troupe où il en est fait usage, et dans les services appelés à marcher avec ces corps, des chaussures et des draps de sous-officier rengagé, ainsi que des draps de sous-officier et de soldat, peuvent être délivrés contre remboursement aux officiers et adjudants et assimilés.

Les adjudants peuvent également recevoir contre remboursement des effets de la première portion (1).

En outre, des manteaux de troupe ou des capotes, suivant l'arme, pourront être cédés contre remboursement aux officiers et adjudants et aux sous-officiers s'habillant à leurs frais, ainsi qu'aux agents supérieurs des sections de chemins de fer. Ces derniers pourront acquérir dans les mêmes conditions des étuis de revolver ou des pistolets automatiques (2).

Les officiers et adjudants pourront percevoir dans les magasins administratifs, au prix du tarif de cession en vigueur, le métrage de drap de soldat nécessaire pour la confection d'une capote ou d'un manteau, suivant le cas, s'ils n'ont pas perçu depuis moins de deux ans de drap de troupe, ni de manteau ou de capote de troupe.

Ils devront certifier sur leur demande qu'ils remplissent bien cette condition; cette déclaration sera visée par le chef de corps ou de service et par le sous-intendant militaire chargé du magasin administratif régional. Ce fonctionnaire donnera le « Vu bon à délivrer »; seuls, les officiers appartenant à un corps ou service stationné dans la région pourront percevoir ce drap au magasin de ladite région.

Les officiers et adjudants pourront, s'ils le désirent, percevoir, en remplacement du drap de soldat prévu ci-dessus, du drap cardé, bleu clair ou kaki, selon le cas, ayant subi des apprêts spéciaux en vue de son emploi pour la confection des capotes ou manteaux d'officiers.

Les cessions des jambières et des ceinturons-baudriers sont autorisées dans les mêmes conditions que pour les draps, mais elles ne pourront avoir lieu que tous les trois ans.

---

(1) Alinéa ajouté. (Addition du 12 août 1910, *B. O.*, p. 1526.)
(2) Texte nouveau. (Modification du 6 octobre 1920 et addition des 14 janvier, 10 février 1921, *B. O.*, p. 3814, 285 et 671.)

— 143 —

Les cessions de gabardine, toile kaki, chaussures, sont réglées par la carte d'habillement.

Les cessions de drap de sous-officiers, de drap fin cardé et de drap de sous-officiers rengagés sont consenties dans des conditions et limites de quantités déterminées par des instructions particulières (1).

Les cessions d'effets de la 2ᵉ portion et de chaussures de marche devront être limitées aux besoins normaux d'une année, décomptée du 1ᵉʳ janvier au 31 décembre.

En particulier, les limites ci-après ne doivent pas être dépassées pour les effets ci-dessous :

Chaussettes : huit paires par an;

Serviettes,
Chemises,   quatre par an;
Caleçons,

Chandail : un tous les deux ans;

Chaussures de marche : une paire par an (deux paires quand il ne sera plus délivré de chaussures au titre de la carte d'habillement).

Ces quantités sont doublées pour les T. O. E.

Les officiers et sous-officiers s'habillant à leurs frais devront certifier dans leurs demandes qu'ils n'ont pas perçu la totalité des quantités d'effets énumérés ci-dessus dans l'année en cours (depuis deux ans, en ce qui concerne le chandail) (2).

Pour les officiers et adjudants des corps de troupe, les demandes de cessions sont adressées par les intéressés aux chefs de corps; pour les officiers et adjudants et assimilés ne faisant pas partie des corps de troupe, ces demandes sont adressées au commandant d'un corps de la garnison; si le corps ne fait pas usage des effets et draps demandés, les livraisons sont faites par le magasin administratif ou un autre corps de la région; dans ce cas, les demandes sont transmises au directeur de l'intendance; les draps qui feraient défaut dans la région sont demandés au magasin du chef-lieu de l'arrondissement de confection.

Pour les officiers et adjudants des corps de troupe, la livraison a lieu sur bons nominatifs, visés par le major; la valeur de la livraison est retenue par le trésorier sur la solde des intéressés et versée à la masse d'habillement.

Les bons sont récapitulés en fin de mois dans un bordereau en double expédition, l'une appuyant les sorties du magasin, l'autre appuyant les recettes de la masse.

-----

(1) Texte nouveau. (Rectificatif du 18 août 1922, *B. O.*, p. 2623.)
(2) Texte nouveau. (Modification du 6 octobre 1920 et addition des 14 janvier, 10 février 1921, *B. O.*, p. 3814, 285 et 671.)

En ce qui concerne les officiers, adjudants et assimilés ne faisant pas partie des corps de troupe, la valeur des draps et effets cédés est versée soit dans la caisse du trésorier du corps livrancier, soit au Trésor, selon que la cession a été faite par prélèvement sur les approvisionnements au compte des masses ou sur ceux au compte de l'État.

En ce qui concerne les draps de sous-officier rengagé, lorsque l'importance de l'approvisionnement du magasin administratif du chef-lieu de l'arrondissement de fourniture est devenue inférieure à la moitié de la fixation réglementaire, les cessions sont provisoirement suspendues. Avis en est donné aux corps de troupe par le directeur de l'intendance chargé de la haute surveillance administrative de ce magasin; il se concerte, le cas échéant, à ce sujet, avec son collègue de l'autre corps d'armée, ou de chacune des divisions territoriales comprises dans l'arrondissement de fournitures.

Les sous-officiers s'habillant à leurs frais, autres que les adjudants, peuvent également recevoir du drap dans les conditions ci-dessus indiquées.

Toutes les cessions sont faites d'après le tarif de cession en vigueur (1).

Tous les effets et matières cédés doivent être du modèle réglementaire.

Il est interdit aux conseils d'administration d'acheter, pour les cessions à titre remboursable, des effets de qualité supérieure ou plus fine que celle des effets de troupe.

Aucune cession à ce titre ne peut être faite ni aux sous-officiers ou assimilés autres que ceux visés ci-dessus, ni aux caporaux, brigadiers et soldats.

Les sous-officiers du service de la justice militaire sont autorisés à acquérir des effets de la 1re ou de la 2e portion dans les corps de troupe, dans les mêmes conditions que les draps (2).

GARANTIES

A EXIGER DES ENTREPRENEURS DE BLANCHISSAGE.

En vue de couvrir les corps de troupe contre les risques de vol, de malfaçons, d'inexécution du service, etc., et des pertes qu'ils pourraient éprouver, en cas d'incendie chez les adjudicataires du blanchissage, les cahiers des charges des marchés passés avec les entrepreneurs devront contenir une clause

---

(1) Texte nouveau. (Modification du 6 octobre 1920.)
(2) Alinéa ajouté. (Circulaire du 9 mars 1910, B. O., p. 441.)

imposant à ces derniers l'obligation de constituer un cautionnement de garantie.

En ce qui concerne spécialement les risques d'incendie, ce cautionnement devra représenter approximativement la valeur des objets qui peuvent être confiés pour chaque opération de blanchissage, quel que soit le montant du marché.

Au lieu et place du versement d'un cautionnement en numéraire, les adjudicataires du blanchissage seront autorisés à contracter une police d'assurance garantissant, contre les risques d'incendie, la quantité maximum de linge pouvant se trouver, à un moment donné, chez le blanchisseur.

La valeur de la totalité du linge remis fera l'objet d'une police d'assurance spéciale, stipulant expressément qu'en cas de sinistre le corps intéressé est substitué aux droits de l'entrepreneur vis-à-vis de la compagnie d'assurance.

L'assurance sera faite par une ou plusieurs compagnies préalablement agréées par le chef de corps.

Les entrepreneurs justifieront de l'accomplissement de cette obligation par la présentation des polices d'assurance au chef de corps, dans les huit jours qui suivront la notification de l'approbation du marché; ils payeront les primes résultant des assurances et justifieront des payements effectués auprès des chefs de corps.

Lorsque l'entrepreneur use de la faculté qui lui est laissée ci-dessus de contracter une police d'assurance pour couvrir les risques d'incendie, le cautionnement à exiger ne devra plus représenter que le dixième du montant du service à assurer.

NOMENCLATURE

DES

PRINCIPALES DÉPENSES INCOMBANT A LA MASSE D'HABILLEMENT

DÉSIGNATION DES DÉPENSES PRINCIPALES imputables A LA MASSE D'HABILLEMENT.	OBSERVATIONS.

Iᵣₑ PARTIE. — Fonds particuliers des unités.

1º *Dépenses à inscrire dans la colonne 12 du compte trimestriel.*

A. — Les effets et objets dont la nomenclature est donnée au tableau nº 2 annexé au règlement du 22 janvier 1907.

B. — Les effets et objets dont l'énumération suit :

Valeur des effets et matières reçus du magasin commun.

Ceinture de laine.
Ceinture de flanelle.
Epaulettes de tambour-major (modèle des sous-officiers rengagés).
Gants de laine.
Guêtres-jambières en toile.
Jersey.
Matelassure de cuirasse.
Galons de grade, de fonctions et d'ancienneté.
Insignes et attributs divers.
Béret.
Tenue de ville des sous-officiers rengagés ou commissionnés.
Tenue des sous-officiers élèves-officiers.
Canne de tambour-major.
Canne et cordon de canne de caporal tambour.
Ceinturon verni pour sergent-major et maréchal des logis chef, et sous-officiers et musiciens du génie.
Dragonne de sabre.
Caisse de tambour complète.
Baguettes.
Accessoires divers.
Clairon avec cordon et courroie (infanterie et génie).
Trompettes avec cordon et courroie.
Bâton ferré.
Cordon pour plaque d'identité.

DÉSIGNATION DES DÉPENSES PRINCIPALES imputables A LA MASSE D'HABILLEMENT.	OBSERVATIONS.
Valeur des effets et matières reçus du magasin commun. *(Suite.)* — **Effets** : Boîte et demi-boîte à livrets. Boîte à marques pour les unités administratives. Boîte à plaques d'identité. des conducteurs de caissons de munitions. des hommes à pied de l'artillerie recevant l'instruction à cheval. des ordonnances stagiaires. analogues à ceux des conducteurs de caissons de munitions distribués à des ordonnances d'officiers des troupes à pied. des ouvriers militaires employés à certains travaux. spéciaux aux vélocipédistes du temps de paix. de pansage (A). Pantalon de gymnastique (zouaves et tirailleurs algériens). Veste de gymnastique. Sabots-galoches et chaussons. Ruban de médaille commémorative. Sifflet de signal et cordon (B). Sachets à vivres. Caleçon de bain. Sacoche de maréchal des logis chef.	(A) Les effets employés pour le pansage des chevaux d'officiers sont achetés au compte des officiers. (B) A l'usage des hommes de troupe.

2° *Dépenses à inscrire dans la colonne 16 du compte trimestriel.*

Réparations à l'habillement et à la coiffure.	Mise à l'uniforme du corps des effets des militaires venus d'autres corps. Retournement des bandes de pantalons et autres parties d'effets en drap écarlate. Remplacement des velours. Signe distinctif sur les effets de la collection d'instruction. Frais de pose des galons, des insignes et attributs divers. Confection des enveloppes de petits bidons. Garniture des épaulettes. Pose des accessoires sur le képi n° 1. Confection de chaussons dans les corps de troupe. Retouches et réparations aux effets dans les unités.

DÉSIGNATION DES DÉPENSES PRINCIPALES imputables A LA MASSE D'HABILLEMENT.	OBSERVATIONS.
3° Dépenses à inscrire dans la colonne 17 du compte trimestriel. Réparations au grand équipement. *4° Dépenses a inscrire dans la colonne 18 du compte trimestriel.* Réparations à la chaussure. *5° Dépenses à inscrire dans la colonne 19 du compte trimestriel.* Dépenses d'entretien de l'habillement (1). { Frais de marquage (au numéro matricule de l'homme) des gamelles, quarts, cuillers, fourchettes et corde à fourrage. Graisse Thomas. Huile pour l'entretien des ustensiles en métal. Composition pour aviver les draps écarlates. Ingrédients divers pour nettoyer les effets d'habillement, d'équipement, de chaussure et pour désinfecter les petits bidons. Naphtaline. Poudre de pyrèthre. Soufflot à entonnoir. Camphre, poivre, essence de térébenthine. Rideau à défaut de volets. Brosse. Arrosoir. Piège à rats. Encre indélébile. Machines à coudre et outils nécessaires aux ouvriers tailleurs et cordonniers des unités. Frais de transport des effets renvoyés au corps par les hommes libérés du service actif. Cloutage des souliers modèle 1893.	

(1) Paragraphe modifié (circ. du 15 avril 1908, *B. O.*, p. 637).

DÉSIGNATION DES DÉPENSES PRINCIPALES imputables A LA MASSE D'HABILLEMENT.	OBSERVATIONS.
6° *Dépenses à inscrire dans la colonne 21 du compte trimestriel.* Armement.. { Réparations, y compris les réparations nécessitées par des dégradations provenant de la faute des hommes, mais non compris la valeur des armes perdues à porter dans la colonne 23.	
7° *Dépenses à inscrire dans la colonne 22 du compte trimestriel.* Armement.. { Ingrédients divers pour le nettoyage et l'entretien des armes, huile, graisse, etc.	
8° *Dépenses à inscrire dans la colonne 23 du compte trimestriel.* Dégradations diverses. Entretien des chambrées. (2) { Dégradations et pertes résultant de la faute ou de la négligence des hommes de troupe (1). Étiquette pour planche à bagage et pour râtelier d'armes. Baquet. Poudre de pyrèthre, soufre, acide phénique Soufflet à entonnoir. Cantonnements alpins. { Fonds éventuel pour l'amélioration des cantonnements.	

(1) Y compris les pertes d'armes. Les dégradations aux armes sont portées dans la colonne 24. Quant aux dégradations au casernement, elles sont supportées par la masse de casernement, dans les corps de troupe où cette masse existe.

(2) Paragraphe modifié (circ. du 15 avril 1908).

DÉSIGNATION DES DÉPENSES PRINCIPALES imputables A LA MASSE D'HABILLEMENT.	OBSERVATIONS.
9° Dépenses à inscrire dans la colonne 24 du compte trimestriel (4). **Dépenses pour cuisines. Réfectoires et commission des ordinaires (1).** Achat, entretien et renouvellement des objets et ustensiles de cuisine (A). Bourgerons et pantalons de cuisine. Torchons. Toques et tabliers des cuisiniers, des aides-cuisiniers et des soldats chargés des percolateurs. Effets pour les militaires employés à l'exploitation des jardins potagers. Sabots-galoches pour les cuisiniers. Sacs à distribution. Cruches et gamelles des chambres. Etamage des quarts, gamelles, fourchettes et cuillers. Acquisition des brosses pour le pain de soupe et des paniers pour la viande. Achat de manettes pour le transport des gamelles dans les chambres ou de récipients pour le transport du café. Achat et entretien de l'appareil thermo-conservateur destiné à conserver chauds les aliments portés aux hommes des corps de garde isolés. Couteaux à conserves, système Darqué (2). Couteaux à viande et couteaux à pain (3). Menues dépenses à l'occasion de la Fête nationale et des anniversaires célébrés par le corps en vertu d'une autorisation du commandement jusqu'à concurrence de 0 fr. 20 par homme.	(A) La nature et le nombre des ustensiles de cuisine à entretenir par chaque unité administrative sont déterminés par le chef de corps. Ce matériel est pris en charge dans les comptes de la masse d'habillement, comme tout le matériel acheté sur les fonds de cette masse.

(1) Lors d'un changement de garnison, les corps ou fractions de corps sont autorisés à emporter avec eux, ou à céder à ceux qui les remplacent, les ustensiles achetés sur les fonds de la masse d'habillement, sous la condition que les ustensiles emportés puissent leur être utiles dans la nouvelle garnison.

Dans le cas où ces ustensiles sont emportés, les frais d'emballage sont à la charge de la masse d'habillement (fonds commun) et les dépenses de transport à la charge de l'Etat.

Dans le cas de cession, la remise et la reprise sont effectuées comme il suit :

Si l'arrivée du nouveau corps coïncide avec le départ de l'autre, la cession est faite à l'amiable. Dans le cas contraire, les ustensiles, après avoir été lavés et nettoyés avec soin, sont laissés, sur inventaire, à la garde du génie. Le nouveau corps les reprend à son arrivée et sur le vu de l'inventaire.

Quant aux rallonges de tables, aux tabourets, aux seaux, baquets, balances de magasin, ustensiles lourds et encombrants, dont les frais de confection et d'achat auraient été supportés par la masse d'habillement du corps partant, ils seront laissés sur place et repris ensuite, sur inventaire, par le corps arrivant.

Les contestations qui pourraient s'élever, au sujet des ustensiles et objets laissés sur place, seront résolues par le général commandant la subdivision.

(2) Un pour trois hommes ; les couteaux à conserves nécessaires aux unités constituées à la mobilisation sont à la charge du budget de l'habillem. (3ᵉ section). (Circ. du 15 janv. 1912, B. O., p. 66.)

(3) A raison de un couteau à viande et de un couteau à pain pour chaque table et étant entendu qu'ils ne pourront être employés à aucun autre usage. (Modific. du 23 mars 1909, B. O., p. 474.) —

(4) Paragraphe modifié (15 avril 1908).

DÉSIGNATION DES DÉPENSES PRINCIPALES imputables A LA MASSE D'HABILLEMENT.	OBSERVATIONS.
Dépenses pour cuisines. Réfectoires et commission des ordinaires. (*Suite.*) Frais de remplacement du sable et des bougies destinées aux filtres Chamberland. Frais d'achat des cruches en grès et dégradations aux filtres. Frais d'emploi de nettoyage et de stérilisation des filtres à nettoyeur André. Achat et entretien des appareils de chauffage, des objets divers et des ingrédients nécessaires pour le service du contrôle et de l'inspection et pour le marquage des viandes et des animaux de boucherie. Achat des registres de visite de la viande et des autres denrées de l'ordinaire et des imprimés divers se rapportant à ce service; dépenses de remboursement et de transport des échantillons, d'achat et d'emballage des bocaux et récipients destinés à les contenir.	Modifications du 6 novembre 1908, *B. O.*, p. 1933.
Achat et entretien de vaisselle collective ou individuelle et de récipients pour la boisson. (Dépense de première mise (1) limitée à 1 fr. et dépense annuelle d'entretien à 0 fr. 50 par homme.) L'emploi d'ustensiles en fer ou fonte émaillés est interdit. Achat des réactifs et des instruments nécessaires à l'analyse des haricots par les commissions des ordinaires.	Modification du 15 mai 1912, *B. O.*, p. 743.

10° *Dépenses à inscrire dans la colonne 25 du compte trimestriel* (2)

Lavage des effets et blanchissage du linge, y compris le blanchissage des effets de cuisine. Blanchissage du linge.......... Nettoyage des effets des cuisiniers, des aides-cuisiniers et des soldats chargés des percolateurs.......... Lavage des effets réintégrés par les hommes libérés au moment du renvoi d'une classe ou après une période d'instruction (*a*)..........	(*a*) L'emploi de la main-d'œuvre civile doit être autorisé par le conseil d'administration dans le cas seulement où la main-d'œuvre militaire est insuffisante et dans la mesure nécessaire. (Voir p. 158 la circ. du 29 août 1912.)

11° *Dépenses à inscrire dans la colonne 26 du compte trimestriel.*

Hygiène des hommes. Dépenses nécessitées par les soins de propreté corporelle. Achat et entretien des instruments de perruquier. Achat d'ingrédients pour l'entretien des pieds des marcheurs.	

(1) Les dépenses de première mise s'entendent des dépenses à engager exclusivement dans les cas ci-après, savoir : substitution de la vaisselle collective à la gamelle individuelle, formation d'unités augmentation de l'effectif réglementaire de paix.

(2) Paragraphe modifié (Circ. du 22 sept. 1908, *B. O.*, p. 1685. Voir pages 160 et 162 les circul. des 23 sept. 1909 et 20 août 1912.)

DÉSIGNATION DES DÉPENSES PRINCIPALES imputables A LA MASSE D'HABILLEMENT.	OBSERVATIONS.
12° *Dépenses à inscrire dans la colonne 27 du compte trimestriel.*	
Frais de bureau. Registres. Menues dépenses. Frais de bureau des unités administratives (1). — Registre des entrées et des sorties des unités administratives. — Ouvrages de caractère exclusivement administratif dont l'achat est autorisé par le Ministre. — Titres d'absence de courte durée. — Contrôles spéciaux. — Carnets à souche des bulletins de dépôt d'armes et de munitions.	
Habillement des maîtres-ouvriers en dehors de ceux qui reçoivent une première mise d'équipement. Indemnité journalière d'habillement pour les maîtres-ouvriers qui sont autorisés à s'habiller à leurs frais.	Modification du 28 oct. 1913, *B. O.*, p. 1752.

II° PARTIE. — Fonds commun du corps.

1° *Dépenses à inscrire dans la colonne 26 du compte trimestriel.*

	OBSERVATIONS.
Entretien, réparations, retouches des effets en magasin. Frais de faufilage des pattes et écussons à numéro.	Effets en magasin
Pose définitive des pattes et écussons à numéro.	Id.
Retouche aux effets en magasin.	
Réparation aux effets.	Détériorés en magasin.
Réparation aux petits bidons individuels.	Id.
Clairon (dans la cavalerie, l'artillerie, le train des équipages militaires).	
Manteau (2). — Collet mobile. — Casque. — Accessoires de casque. — Matelassure de cuirasse — Sac à avoine.	Aux adjudants de la cavalerie, de l'artillerie, des sapeurs-conducteurs du génie et du train des équipages militaires.
Indemnité pour changement d'écussons et de pattes à numéros aux adjudants passant d'office d'un corps dans un autre, sans changer de subdivision d'arme.	
Couvre-casque et manchon en toile pour manœuvres (cavalerie de France).	
Confection des collets à capuchon en drap hors de service pour le serv. des plantons.	La dépense est supportée par les corps qui fournissent les plantons.

(1) La somme fixée, à titre d'indemnité, figure dans les comptes trimestriels des fonds particuliers, sans détail de l'emploi qui en a été fait.

(2) Voir page 159 la circul. du 18 avril 1908.

DÉSIGNATION DES DÉPENSES PRINCIPALES imputables A LA MASSE D'HABILLEMENT.	OBSERVATIONS.
Entretien, réparations, retouches des effets en magasin. *(Suite.)* — Effets d'habillement en drap pour les infirmiers régimentaires. Différence de valeur entre les effets échangés, conformément au principe du roulement. Frais d'ajustage. Crêpes et serges pour les cérémonies funèbres.	

2° Dépenses à inscrire dans la colonne 27 du compte trimestriel (1).

Dépenses accessoires pour le magasin. — Marquage par le chef armurier : Des outils, des gamelles, quarts, cuillers, fourchettes et cordes à fourrage.	Effets en magasin.
Marquage des plaques d'identité. Boîte à marques pour le magasin du corps. Boîte à composteur. Timbres hum. et boîte avec leurs access^{rs}. Encre indélébile. Objets divers pour les commissions de vérification et de réception des matières et effets, ainsi que pour les commissions de déclassement des effets. Emporte-pièces pour attributs divers. Ruban métrique et typomètre. Pièges à rats pour le magasin du corps. Rideaux pour le magasin du corps. Arrosoirs pour le magasin du corps. Réparation aux caisses d'armes, cantines et caisses à bagages.	Détériorées en magasin.
Indemnité de frais de bureau et de gestion à l'officier d'habillement.	Pour les approvisionnements spéciaux, les indemnités pour frais de bureau et de gestion incombent au budget de l'habillement.
Indemnité pour frais de vacation aux experts. Frais d'expertise. Frais d'affranchissement des commandes. Huile pour l'entr. des ustensiles en métal. Graisse Thomas. Naphtaline. Camphre. Poivre. Poudre de pyrèthre. Acide phénique. Ingrédients pour nettoyer les effets et désinfecter les petits bidons. Soufre. Brosses. Matériaux d'emballage. Frais de transport. Payem. de la taxe sur les chiens de garde (A).	(A) L'entretien de chiens de garde est autorisé par les généraux commandant les corps d'armée. L'autorisation ne doit être donnée qu'exceptionnellement et pour des motifs justifiés.

(1) Paragraphe modifié (15 avril 1908).

DÉSIGNATION DES DÉPENSES PRINCIPALES imputables A LA MASSE D'HABILLEMENT.	OBSERVATIONS.
3° *Dépenses à inscrire dans la colonne 29 du compte trimestriel* (5). Dépenses diverses pour le service général. { Portefeuille à serrure. Sacoche pour courrier de conseil d'administration. Urne et accessoires. Achat et entretien des appareils et du matériel des bains de propreté (A). Location de pendules pour corps de garde. Dégradations diverses ne résultant pas de la faute des hommes. Soufre pour les chambrées. Cruches pour les salles de discipline. Bassin à placer sur le couvercle des poêles des corps de garde et des chambrées. Vrilles et pitons pour l'arrimage des fusils dans les wagons (1). Caisse pour le transport des archives. Frais de bureau de la salle de rapport (2). Cruches pour corps de garde. Balances, bascules et accessoires pour les magasins du corps, ainsi que pour les magasins des ordinaires et les cuisines. Huile de pétrole pour la destruction des insectes (3). Désinfection des baquets et urinoirs (3). Récipients en tôle galvanisée pour les os et eaux grasses. Dépenses résultant de l'achat du matériel de tir pour l'instruction des recrues et la préparation des élèves caporaux (4).	(A) Selon l'installation de leur casernement, les corps peuvent choisir entre les appareils Bouvier, Flicoteaux, Herbet et Franck-Defong. (Circ. du 7 juin 1909, *B. O.*, p. 892.)

(1) Sections de secrétaires d'état-major et du recrutement, de commis et ouvriers militaires d'administration et infirmiers militaires. Pour les corps de réserve et territoriaux, la dépense est supportée par le budget de l'habillement (3° section).

(2) Bataillons d'artillerie à pied, escadrons du train des équipages militaires et régiments de spahis.

(3) Dans les corps de troupe n'ayant pas de masse de casernement.

(4) Dans les corps de troupe qui n'ont pas de masse des écoles. (Circulaire du 22 avril 1910, *B. O.*, p. 742.)

(5) Paragraphe modifié (15 avril 1908 et 24 octobre 1913, *B. O.*, p. 637 et 1365.)

DÉSIGNATION DES DÉPENSES PRINCIPALES imputables A LA MASSE D'HABILLEMENT.	OBSERVATIONS
5° *Dépenses à inscrire dans la colonne 30 du compte trimestriel.*	
Publications et registres divers. Annuaire militaire (B). Ouvrages d'ordre exclusivement administratif dont l'achat est autorisé par le Ministre. Achat d'ouvrages intéressant les ordinaires. Brochage du *Bulletin officiel.* Reliures ou brochages autorisés par le Ministre. Registre des conférences. Répertoire des réservistes et listes extraites des répertoires. Couvertures et barrettes à écrou pour les feuillets matricules des hommes de l'armée active, de la réserve de l'armée active et de l'armée territoriale. Couvertures et barrettes à écrou pour les feuillets matricules des officiers de réserve et de l'armée territoriale. Réfection des dossiers annexes de mobilisation et des pièces qui les composent, pour les unités du temps de paix. Réfection des dossiers annexes de mobilisation et des pièces qui les composent, pour les unités à former à la mobilisation. Fourniture des feuillets matricules pour les hommes naturalisés. Journaux et carnets de mobilisation. Carnet de comptabilité en campagne. Registre du personnel des officiers en campagne (1). Carnets à tenir en exécution du décret du 8 septembre 1889 (Abrogé.) Carnet de notes des sous-officiers rengagés.	(B) Un seul exemplaire, même pour les corps fractionnés. *Voir circulaire du 4 août 1922, B. O., page 397.*

(1) La dépense qui résulte de la fourniture des feuillets du personnel nécessaires pour les officiers sans troupe, tant en temps de paix qu'en campagne, est supportée par la masse d'habillement (fonds commun) des corps ci-après désignés :

Régiment d'artillerie chargé de l'administration de la musique..................) Pour les états-majors particuliers de l'artillerie et du génie.

Sections d'infirmiers militaires. Quand il y a plusieurs sections dans la même région, la dépense est également répartie entre elles.) Pour les médecins, pharmaciens, vétérinaires, officiers d'administration des hôpitaux.

Sections de commis et ouvriers militaires d'administration. Répartition comme ci-dessus, quand il y a plusieurs sections dans la région.) Pour les fonctionnaires de l'intendance militaire, les officiers d'administration des bureaux de l'intendance, des subsistances militaires, de l'habillement.

Compagnie de cavaliers de remonte affectés au dépôt dans lequel les officiers sont employés.) Officiers du service de la remonte.

Par suite des modifications apportées par la loi du 15 avril 1914 dans la constitution des sections de secrétaires d'état-major et du recrutement, la fourniture des feuillets du personnel nécessaires aux officiers des services d'état-major, des étapes et du recrutement et aux officiers interprètes, qui était imputée aux masses d'habillement de ces sections, incombera désormais à l'État (budget de l'habillement). (Circulaire du 23 avril 1920, B. O., p. 1512.)

DÉSIGNATION DES DÉPENSES PRINCIPALES imputables A LA MASSE D'HABILLEMENT.	OBSERVATIONS.
Publications et registres divers. *(Suite.)* — Feuilles de papier blanc destinées à remplacer les folios matricules. Folios individuels des officiers de tout ordre. Registre des punitions. Cahier de visite médicale journalière. Registre des entrées après l'appel du soir et des punis (bataillons d'artillerie à pied, escadrons du train des équipages et régiments de spahis). Fournitures de bureau pour l'officier de casernement (1). Registres de l'officier de casernement. Registre pour la consommation d'eau. Carnets-inventaires du matériel en service. Catalogue méthodique des ouvrages de bibliothèque. Menues dépenses occasionnées par le fonctionnement des écoles d'instruction.	
6° Dépenses à inscrire dans la colonne 31 du compte trimestriel.	
Vague-mestre (2). — Gratifications. Achat des registres. Carnet d'enregistrement des avis d'arrivée de mandats télégraphiques. Sacoche.	

(1) Dans les corps de troupe n'ayant pas de masse de casernement.

(2) La gratification annuelle allouée aux vaguemestres est fixée sur les bases suivantes :

Pour la 1re unité ou unité unique...................... 10 francs (A).
Pour chaque unité en plus de la première.............. 2 fr. 50.

La section ou le peloton hors rang ne compte pas comme unité. (Modification du 14 avril 1922, *B. O.*, p. 1209.)

(A) Pour les unités formant corps, cette fixation est déterminée pour un effectif de 150 hommes et au-dessous. Pour chaque groupe de 150 hommes en plus, elle est augmentée de 5 francs. L'effectif se détermine comme il est indiqué au tarif n° 3 annexé au règlement.

Nota. — Les dépenses qui incombent normalement à la masse des dépenses diverses (I. Dépenses d'écoles) sont maintenues provisoirement à la charge de la masse d'habillement dans les corps dont la masse des dépenses diverses n'est pourvue d'aucune dotation au titre des Dépenses d'écoles.

Circulaire portant solution d'une question soulevée par l'appli-cation de l'article 58 de l'instruction du 22 janvier 1907, en ce qui concerne la perception de la portion de prime de 0 fr. 02 et 0 fr. 01 pour les subsistants.

Paris, le 15 avril 1908.

La question s'est posée de savoir sur quel taux devait être perçue la portion de prime afférente aux dépenses étrangères à l'alimentation pour les journées passées en subsistance dans des corps de troupe ou écoles militaires par des hommes appartenant à des corps de troupe d'Afrique.

Considérant que cette portion de prime de 0 fr. 02 et de 0 fr. 01 a été calculée d'après les dépenses réelles effectuées respectivement en France et en Algérie (1);

Pour ce motif, le taux de la portion de prime dont se créditent les corps nourriciers pour les subsistants qu'ils entretiennent est invariablement de 0 fr. 02 pour les subsistants servant en France, quel que soit leur corps d'origine, et de 0 fr. 01 pour tous les subsistants servant en Algérie et en Tunisie.

Réciproquement le taux de la portion de prime à verser au Trésor par les corps d'origine pour les hommes qu'ils ont en subsistance dans d'autres corps est de 0 fr. 02 pour les corps stationnés en France et de 0 fr. 01 pour les corps stationnés en Algérie et en Tunisie, quel que soit l'emplacement du corps nourricier.

Circulaire portant solution d'une question soulevée par l'appli-cation du règlement sur le service de l'habillement (abandon aux adjudants des troupes à cheval du manteau et du collet mobile).

Paris, le 18 avril 1908.

La question s'est posée de savoir s'il y avait lieu d'abandonner aux adjudants des troupes à cheval, dans leurs mutations, jusques et y compris leur libération du service actif, le manteau et le collet mobile, bien que ces effets leur aient été fournis gratuitement au compte du fonds commun de la masse d'habillement.

La question doit être résolue par l'affirmative.

---

(1) Portions de primes fixées respectivement à 0 fr. 02 et 0 fr. 04. (Voir page 300.)

Circulaire portant solution d'une question soulevée par l'application des tarifs prévus au tableau n° 6 annexé au règlement sur le service de l'habillement dans les corps de troupes, pour les gestionnaires des approvisionnements des unités de réserve ou de territoriale.

Paris, le 19 mai 1908.

La question s'est posée de savoir s'il pouvait être fait application, aux officiers gestionnaires d'approvisionnements d'unités de réserve ou de territoriale du train des équipages se mobilisant exceptionnellement dans une autre place que le dépôt, des tarifs prévus au tableau n° 6 annexé au règlement du 22 janvier 1907 sur le service de l'habillement dans les corps de troupes, pour la gestion des approvisionnements des unités de réserve ou de territoriale de l'infanterie, de l'artillerie et du génie se mobilisant dans les mêmes conditions.

La question doit être résolue par l'affirmative.

Circulaire fixant l'interprétation à donner à certains points de la nomenclature des dépenses incombant à la masse d'habillement annexée au règlement du 22 janvier 1907 sur le service de l'habillement dans les corps de troupe (disposition concernant le lavage du linge et des effets de toile).

Paris, le 23 septembre 1909.

La nomenclature des principales dépenses incombant à la masse d'habillement (voir page 147), modifiée le 22 septembre 1908, met à la charge de ce fonds le blanchissage du linge et le lavage des effets réintégrés par les hommes libérés au moment du renvoi d'une classe ou après une période d'instruction. En outre, ladite nomenclature prévoit pour les conseils d'administration la faculté d'autoriser, pour ce service, l'emploi de la main-d'œuvre civile en cas d'insuffisance de la main-d'œuvre militaire.

Par linge, il ne faut pas entendre seulement les chemises et les caleçons, mais encore les mouchoirs, serviettes, chaussettes, flanelles et cravates.

En outre, la même mesure est applicable au blanchissage des effets de toile de toute nature, dans toutes les circonstances où les conseils d'administration jugeraient l'emploi de la main-d'œuvre militaire insuffisante ou préjudiciable à l'hygiène des hommes.

---

*Circulaire relative au lavage des effets de treillis, serviettes
et mouchoirs des hommes de troupe.*

Paris, le 29 août 1912.

Le lavage des effets de treillis, serviettes et mouchoirs des
hommes de troupe est assuré, en principe, par les soins de leurs
détenteurs.

Toutefois, pendant les saisons d'hiver trop rigoureuses, les
corps de troupe pourront, lorsque la situation de leur masse
d'habillement le permettra, être autorisés par les généraux commandant les corps d'armée à faire exécuter les travaux dont il
s'agit par l'industrie civile au mieux des intérêts de leur masse.

Ils pourront également, en toute saison, toujours sous la réserve que la situation de leur masse d'habillement le permette,
opérer de la même manière pour le lavage des serviettes et mouchoirs.

Dans les troupes coloniales, les dépenses engagées dans les
conditions et sous les réserves ci-dessus sont à la charge de la
masse générale d'entretien.

MODÈLES

COMPTE DE L'HABILLEMENT

e RÉGIMENT D

MODÈLE N° 1.
Article 54
du Règlement

e CORPS D'ARMÉE
e DIVISION.
e BRIGADE.

MOIS D   19 .

N°
au registre-journal.   (1)

(1) Compagnie, escadron ou batterie.

BON des matières et effets nécessaires à

Le commandant de l'unité administrative a soin de régler sa demande de manière à conserver disponible, au minimum, à son fonds particulier, la somme nécessaire au paiement des réparations, imputations et dépenses de toute nature qui sont à la charge de ce fonds.

	Taux des primes.	Nombre de journées et de mutations donnant droit aux primes.	Décomptes.	Situation do	OBSERVATIONS.
Situation du fonds particulier au dernier jour du mois............					
Primes journalières des sous-officiers et soldats..............					
DROITS ACQUIS. — Sommes allouées par la feuille de journées pendant le mois d — Suppléments journaliers. — Portion de la prime journalière perçue pour les militaires en subsistance dans les écoles militaires. — École supérieure de guerre.........					
École normale de gymnastique et d'escrime................					
Toutes les autres écoles............					
Portion de la prime journalière perçue pour les militaires en subsistance dans les corps où est organisé un peloton d'instruction.............					
Quote-part de la prime journalière attribuée aux corps pour les militaires en subsistance dans les corps où est organisé un peloton d'instruction..............					
Primes fixes en deniers. — Sous-officiers nommés élèves-officiers dans une école militaire.............					
Sous-officiers (adjudants et chefs armuriers exceptés) promus officiers sans avoir suivi les cours d'une école militaire d'élèves-officiers ou nommés à l'un des emplois indiqués au tarif n° 22 du décret du 11 janvier 1923; caporaux, brigadiers et soldats rengagés ou commissionnés nommés à l'un des emplois indiqués au tarif susvisé					
Militaires de tous grades (adjudants, chefs armuriers et maitres selliers exceptés) admis à la retraite ou réformés par congé n° 1.					
TOTAL.....................					
Secours du fonds commun............					
TOTAL du crédit mensuel........					
CRÉDIT GÉNÉRAL d					

NOTA. — On entend par hommes à cheval les militaires habillés et équipés en cavaliers. Les conducteurs dans les batteries de montagne et les conducteurs de mulets de bât dans le train des équipages reçoivent la prime journalière des hommes à pied.

Détail des matières et effets demandés.

Les matières et effets demandés sont inscrits dans l'ordre de la nomenclature du service de l'habillement. Ceux de la 1re portion sont d'abord inscrits et totalisés ; ceux de la 2e portion sont inscrits à la suite et totalisés également. Au bas de la dernière page, on établit le total général.

NUMÉROS de la nomenclature		DÉSIGNATION des matières et effets.	Unité réglementaire.	Prix de l'unité.	Quantités demandées.	DÉCOMPTE en deniers	OBSERVATIONS
sommaire.	détaillée.			fr. c.		fr. c.	
		1re PORTION.					
29	26	Pantalonsde cheval de soldat.	Nombre	21 80	15	327 »	
31	22	Tuniques.......	Id.	15 35	3	46 05	
32	7	Vestes.........	Id.	12 »	15	180 »	
		TOTAL de la première portion.				553 05	

NUMÉROS de la nomenclature		DESIGNATION des matières et effets.	Unité réglementaire.	Prix de l'unité.	Quantités demandées.	DÉCOMPTE en deniers.	INDICATION DES TAILLES pour le petit équipement.				
sommaire.	détaillée.						1re.	2e.	3e.	4e.	TOTAL.
		2e PORTION.									
		TOTAL de la 2e portion.......				292 45					
		Report de la 1re portion.......				553 05					
		TOTAL GÉNÉRAL......				845 50					

Arrêté le montant du présent bon à la somme totale de

A   , le   19 .

Le commandant

Pointures des effets compris au présent bon.

TYPES.	SUBDIVISIONS DE TYPES.	Capotes. Sous-officiers et soldats.	TUNIQUES ou DOLMANS. Sous-officiers.	Soldats.	Manteaux.	PANTALONS d'ordonnance. Sous-officiers à pied.	à cheval.	Soldats.	PANTALONS de cheval. Sous-officiers.	Soldats.	Vestes.	INDICATION DE LA POINTURE.	CHAUSSURES (paires de). Bottines.	Brodequins.	Souliers.	COIFFURE. NUMÉROS et grosseurs.	Képis.	Casques ou shakos.	Casquettes.
A												26 {1 2 3 4}				53			
B												27 {1 2 3 4}				54 55 56 57 58			
C												28 {1 2 3 4}				59 60 61 62 63			
D												29 {1 2 3 4}							
E												30 {1 2 3 4}							
F												31 {1 2 3 4}							
G												32 {1 2 3 4}							
H												33 {1 2 3 4}							
I																			
Tailles exceptionnelles.																			
TOTAUX.																			

Coiffure (partie droite) :

	NUMÉROS et grosseurs.	Képis.	Casques ou shakos.	Casquettes.
TOTAUX.				
TAILLES.	Fausses bottes (paires).	Visières de Képis.		
TOTAUX.				
TAILLES.	CEINTURONS. Hommes à pied.	Hommes à cheval.		
TOTAUX.				
TAILLES.				
TOTAUX.				

ÉTAT NUMÉRIQUE

*par grade, indiquant de combien la masse d'habillement
doit être augmentée
par suite de modification apportée à l'effectif réglementaire de paix
par la décision ministérielle du   19 .*

CORPS D'ARMÉE.
—
PLACE
de

SERVICE DE L'HABILLEMENT

Corps. {

ÉTAT NUMÉRIQUE, par grade, indiquant de combien la masse
apportée à l'effectif réglementaire de paix par la

1	EFFECTIF par GRADE.				RICHESSE THÉORIQUE INDIVIDUELLE des				QUOTE-PART PAR HOMME dans l'approvisionnement du magasin commun	
	Sous-officiers (2)		Brigadiers, caporaux et soldats		sous-officiers		brigadiers, caporaux et soldats			
	montés	non montés	montés	non montés	montés	non montés	montés	non montés	monté	non monté
1	2	3	4	5	6	7	8	9	10	11
Effectif réglementaire de paix fixé par la décision ministérielle du 19	8	136	101	2.141						
Effectif réglementaire de paix fixé par la décision ministérielle du 19	8	132	105	2.155						
Diffé-rences { Augmentation	»	»	4	14	225 80	210 40	221 93	207 63	54 75	52 56
Diminution ..	»	4	»	»	225 80	210 40	221 93	207 63	54 75	52 56

CERTIFIÉ par nous (6), Membres du conseil d'administration, le présent cent vingt et un francs vingt-quatre centimes pour (3) augmentation de sa nature.

(1) Augmentée *ou* diminuée.
(2) Non compris les adjudants et assimilés.
(3) Augmentation *ou* diminution.
(4) Reçus *ou* passés.
(5) Percevoir *ou* verser.
(6) Membres du conseil d'administration, *ou*, s'il s'agit d'une section ou compagnie formant corps, grade du commandant.

ET DU CAMPEMENT.

MODÈLE N° 2.

Article 8 de l'Instruction.

FORMAT DU PAPIER :
Hauteur............ 0ᵐ 21
Largeur............ 0ᵐ 32

*d'habillement doit être (1) augmentée par suite de modification
décision ministérielle du* 19 .

RICHESSE THÉORIQUE TOTALE attribuée aux				DÉCOMPTE POUR LES				TOTAUX des COLONNES 16 à 19.	OBSERVATIONS.
sous-officiers (2)		brigadiers, caporaux et soldats		sous-officiers		brigadiers, caporaux ou soldats			
montés	non montés	montés	non montés	montés (colonnes 2 par 12).	non montés (colonnes 3 par 13).	montés (colonnes 4 par 14).	non montés (colonnes 5 par 15).		
12	13	14	15	16	17	18	19	20	21
280 55	262 96	276 68	260 19	»	»	1.106 72	3.642 66	4.749 38	
280 55	262 96	276 68	260 19	»	1.051 84	»	»	1.051 84	

(3) Augmentation de la masse du corps................. 3.697 54

Valeur des effets (4) reçus en nature................. 2.076 30

Reste à (5) percevoir................. 1.621 24

état, duquel il résulte que le corps doit (5) percevoir la somme de mille six
masse d'habillement, déduction faite de la valeur des effets (4) reçus en

Vérifié : A , le 19 .

Le Sous-Intendant militaire, Le

CORPS D'ARMÉE.
—
PLACE

de

SERVICE DE L'HABILLEMENT

RÉGIMENT

ÉTAT NUMÉRIQUE, *par grade, indiquant de combien la masse de l'effectif*

ANNÉES COMPARÉES	NOMBRE DE JOURNÉES de présence pendant l'année.		NOMBRE DE JOURNÉES d'absence pendant l'année.		NOMBRE TOTAL des JOURNÉES DE PRÉSENCE et d'absence pendant l'année		EFFECTIF MOYEN (colonnes 6 et 7 divisées par 365).	
	Sous-officiers (3)	Caporaux ou soldats.	Sous-officiers. (3)	Caporaux ou soldats.	Sous-officiers. (3)	Caporaux ou soldats.	Sous-officiers.	Caporaux ou soldats.
1	2	3	4	5	6	7	8	9
Année 1900	72.859	1.977.524	4.531	57.351	77.380	2.034.875	212	5.575
Année 1901	71.107	1.985.731	3.718	61.189	74.825	2.046.920	205	5.608
Différences { Augmentation..............							»	33
Différences { Diminution							7	»

CERTIFIÉ par nous (7), Membres du Conseil d'administration; le présent mille cinq cent vingt-quatre francs vingt-huit centimes pour (4) augmenta de la valeur des effets (5) en nature.

(1) *Ou* bataillon d'infanterie d'Afrique *ou* compagnie de discipline.
(2) *Augmentée ou* diminuée.
(3) Non compris les adjudants et assimilés.
(4) Augmentation *ou* diminution.
(5) Reçus *ou* passés.
(6) Percevoir *ou* verser.
(7) Membres du Conseil d'administration *ou* capitaine commandant

ET DU CAMPEMENT.

ÉTRANGER (1).

MODÈLE N° 3.

Article 8 de l'Instruction

FORMAT DU PAPIER.
Hauteur............ 0^m,21
Largeur............ 0^m,32

d'habillement doit être (2) augmentée par suite de variation moyen entretenu.

RICHESSE théorique individuelle des		QUOTE-PART par HOMME dans l'approvisionnement du magasin commun.	RICHESSE THÉORIQUE TOTALE attribuée à chaque		DÉCOMPTE.		TOTAL des COLONNES 15 et 16.	OSBERVATIONS.
sous-officiers.	caporaux ou soldats.		sous-officier.	caporal ou soldat.	Sous-officier.	Caporal ou soldat.		
10	11	12	13	14	15	16	17	18
164 19	163 01	49 78	213 97	212 75	»	7.022 07	7.022 07	
164 19	163 01	49 78	213 97	212 75	1.497 79	»	1.497 79	

Augmentation (4) de la masse du corps..... ..... 5.524 28

Valeur des effets (5) reçus en nature..... .... »

Reste à percevoir (6)............... 5.524 28

état, duquel il résulte que le corps doit (6) percevoir la somme de : cinq tion de sa masse d'habillement , déduction faite du montant

VÉRIFIÉ :
Le Sous-Intendant militaire,

A , le 1ᵉʳ janvier 19 .
Les Membres du Conseil d'administration,

GOUVERNEMENT MILITAIRE
d

ou

CORPS D'ARMÉE

ou

ᵉ RÉGION.

DÉPARTEMENT
d

MASSE D'HABILLEMENT

Mois d   19

QUITTANCE.

ACQUIT
imputable sur la revue du
ᵉ trimestre 19   pour (1)

(1) L'intérieur ou l'Afrique.

MODÈLE Nº 4.

SERVICE DE L'HABILLEMENT & DU CAMPEMENT

Article 10 de l'Instruction.

EXERCICE 19   .

1ʳᵉ SECTION. — TROUPES MÉTROPOLITAINES.
CHAPITRE   , ARTICLE   , PARTIE.

FORMAT DU PAPIER :

Hauteur......... 0ᵐ420.
Largeur......... 0ᵐ250.

Désigner le corps.........
Indiquer s'il s'agit du corps
   entier, du dépôt ou d'un
   détachement.
S'il s'agit d'un détachement,
   porter ici le nom et le
   grade du commandant.
Indiquer si le corps est en
   station et dans quelle
   place ; ou s'il est en route,
   le lieu du départ et celui
   de l'arrivée.

*ÉTAT collectif présentant par parties prenantes les droits
acquis par   pendant le mois d   aux
différentes primes de la masse d'habillement.*

INDICATIONS DIVERSES.	QUOTITÉ DES PRIMES.	NOMBRE DE JOURNÉES AYANT DONNÉ DROIT AUX PRIMES JOURNALIÈRES d'entretien et nombre de parties prenantes de primes fixes.					TOTAL DES JOURNÉES ET DES PARTIES PRENANTES.	DÉCOMPTE.
		ARMÉE ACTIVE			Réserve de l'armée active.	Armée territoriale.		
		D'après les feuilles de journées.	D'après les bordereaux récapitulatifs modèle nº 4.					
§ 1ᵉʳ. FONDS COMMUN DU CORPS.								
1ᵉ Prime journalière.....................								
2ᵉ Prime mensuelle.....................								
§ 2. FONDS PARTICULIERS DES COMPAGNIES, ESCADRONS OU BATTERIES.								
1° Primes journalières.								
Sous-officiers et soldats.....................								
Portion de la prime journalière perçue pour les militaires en subsistance dans les écoles militaires. — École supérieure de guerre... École normale de gymnastique et d'escrime.............. Toutes les autres écoles								
Portion de la prime journalière perçue pour les militaires en subsistance dans les corps où est organisé un peloton d'instruction.								

INDICATIONS DIVERSES.	QUOTITÉ DES PRIMES.	NOMBRE DE JOURNÉES AYANT DONNÉ DROIT AUX PRIMES JOURNALIÈRES d'entretien et nombre de parties prenantes de primes fixes.				TOTAL DES JOURNÉES ET DES PARTIES PRENANTES.	DÉCOMPTE.
		ARMÉE ACTIVE		Réserve de l'armée active.	Armée territoriale.		
		D'après les feuilles de journées.	D'après les bordereaux récapitula¹⁴ modèle n° 4.				
Suppléments journaliers. Quote-part de la prime journalière attribuée aux corps pour les militaires en subsistance dans les corps où est organisé un peloton d'instruction............................							
2° Primes fixes.							
Sous-officiers nommés élèves officiers dans une école militaire............................							
Sous-officiers (adjudants et chefs armuriers exceptés) promus officiers sans avoir suivi les cours d'une école militaire d'élèves officiers ou nommés à l'un des emplois indiqués au tarif n° 22 du décret du 11 janvier 1913; caporaux, brigadiers et soldats rengagés ou commissionnés nommés à l'un des emplois indiqués au tarif susvisé. Militaires de tous grades (adjudants, chefs armuriers et maîtres selliers exceptés) admis à la retraite ou réformés par congé n° 1...................							
					TOTAL du décompte............		

Certifié par nous (1)   le présent état montant à la somme de   pour primes diverses de masse d'habillement pendant le mois d   19 .

A   le   19

(1) Voir au recto.

(2) Cet état ne pourra être valablement arrêté que par un fonctionnaire de l'intendance militaire, sauf les exceptions prévues par l'article 26 du règlement sur la solde et les revues.

Le signataire inscrira lisiblement son nom et son grade.

AUGMENTATIONS PAR SUITE :

1° Des décomptes de libération des revues ;
2° De la rectification des revues ;
3° Des ordres particuliers du Ministre.
NOTA. — On devra détailler chaque article des augmentations.

DIMINUTIONS PAR SUITE :

1° Des décomptes de libération des revues ;
2° De la rectification des revues ;
3° Des ordres particuliers du Ministre ;
4° Pour valeur d'effets reçus des magasins administratifs.
NOTA. — On devra détailler chaque article des diminutions.

Montant des sous-délégations de crédits cumulés ....

Dernier crédit. { Numéro
{ Date

du registre des mandats.

(3) QUITTANCE.

NOTA. — La déclaration de quittance est semblable au présent modèle, sauf les modifications ci-après :

(3) Ajouter « déclaration de quittance ».
(4) « Déclarons avoir donné à », au lieu de « reconnaissons avoir reçu ».
(5) Quittance.

VU ET VÉRIFIÉ par nous (2)

employé

le présent état montant à............ ......

Il reste à mandater...........

Nous arrêtons, en conséquence, le présent état à la somme de
que nous mandons à M.
trésorier payeur général de
de payer à
pour les causes ci-dessus énoncées.
A   , le   19 .

Nous soussigné (1
reconnaissons avoir reçu (4) de M
trésorier-payeur général de   (5) la somme
de   portée au présent
mandat.
A   , le   19 .

°CORPS D'ARMÉE.

·PLACE D —

° TRIMESTRE 19 .

Désigner { le corps. {

MODÈLE N° 5.

Art. 11 de l'Instruction

Format : 0m,315 sur 0m,210.

MASSE D'HABILLEMENT.

ÉTAT faisant ressortir les primes fixes acquises au corps pendant le ° trimestre 19 .

DÉSIGNATION des		NOMS.	GRADES ou EMPLOIS.	MUTATIONS justifiant LES DROITS à la perception des primes fixes.	PRIMES FIXES.				NOMBRE de sous-officiers nommés élèves-officiers dans les écoles militaires et pour lesquels est due la prime fixe de	OBSERVATIONS.
Compagnies, escadrons ou batterie.	Numéros d'incorporation.				NOMBRE DE MILITAIRES ayant eu droit aux primes fixes.		Militaires de tous grades (adjudants, chefs armuriers et maîtres selliers exceptés) admis à la retraite ou réformés par congé n° 1.			
					1° Sous-officiers (adjudants et chefs armuriers exceptés) promus officiers sans avoir suivi les cours d'une école militaire d'élèves-officiers ou nommés à l'un des emplois indiqués au tarif n° 27 du décret du 11 janvier 1913 ; 2° Brigadiers, caporaux et soldats rengagés ou commissionnés nommés à l'un des emplois indiqués au tarif susvisé.				
					A pied 25 fr.	A cheval 30 fr.	A cheval 30 fr.	A pied 25 fr.		
				TOTAUX						

REPARTITION, entre les unités administratives, des primes fixes ressortant sur l'état d'autre part.

DÉSIGNATION des COMPAGNIES, escadrons ou batteries.	NOMBRE DE PRIMES FIXES ACQUISES à chaque unité administrative.				DÉCOMPTE par UNITÉ administrative.	OBSERVATIONS.
	à	à	à	à		
TOTAUX.....						

CERTIFIÉ par nous, Trésorier du corps, le présent état s'élevant à la somme de

A , le 19

VÉRIFIÉ :
Le Major,

VÉRIFIÉ :
Le Sous-Intendant militaire,

Modèle Nº 6.

° CORPS D'ARMÉE.

° DIVISION d

SERVICE DE L'HABILLEMENT. Art. 22 de l'Instruction

° BRIGADE.

° Trimestre 19   Corps.

FORMAT DU PAPIER :
Hauteur........... 0m,36
Largeur........... 0m,23

SERVICE COURANT.

Demande des matières, effets et objets nécessaires au corps pendant le   ° trimestre 19   .

NUMÉROS de la nomenclature par unité		DÉSIGNATION des MATIÈRES, EFFETS ET OBJETS.	UNITÉ RÉGLEMENTAIRE.	QUANTITÉS demandées.	PRIX de L'UNITÉ.	DÉCOMPTE.	OBSERVATIONS.
sommaire.	détaillée.						
		A REPORTER........					

NUMÉROS de la nomenclature par unité		DÉSIGNATION des MATIÈRES, EFFETS ET OBJETS.	UNITÉ RÉGLEMENTAIRE.	QUANTITÉS demandées.	PRIX de L'UNITÉ.	DÉCOMPTE.	OBSERVATIONS.
sommaire.	détaillée.						
		REPORT					
		TOTAL					

ARRÊTÉ la présente demande à la somme de

A , le 19 .

VÉRIFIÉ :

Le Major,

VU :

A , le 19 .

Le Sous-Intendant militaire,

Modèle N° 7.

Art. 22
de l'Instruction.

ÉTAT DE POINTURES

(1) Désignation du corps de troupe.
(2) Indication de la nature des effets.

(1)

ÉTAT de peintures des (2)

nécessaires   *pour assurer les besoins*

du   e trimestre 19 .

Article 22 de l'instruction

{ Capotes.
Manteaux.
Manteaux à capuchon.
Capots. }

SUBDIVISIONS.	TYPES ET QUANTITÉS — LONGUEUR DU DOS. Mesures de l'homme à partir de la base du collet jusqu'à terre, déduction faite de 0m.33.								GROSSEUR sous les bras. Mesures de l'homme.	GROSSEUR à la ceinture. Mesures de l'homme.	LARGEUR de la carrure. Mesures de l'homme.	LONGUEUR du collet. Mesures de l'homme.	OBSERVATIONS.
	A 130	B 126	C 122	D 118	E 114	F 110	G 106	H 102					
1	2	3	4	5	6	7	8	9	10	11	12	13	14
1									108	98	44	45	
2									102	90	42	44	
3									96	83	40	42	
4									90	77	38	40	

OBSERVATIONS.

Les dimensions portées dans les colonnes sont celles de l'homme ; elles sont exprimées en centimètres.

Les longueurs de manche (mesures prises à l'emmanchure) sont les suivantes :

A...68—64 }
B...66—62 } à couper par moitié pour chaque type
C...65—64 }
D...64—60 }

E...62—58 }
F...61—57 } à couper par moitié pour chaque type.
G...60—56 }
H...59—56 }

Les effets confectionnés doivent avoir, suivant le type et la subdivision auxquels ils appartiennent, les dimensions suivantes en plus des mesures prises sur l'homme :

CAPOTES.

	GROSSEUR sous les bras.	GROSSEUR à la ceinture.	LARGEUR de la carrure.	LONGUEUR du collet.
Infanterie et corps assimilés, génie et train des équipages militaires	0m.45	0m.44	0m.04	0m.06
Artillerie et télégraphie militaire...	0 45	0 78	0 44	0 06

MANTEAUX.

Cuirassiers et adjudants des troupes à cheval...	0 65	»	0 30	0 45
Pour les autres armes...	0 58	»	0 26	0 11

Manteaux à capuchon. | alpins. ... { La longueur de devant est égale à la longueur du dos diminuée de 10 centim. } | 0 16

Capots { Condamnés (travaux publics, pénitenciers et exclus)... } { La longueur du devant est égale à la longueur du dos diminuée de 10 centim. } | 0 22

Les longueurs de taille des capotes et manteaux de toutes armes confectionnés doivent être les suivantes :

0m.50 pour A et B. | 0m.44 pour E et F.
0 47 pour C et D. | 0 41 pour G et H.

Pour marquer les effets (manteau à capuchon excepté), on indiquera sur la doublure la lettre du type correspondant à la longueur du dos, ainsi que le numéro de la subdivision correspondant à la grosseur sous les bras et, respectivement au-dessous, les nombres correspondant à cette lettre et à ce numéro, ainsi que la longueur des manches.

Exemple :

Une capote confectionnée pour un homme mesurant... { 1m.14 de longueur du dos. 0 96 de grosseur sous les bras. 0 62 de longueur des manches. }

sera marquée comme ci-après :

E—3
114—96—62

Pour marquer le manteau à capuchon, on indiquera sur la pièce de toile la lettre du type correspondant à la longueur du dos, et, au-dessous, le nombre de centimètres exprimant cette longueur.

Exemple :

Un manteau à capuchon mesurant 1m.14 de longueur sera marqué

E.
114

Vu :   A , le 19 .
Le Sous-Intendant militaire.   Vérifié :   L.
Le Major,

* CORPS · D'ARMÉE.　　　　(1)　　　　MODÈLE N° 7 B.

Article 22 de l'Instruction.

(1) Désignation du corps de troupe.
(2) Indication de la nature des effets en y ajoutant la mention : sous-officier ou soldat.

ÉTAT de pointures des (2) *nécessaires au corps pour assurer les besoins du* ᵉ *trimestre* 19 .

{ Tuniques. / Tuniques amples. / Vestes. } { Vareuses-dolmans. / Vareuses. }

SUBDIVISIONS	TYPES ET QUANTITÉS — Longueur des tailles / Mesures de l'homme					GROSSEUR sous LES BRAS	GROSSEUR à la CEINTURE	LARGEUR de CARRURE	LONGUEUR du COLLET
	A	B	C	D	E	Mesures de l'homme	Mesures de l'homme	Mesures de l'homme	Mesures de l'homme
	48	46	44	42	40				
1	2	3	4	5	6	7	8	9	10
1						103	98	44	45
2						106	94	44	45
3						102	90	42	44
4						100	86	42	44
5						96	83	40	42
6						94	80	40	42
7						90	77	38	40
8						88	74	36	40

OBSERVATIONS.

Les dimensions portées dans les colonnes sont celles de l'homme : elles sont exprimées en centimètres.

Les longueurs de manche (mesures prises à l'emmanchure) sont les suivantes dans chaque type :

Tuniques, tuniques amples, vestes.

A...68—66 { 1/3 68 ; 2/3 66.
B...66—64—62 } 1/3 de chaque
C...64—62—60 (longueur.
D...62—60—58)
E...58—56 { 2/3 58 ; 1/3 56.

Vareuses, vareuses-dolmans.

A....65—66)
B....65—63)
C....62—60 } à couper par moitié.
D....60—58)
E....58—56)

Les effets confectionnés doivent avoir, suivant le type et la subdivision auxquels ils appartiennent, les dimensions suivantes en plus des mesures prises sur l'homme :

	LON-GUEUR des tailles.	GROSSEUR sous LES BRAS.	GROSSEUR à la CEINTURE.	LARGEUR de carrure.	LON-GUEUR du collet.
TUNIQUE.					
Section de commis et ouvriers d'administration, secrétaires d'état-major, infirmiers militaires, infanterie, chasseurs à pied, régiments étrangers, infanterie légère, compagnies de discipline (cadres).............	0ᵐ015	0ᵐ12	0ᵐ08	.	0ᵐ02
Génie, cavaliers de manège.	0.01	0.12	0.01	.	0.02
TUNIQUE AMPLE.					
Cavalerie.................	0.02	0.16	0.14	.	0.02
VESTE D'ORDONNANCE.					
Infanterie et corps assimilés, génie.............	0.16	0.14	0.12	.	0.02
Chasseurs d'Afrique et cavaliers de remonte en Afrique, artillerie, train des équipages, télégraphie militaire, cavaliers de manège........	0.15	0.14	0.20	.	0.02
VESTE DE TRAVAIL.					
Des sous-officiers d'artillerie et des cavaliers de remonte argonniers.....	0.12	0.14	0.14	.	0.02
Des sections de commis et ouvriers militaires d'administration.........	0.10	0.14	0.14	.	0.03
VAREUSE-DOLMAN.					
Chasseurs alpins..........	0.20	0.14	0.14	.	0.03
VAREUSE.					
Condamnés et exclus....	0.35	0.44	0.56	0.26	0.65

Pour marquer les effets, on indiquera sur la doublure la lettre du type correspondant à la longueur de la taille de l'homme, ainsi que le numéro de la subdivision correspondant à la grosseur sous les bras et, respectivement au-dessous, les nombres correspondant à cette lettre et à ce numéro ainsi que la longueur des manches.

Exemple :

Une tunique confectionnée pour un homme mesurant.............. { 0ᵐ46 de longueur de taille, { 1ᵐ05 de grosseur sous les bras, { 0ᵐ65 de longueur de manches.

sera marquée comme ci-après : B—2 / 46—105—65

A　　, le　　　19 .

L

VU :
Le Sous-Intendant militaire.

VÉRIFIÉ :
Le Major.

(1) Désignation du corps de troupe.
(2) Indication de la nature des effets en y ajoutant la mention : sous-officier ou soldat.

ÉTAT de peintures des (2) .... nécessaires au corps pour assurer les besoins du   e trimestre 19   .

{ Pantalons d'ordonnance.
{ Culotte.

TYPES.	SUBDIVISIONS.	LONGUEUR D'ENTRE-JAMBES. Mesures de l'homme.	GROSSEUR de CEINTURE. Mesures de l'homme.	QUANTITÉS	OBSERVATIONS.
1	2	3	4	5	6
A	1	92	98		
	2		92		
	3		86		
	4		80		
B	1	89	98		
	2		92		
	3		86		
	4		80		
C	1	86	96		
	2		90		
	3		84		
	4		78		
D	1	83	96		
	2		90		
	3		84		
	4		78		
E	1	80	94		
	2		88		
	3		82		
	4		76		
F	1	77	94		
	2		88		
	3		82		
	4		76		
G	1	74	92		
	2		86		
	3		80		
	4		74		
H	1	71	92		
	2		86		
	3		80		
	4		74		
I	1	68	92		
	2		86		
	3		80		
	4		74		

OBSERVATIONS.

La longueur du côté est supérieure à celle d'entre-jambes, de :

1° Pour les pantalons d'ordonnance. { 0ᵐ.28 pour les types A, B, C.
{ 0ᵐ.27 pour les types D, E, F.
{ 0ᵐ.26 pour les types G, H, I.

2° Pour les culottes .... { 0ᵐ.38 pour les types A, B, C.
{ 0ᵐ.37 pour les types D, E, F.
{ 0ᵐ.36 pour les types G, H, I.

On prend cette dernière mesure pour les culottes, de la couture de la ceinture au bas de la manchette en suivant le passepoil.

Les dimensions portées dans les colonnes sont celles de l'homme ; elles sont exprimées en centimètres.

Les effets confectionnés doivent avoir, suivant le type auquel ils appartiennent, les dimensions suivantes, en plus ou en moins des mesures prises sur l'homme :

PANTALON D'ORDONNANCE

1° 6 centimètres en plus de la grosseur de ceinture portée dans la colonne 4, y compris le soufflet;

2° La longueur d'entre-jambes reste telle que l'indique le chiffre porté dans la colonne 3.

CULOTTE.

1° 6 centimètres en plus de la grosseur de ceinture portée dans la colonne 4, y compris le soufflet;

2° 5 centimètres en moins de la longueur d'entre-jambes portée dans la colonne 3.

Pour marquer les effets, on indiquera sur la doublure la lettre du type correspondant à la longueur d'entre-jambes, ainsi que le numéro de la subdivision correspondant à la grosseur de ceinture, et, respectivement au-dessous, les nombres correspondant à cette lettre et à ce numéro.

Exemple :

Un pantalon ou une culotte pour un homme { 0ᵐ89 de longueur d'entre-jambes, mesurant .... { 0 80 de grosseur de ceinture,

sera marqué ainsi :

$$\frac{B—}{89—0}$$

Vu :
Le Sous-Intendant militaire.

Vérifié :
Le Major.

A   , le   19

(1) Désignation du corps de troupe.
(2) Indication de la nature des effets, en y ajoutant la mention : sous-officier ou soldat.

(1)

Article 2? de l'Instruction.

ÉTAT de pointures des (2)
nécessaires au corps pour assurer les besoins du e *trimestre* { Pantalons.
19

TYPES	SUBDIVISIONS	LONGUEUR de côté — Mesures de l'homme	GROSSEUR de ceinture — Mesures de l'homme	QUANTITÉS
1	2	3	4	5
A	1	120	98	
A	2		92	
A	3		86	
A	4		80	
B	1	117	98	
B	2		92	
B	3		86	
B	4		80	
C	1	114	96	
C	2		90	
C	3		84	
C	4		78	
D	1	110	96	
D	2		90	
D	3		84	
D	4		78	
E	1	107	94	
E	2		88	
E	3		82	
E	4		76	
F	1	104	94	
F	2		88	
F	3		82	
F	4		76	
G	1	100	92	
G	2		86	
G	3		80	
G	4		74	
H	1	97	92	
H	2		86	
H	3		80	
H	4		74	
I	1	95	92	
I	2		86	
I	3		80	
I	4		74	

OBSERVATIONS (colonne 6).

Les dimensions portées dans les colonnes sont celles de l'homme : elles sont exprimées en centimètres.

La longueur de côté du pantalon, y compris la toile à coulisse, mais non compris la ceinture, est égale à la longueur de côté de l'homme diminuée d'un sixième. Toutefois, si le nombre de centimètres ainsi obtenu n'est pas entier, on prendra, au lieu de ce nombre, le nombre entier immédiatement supérieur. Le tableau ci-dessous indique la correspondance :

LONGUEUR de côté		LONGUEUR de côté		LONGUEUR de côté	
de l'homme.	de l'effet.	de l'homme.	de l'effet.	de l'homme.	de l'effet.
120	100	110	91	100	83
117	97	107	89	97	80
114	95	104	86	95	79

La longueur d'entre-jambes se mesure dans la direction de la braguette, du bas de la ceinture à la partie inférieure de l'effet.

Cette longueur est invariablement inférieure de 15 centimètres à la longueur de côté du pantalon, cette dernière longueur étant mesurée comme il est dit plus haut.

La grosseur de ceinture du pantalon est égale à la grosseur de ceinture mesurée par-dessus le pantalon, portée dans la colonne 4.

Pour marquer les pantalons, on indiquera sur la doublure la lettre du type correspondant à la longueur de côté, ainsi que le numéro de la subdivision correspondant à la grosseur de ceinture et, respectivement au-dessous, les nombres correspondant à cette lettre et à ce numéro.

Exemple :

Un pantalon confectionné pour un homme mesurant { 1m,17 de longueur de côté, 70c,80 de grosseur de ceinture. sera marqué comme ci-après :

B—4
117—80

Vu : A le 19

Le Sous-Intendant militaire. VÉRIFIÉ :
Le Major,

(1) Désignation du corps de troupe.
(2) Indication de la nature des effets, en y ajoutant la mention sous-officier ou soldat.

(1)

ÉTAT de pointures des (2)
nécessaires au corps pour assurer les besoins du   e *trimestre*
19

Article 22 de l'Instruction

{ Vestes.

SUBDIVISIONS	TYPES ET QUANTITÉS — Longueur des tailles. Mesures de l'homme.					GROSSEUR		LARGEUR de CARRURE.	LONGUEUR d'ENCOLURE.	OBSERVATIONS.
	A 48	B 46	C 44	D 42	E 40	sous LES BRAS. Mesures de l'homme.	à la CEINTURE. Mesures de l'homme.			
1	2	3	4	5	6	7	8	9	10	11
1						108	93	44	41	
2						106	94	44	41	
3						102	90	42	40	
4						100	86	42	40	
5						96	83	40	38	
6						94	80	40	38	
7						90	77	38	36	
8						88	74	36	34	

OBSERVATIONS.

Les dimensions portées dans les colonnes sont celles de l'homme; elles sont exprimées en centimètres.

Les longueurs des manches (mesures prises à l'emmanchure) sont les suivantes :

A....68—66   1/3 68; 2/3 66.
B....66—64—62)
C....64—62—60 } 1/3 de chaque longueur.
D....62—60—58)
E....58—56   2/3 58; 1/3 56.

Les vestes confectionnées doivent avoir, suivant le type et la subdivision auxquels elles appartiennent, les dimensions suivantes en plus des mesures prises sur l'homme :

LONGUEUR des TAILLES.	GROSSEUR		
	sous LES BRAS.	à la CEINTURE.	du cou DE L'HOMME.
0m,03	0m,10	0m,14	0m,09

Pour marquer les vestes, on indiquera, sur la doublure, la lettre du type correspondant à la longueur de la taille de l'homme, ainsi que le numéro de la subdivision correspondant à la grosseur sous les bras et, respectivement au-dessous, les nombres correspondant à cette lettre et à ce numéro, ainsi que la longueur des manches.

Exemple :

Une veste confectionnée pour un homme mesurant : { 0m46 de longueur de taille, { 1 02 de grosseur sous les bras, { 0 63 de longueur de manches.

sera marquée comme ci-contre :   B—3 / 46—102—63

Vu :
Le Sous-Intendant militaire,

Vérifié :
Le Major,

A   , le   19

' CORPS D'ARMÉE

(1) Désignation du corps de
troupe.
(2 Indication de la nature
des effets

Zouaves et Tirailleurs.

(1) _______

MODÈLE Nº 7r.

Art. 22 de l'Instruction

*ÉTAT de peintures des (2)
nécessaires au corps pour assurer lesbesoins du   e trimestre 19*

} Collets à capuchon

TYPES.	LONGUEUR DE DOS du collet.	QUANTITÉS à COUPER.	OBSERVATIONS.
A.	83		La longueur du devant est invariablement inférieure de 18 centimètres à la longueur de dos du collet à capuchon. Les marques à apposer sur les collets à capuchon consistent en un petit rectangle dans lequel figure la lettre du type. Exemple : A

VU :
Le Sous-Intendant militaire,

A   le

VÉRIFIÉ :
Le Major,

L

Zouaves et Tirailleurs.

* CORPS D'ARMÉE.

(1)

ÉTAT de pointures des (2) nécessaires au corps pour assurer les besoins du ᵉ trimestre 19 . } Gilets.

Art. 22 de l'Instruction

(1) Désignation du corps de troupe.
(2) Indication de la nature des effets, en y ajoutant la mention : *sous-officier* ou *soldat.*

SUBDIVISIONS.	TYPES ET QUANTITÉS					GROSSEUR		OBSERVATIONS.
	Longueur des tailles.					sous LES BRAS.	à la CEINTURE	
	Mesures de l'homme.					Mesures de l'homme.	Mesures de l'homme.	
	A	B	C	D	E			
	48	46	44	42	40			
1	2	3	4	5	6	7	8	9
1						108	98	
2						106	94	
3						102	90	
4						100	86	
5						96	83	
6						94	80	
7						90	77	
8						88	74	

Observations (col. 9) :

Les dimensions portées dans les colonnes sont celles de l'homme ; elles sont exprimées en centimètres.

Les gilets confectionnés doivent avoir :
La même longueur que la longueur de taille de l'homme, 0ᵐ,04 en plus de grosseur sous les bras, 0ᵐ 04 en plus de grosseur de ceinture.

Pour marquer les gilets, on indiquera sur la doublure la lettre du type correspondant à la longueur de taille de l'homme, ainsi que le numéro de la subdivision correspondant à la grosseur sous les bras, et, respectivement au-dessous, les nombres correspondant à cette lettre et à ce numéro.

Exemple :

Un gilet confectionné pour un homme mesurant.......... { 0ᵐ,46 de longueur de taille, 1ᵐ,02 de grosseur sous les bras, } sera marqué comme ci-après :

B — 3
46—102

Vu :
Le Sous-Intendant militaire,

A , le 19 .

Vérifié :
Le Major

'CORPS D'ARMÉE.

(1) Désignation du corps
de troupe.
(2) Indication de la na-
ture des effets.

(1)

SPAHIS.

MODÈLE N° 7ᵇ.

Art. 22 de l'Instruction.

Format du papier :

Hauteur.......... 0ᵐ,32
Largeur.......... 0ᵐ,21

{ Burnous.

ÉTAT de pointures des (2)   *nécessaires au corps*
pour assurer les besoins du   ᵉ *trimestre 19* .

TYPES.	MESURES DE L'HOMME à partir de la base du collet jusqu'à terre déduction faite de 0ᵐ,05 LONGUEUR		QUANTITÉS.	OBSERVATIONS.
	de devant.	de derrière		
A	1,68	1,58		
B	1,64	1,54		
C	1,60	1,50		
D	1,56	1,46		
E	1,52	1,42		
F	1,48	1,38		
G	1,44	1,34		
H	1,40	1,30		

A   , le   19 .

Vu :   L

Le Sous-Intendant militaire,

VÉRIFIÉ :

Le Major :

CORPS D'ARMÉE.

MODÈLE Nº 8.

Art. 22 de l'Instruction.

(1) Désignation du corps de troupe.
(2) Indication de la nature des effets en y ajoutant la mention : *sous-officier ou soldat.*

(1)

ÉTAT de pointures des (2)   nécessaires au corps pour
assurer les besoins du   º trimestre 19   .

Képis.
Casquettes.
Casques.
Shakos.

NUMÉROS.	TOUR DE TÊTE.	QUANTITÉS	TYPES DE VISIÈRES affectés aux pointures.	OBSERVATIONS.
1	0,53			
2	0,54		Nº 1	
3	0,55			
4	0,56			
5	0,57		Nº 2	
6	0,58			
7	0,59			
8	0,60			
9	0,61		Nº 3	
10	0,62			
11	0,63			

A   , le   19   .

Vu :   L

Le Sous-Intendant militaire,

Vérifié :

Le Major,

• CORPS D'ARMÉE.

MODÈLE N° 9

Art. 22 de l'Instruction

(1)

Etat de pointures des (2)   *nécessaires au corps pour*
assurer les besoins du   ° *trimestre 19*   . .   { Brodequins. / Souliers. }

NUMÉROS des POINTURES.	SUBDIVISIONS ET QUANTITÉS.					OBSERVATIONS.
	1re GROSSEUR.	2e GROSSEUR.	3e GROSSEUR.	4e GROSSEUR.	TOTAL.	
26						
27						
28						
29						
30						
31						
32						
33						
TOTAUX.						

A   , le   19 .

VU :
Le Sous-Intendant militaire,

VÉRIFIÉ :
Le Major,

MODÈLE N° 10.

Art. 2
de l'Instruction.

Désignation
du corps de troupe.

EFFETS D'HABILLEMENT

A CONFECTIONNER SUR MESURES

compris sur la demande du

OBSERVATION ESSENTIELLE.

Conformément aux prescriptions ministérielles, c'est le confectionneur qui doit donner aux effets les suppléments déterminés par les tableaux de pointures ; par conséquent, les mesures portées sur le présent état, prises comme il est dit ci-contre, doivent représenter bien exactement les dimensions *des hommes* et non celles des effets confectionnés.

NUMÉROS D'INCORPORATION.	NOMS.	GRADES.	DÉSIGNATION DES EFFETS DES HOM[MES]				Vestes		Pantalons		
			Capotes.	Manteaux d'adjudants montés.	Collets mobiles de manteaux d'adjudants montés.	Tuniques.	d'ordonnance.	de travail.	d'ordonnance.	Culottes.	Képis.
		Tambour-major.........				1					
		Sergent-major Id.....							1 / 1		
		Sergent......	1			»					1
		Sergent-fourrier........	»			1					»
		Total des effets de sous-officiers.	1		»	1			2		1
		Caporal.....	1				1		1		
		Total des effets de caporaux et de soldats..............	1				1		1		

NOTA — Indiquer dans la colonne d'observations, en regard de chaque nom, s'il y a lieu dans la coupe de tenir compte de proéminences ou conformations particulières de certaines parties du corps, que l'on rencontre parfois chez les sous-officiers d'un certain âge et chez les hommes de tailles exceptionnelles, telles que : estomac bombé, dos rond, poitrine rentrée, cou court, bassin très fort (donner les dimensions), etc.

Vu :

Le Sous-Intendant militaire.

...MES.	DIMENSIONS. (mesures réelles de l'homme) POUR LES												OBSERVATIONS.
	Capotes, manteaux, collets mobiles de manteaux, tuniques et vestes.							Pantalons.				Képis.	
	Longueur				Grosseur		Largeur de carrure.	Longueur		Grosseur de ceinture.		Grosseur de la tête.	
	de dos.	du collet.	des manches.	de taille.	sous les bras.	à la ceinture.		de côté.	d'entre-jambes.				

A , le 19

L.

Vérifié :

Le Major,

• *CORPS D'ARMÉE*

Place d

Modèle N° 11.

Art. 22
de l'Instruction. § 6.

Désignation
du corps de troupe.

Bulletin constatant la vérification du matériel livré ou expédié le   par le magasin administratif
d   *en exécution de l'ordre* (indication de l'autorité et de la date).

DÉSIGNATION DES MATIÈRES, effets ou objets.	QUANTITÉS		NOM du FABRICANT ou du confectionneur. (A)	ANNÉE et TRIMESTRE de fabrication ou de confection	ÉPOQUE de l'admission par la commission de réception. (B)	OBSERVATIONS et PROPOSITIONS du conseil d'administration.	AVIS du sous-intendant militaire.	DÉCISION ou AVIS du directeur de l'intendance du corps d'armée.	DÉCISION du MINISTRE.
	LIVRÉES ou expédiées.	CRITIQUÉES.							

(A) Ou magasin de réception, s'il s'agit d'effets confectionnés depuis le 1ᵉʳ janvier 1885.
(B) Et l'indication de cette commission, si elle a procédé à la réception postérieurement au 1ᵉʳ janvier 1885.

A   , le   19 .

Les Membres du Conseil d'administration,

ou

Le (désigner le grade) *commandant,*

<table>
<tr><td>ᵉ TRIMESTRE 19</td><td rowspan="2">MASSE D'HABILLEMENT.</td><td>MODÈLE Nᵒ 12.</td></tr>
<tr><td>Nᵒ</td><td>Art. 59
de l'Instruction.</td></tr>
</table>

(1) Corps.
(2) Compagnie, escadron ou batterie.

(1)

(2)

FORMAT DU PAPIER :
Hauteur...... 0ᵐ,32
Largeur...... 0ᵐ,21

ÉTAT indiquant le nombre de feuilles de colis postaux délivrées aux hommes libérés pour le renvoi de leurs effets militaires (ᴮ).

NUMÉROS D'INCORPORATION.	NOMS.	GRADES et EMPLOIS.	MUTATIONS COMPLÈTES et indication du lieu où les hommes se retireront (commune et département).	POIDS DU COLIS.	PRIX de la feuille de colis postal, y compris la vignette, si le colis doit être déposé dans un bureau de poste.	SOMMES remises aux militaires libérés pour taxes à acquitter par eux. — Taxes supplémentaires à payer pour les colis reçus (ᴀ).	TOTAUX par l'homme.	ÉMARGEMENT POUR REÇU.
				TOTAL...............				

ARRÊTÉ à la somme de

(ᴀ) Postaux originaires *ou* à destination des chemins de fer du Médoc, transitant *ou* ayant transité par Bordeaux, et prix du tarif à acquitter directement par l'expéditeur pour les colis postaux expédiés de la Corse, de l'Algérie *ou* de la Tunisie, *ou* à destination de la Corse, de l'Algérie *ou* de la Tunisie.

(ᴮ) Ce modèle sert également pour les feuilles délivrées aux hommes pour leur permettre de faire venir leurs effets civils.

, le   19 .

Le Capitaine,

VÉRIFIÉ :

Le Major,

VU :

Le Sous-Intendant militaire,

MODÈLE Nº 13.

Art. 64 de l'Instruction.

Format du papier :
Hauteur......... 0ᵐ,32
Largeur........ 0ᵐ,21

Nº
au registre-journal.

* TRIMESTRE.

(1) Compagnie, batterie ou escadron.

Corps. {

(1) {

BULLETIN *de versement des effets et objets classés hors de service.*

	SORTIES.					ENTRÉES.				
NUMÉROS de la classification		DÉSIGNATION des EFFETS ET OBJETS.	UNITÉS réglementaires.	QUANTITÉS VERSÉES		NUMÉROS de la classification		UNITÉS réglementaires.	QUANTITÉS.	OBSERVATIONS.
sommaires.	détaillés.			en toutes lettres.	en chiffres.	sommaires.	détaillés.			
1	2	3	4	5	6	7	8	9	10	11

NOTA. — Les colonnes 1 à 6 sont remplies par le commandant de la compagnie, et les colonnes 7 à 10 par l'officier d'habillement.

SORTIES.						ENTRÉES.				OBSERVA-
NUMÉROS de la classification		DÉSIGNATION des	UNITÉS réglementaires.	QUANTITÉS VERSÉES		NUMÉROS de la classification		UNITÉS réglementaires.	QUANTITÉS.	
sommaires.	détaillés.	EFFETS ET OBJETS.		en toutes lettres.	en chiffres.	sommaires.	détaillés.			TIONS
1	2	3	4	5	6	7	8	9	10	11

Certifié le présent bulletin aux quantités énoncées ci-dessus aux sorties.

A , le 19 .

Le Capitaine,

Reçu et pris en charge les quantités indiquées aux entrées.

Vérifié : A , le 19

Le Major, *L'Officier d'habillement,*

MODÈLE N° 14.

Art. 45
de l'instruction.

FORMAT DU PAPIER :

Hauteur..... 0ᵐ,32.
Largeur..... 0ᵐ,24.

TRIMESTRE 19 .

(1) ° compagnie, ° batterie, ° escadron.

SERVICE
DE L'HABILLEMENT.

Corps.

(1)

ETAT *indiquant le matériel appartenant à la masse d'habillement, perdu par la faute des hommes qui en étaient détenteurs.*

NU-MÉROS d'incorporation. 1	NOMS. 2	GRADES. 3	NOMBRE et DÉSIGNATION des objets. 4	MOTIFS de LA PERTE. 5	VALEUR des effets perdus. 6	OBSERVATIONS. On expliquera dans cette colonne, s'il y a lieu, les chiffres de la col. 6. 7

CERTIFIÉ par nous le présent état, pour servir à la sortie, dans les comptes du ° trimestre 19 , des effets qui y sont indiqués.

A , le
Le Capitaine,

VÉRIFIÉ :
Le Chef de bataillon,

Format du pa-
pier......... { Hauteur : 0m,380.
{ Largeur : 0m,245.
Cadre de justi- { Hauteur : 0m,310.
fication ...... { Largeur : 0m,230.

(1) Compagnie, escadron ou batterie.

MODÈLE Nº 15.

Article 75
de l'Instruction.

ANNÉE

ᵉ REGIMENT D

(1)

REGISTRE DES ENTRÉES ET DES SORTIES

1ʳᵉ PARTIE

MAGASIN DE (1)

RÉSULTATS SOMMAIRES DES RECENSEMENTS INOPINÉS (1).

---

(1) Toutes les fois qu'il est procédé à un recensement inopiné, l'autorité qui a fait ce recensement consigne sur la présente page le résultat de son opération (concordance, excédent ou déficit).

Elle date et signe cette mention.

INSTRUCTION POUR LA TENUE DU PRÉSENT REGISTRE

Le présent registre est divisé en deux parties brochées séparément.

La première comprend les matières et les effets existant dans le magasin de l'unité administrative, y compris les effets de la collection n° 1 affectés et qui sont déposés au magasin.

La deuxième partie tient lieu de registre-journal des distributions et des réintégrations.

Dans les deux parties, les effets sont inscrits dans l'en-tête, savoir :

1° Les matières, effets et objets de la 1re portion ;

2° Les matières, effets et objets de la 2e portion.

Dans chacun de ces groupes le matériel est inscrit suivant l'ordre de la nomenclature.

OBSERVATIONS GÉNÉRALES.

Les effets de toute nature dont la valeur est à la charge des fonds particuliers sont la propriété de l'unité qui les a reçus. Ils doivent figurer sur le registre des entrées et des sorties de cette unité.

La réintégration de ceux qui sont en service est faite au magasin de l'unité et est inscrite sur ce registre. Il est fait exception à cette règle pour les effets composant la tenue de ville des sous-officiers rengagés ou commissionnés. Ces effets étant portés définitivement en sortie au moment de leur distribution, leur réintégration n'est inscrite qu'au registre de comptabilité (3e partie, § 8).

Les effets à la charge du fonds commun qui sont mis gratuitement à la disposition des unités sont inscrits au registre de comptabilité trimestrielle (2e partie).

DISPOSITIONS SPÉCIALES A LA 1re PARTIE.

Les entrées « réelles » (effets, matières et objets reçus du magasin commun, d'autres unités ou d'autres corps) et les sorties « réelles » (effets et objets abandonnés aux hommes libérés, cédés à d'autres unités ou à d'autres corps, matières employées aux réparations, effets versés au magasin commun et perdus par cas de force majeure) sont inscrites par ordre de date. Il en est de même en ce qui concerne les déclassements d'effets en magasin (entrées et sorties d'ordre) : mais cette dernière opération ne doit être faite, autant que possible, qu'à la fin de chaque mois ou de chaque trimestre, afin d'éviter un trop grand nombre d'inscriptions au registre.

Les « distributions » et « réintégrations » (sorties et entrées d'ordre) ne font également l'objet que d'une seule inscription, sur le présent registre, où sont reportés au dernier jour du mois les résultats de la totalisation mensuelle des distributions et des réintégrations de la 2e partie.

Les remontages de chaussures en magasin font l'objet d'inscriptions au présent registre (sortie réelle aux classements « bon ou instruction » et l'entrée réelle au classement « très bon »). Les remontages de chaussures en service sont interdits en principe.

En cas de cession d'effets d'une unité à une autre stationnée dans la même place, le capitaine réceptionnaire donne décharge par une signature apposée dans la colonne d'émargement sur le registre du capitaine livrancier.

Pour les versements d'effets hors de service, qui ont lieu au commencement du dernier mois de chaque trimestre, la décharge est donnée sur le registre par l'officier d'habillement.

Les effets des hommes cessant, pour une cause quelconque, d'appartenir à l'unité, doivent toujours être réintégrés en magasin et remis en état avant d'être distribués à nouveau. Les effets abandonnés aux hommes libérés font l'objet d'une entrée d'ordre à la 2e partie et d'une sortie « réelle » à la 1re partie du registre des entrées et sorties. On opère de même pour les pertes ou cessions d'effets en *service*. Les effets *apportés* par les hommes venus d'autres unités ou d'autres corps font l'objet d'une entrée réelle à la 1re partie du registre et d'une sortie (distribution) à la 2e partie.

Bons mensuels. — L'inscription, au présent registre, des bons mensuels, tient lieu d'enregistrement. Le montant de chaque bon est inscrit, pour mémoire, dans la colonne « Décompte ». La valeur des effets reçus (ou cédés à) d'autres unités ou d'autres corps est également mentionnée dans cette colonne.

Cette double inscription des entrées à charge de payement et des sorties contre remboursement permet de rapprocher les opérations-matières des opérations-deniers de l'unité, les mêmes renseignements figurant sur les comptes trimestriels du fonds particulier.

Totalisation et balance trimestrielle. — Le registre des entrées et sorties, 1re partie, de l'unité est totalisé et balancé à la fin de chaque trimestre. Pour obtenir le chiffre total des matières, effets et objets en compte à la compagnie, les effets et objets en service sont reportés sous les totaux des existants en magasin ayant le même classement (B et I) sous la rubrique « en service ».

L'effectif de la compagnie au dernier jour du trimestre, le barème de la richesse théorique individuel et les états nominatifs des hommes non pourvus de tous les effets réglementaires (A) ou pourvus d'effets spéciaux (B), fournissent les éléments permettant de se rendre compte de l'exactitude des chiffres portés comme existant en service.

Le registre est également arrêté en cas de mobilisation.

Lors de la remise à faire du matériel par suite de changement du commandant de l'unité administrative, ou lorsqu'il s'agit d'une vérification dans le courant du trimestre, la totalisation est faite au crayon.

Arrêté annuel. — Au 31 décembre, le registre est arrêté et certifié exact et conforme à l'inventaire estimatif du fonds particulier qui est envoyé, en même temps que ledit registre, à l'officier d'habillement.

Le registre, soumis ensuite, avec l'inventaire, à la vérification du major, est renvoyé à l'unité où il est conservé pendant un an avant d'être versé aux archives du corps.

Nota. — Comme procédé rapide de vérification de ce registre, on indique le suivant : Au nombre *total* d'effets en magasin et en service existant au dernier jour d'un trimestre, ajouter les entrées *réelles* du trimestre suivant et de cette somme retrancher les sorties réelles de ce même trimestre ; la différence doit être en concordance avec le total des effets accusés par l'arrêté de ce dernier trimestre.

DISPOSITIONS SPÉCIALES A LA 2e PARTIE.

Les effets distribués ou réintégrés sont indiqués dans les colonnes par l'indice de leur classement (N, B, I) au moment où l'opération est effectuée. Aucun effet d'habillement ou d'équipement en service ne peut être déclassé qu'après réintégration au magasin de l'unité.

Les effets emportés par les hommes cessant, pour une cause quelconque, d'appartenir à l'unité et qui ne sont pas renvoyés doivent toujours être réintégrés en écritures à la 2e partie, puis portés en sortie à la 1re partie du registre.

Totalisation et reports mensuels. — Les distributions et les réintégrations sont totalisées à la fin de chaque mois et les totaux sont reportés respectivement aux entrées et aux sorties de la 1re partie, dans les colonnes correspondant au classement des effets et objets (N. B. I.).

Lors de la remise à faire du matériel par suite du changement du commandant de l'unité administrative, ou lorsqu'il s'agit d'une vérification dans le courant du mois, la totalisation est faite au crayon.

La première moitié du registre est réservée aux distributions ; la deuxième moitié aux réintégrations.

La deuxième partie du registre des entrées et des sorties est de durée indéterminée ; après épuisement des feuilles, il est conservé pendant deux ans dans les archives de l'unité.

A. — *État nominatif des hommes non pourvus de tous les effets réglementaires.*

NUMÉROS MATRICULES.	NOMS.	GRADES.	EFFETS MANQUANTS.												CAUSES qui ont empêché la distribution des effets.
			CAPOTES.	TUNIQUES.	VESTES.	PANTALONS.									
2860	ALBERT......	Soldat de 2e classe	RI	B											

NOTA. — Les effets sont inscrits dans chaque colonne avec l'indice de leur cl·ssement (B., I.).

B. — *Etat nominatif des hommes pourvus d'effets spéciaux* (ordonnances d'officiers montés, vélocipédistes, etc.).

NOMS.	GRADES.	EFFETS SPÉCIAUX.									CAUSES de la DISTRIBUTION.
Totaux au 31 décembre.............											

Nota. — Inscrire sur cet état tous les hommes pourvus d'effets non compris dans les barèmes.

e TRIMESTRE 19 .

NUMÉROS D'ORDRE	DATES des ENTRÉES et des SORTIES	DÉTAIL	NUMÉROS DE LA NOMENCLATURE	12 — 6 CAPOTES.				29 — 1 PANTALONS de SOUS-OFFICIER			29 — 2 PANTALONS DE SOLDAT				31 — 2 TUNIQUES DE SOUS-OFFICIER				31 — 10 TUNIQUES DE SOLDAT			
				N ou T B	B	I	H S	N ou T B	B	I	N ou T B	B	I	H S	N ou T B	B	I	H S	N ou T B	B	I	H S
		Prix.....																				
		ENTRÉES.																				
»	1er janvier.	Report des existants en magasin......																				
1	31 janvier.	Du magasin commun du corps...........																				
2	Id.	Réintégrations du mois...............																				
..	....	....																				
6	31 mars...	Du magasin commun du corps........																				
7	Id.	Réintégrations du mois...............																				
8	Id.	Déclassement......................																				
		Totaux des entrées........																				
		SORTIES.																				
1	31 janvier.	Distribution du mois.................																				
2	Id.	Cédé à la 4e compagnie...............																				
3	Id.	Abandonné à un militaire libéré......																				
..	....	....																				
8	2 mars...	Versé au magasin commun....																				
9	31 Id.	Distributions du mois.................																				
10	Id.	Déclassement......................																				
		Totaux des sorties........																				
		Reste au 31 mars...........																				
		En service...............																				
		Total de l'avoir de la compagnie.....																				

NOTA. — Les effets réintégrés en magasin doivent être portés en entrée à la première partie dans le classement correspondant à la collection à laquelle ils appartiennent; le déclassement, s'il y a lieu, fait ensuite l'objet de sorties et d'entrées à cette partie du registre des entrées et des sorties.

32 — 1	63 — 1 et 3		63 — 2 et 4						
VESTES.	KÉPIS DE SOUS-OFFICIER.		KÉPIS DE SOLDAT.						DÉCOMPTE. ÉMARGE-MENT.
	1 ANCIEN MODÈLE	3 NOUVEAU MODÈLE	ANCIEN MODÈLE	NOUVEAU MODÈLE					
N ou TB / B / I / HS	N ou TB / B / I / HS	N ou J / B / I / HS	N ou TB / B / I / HS	N ou TB / B / I / HS	N ou TB / B / I / HS	N ou TB / B / I / HS	N ou TB / B / I / HS	N ou TB / B / I / HS	

Vérifié :

Le Chef d

Vol. 3.

Certifié :

A , le 19

Le Capitaine.

8

Modèle nº 15.

Article 75
de l'Instruction.

Format du pa- { Hauteur : 0ᵐ,380.
pier.......... { Largeur : 0ᵐ,248.
Cadre de justi- { Hauteur : 0ᵐ,320.
fication ...... { Largeur : 0ᵐ,230.

(1) Compagnie, esca-
dron *ou* batterie.

ANNÉE

* RÉGIMENT D

(1)

REGISTRE DES ENTRÉES ET DES SORTIES

2ᵉ Partie

MAGASIN D (1)

DATES des OPÉRATIONS.	NUMÉROS D'INCORPORATION.	NOMS des HOMMES.	GRADES. (S. O., Cap., S.-l.	4 Bourgerons de toile. 2	5 Caleçons. 6									MOTIFS DES OPÉRATIONS.
19 .														
15 janvier	524	Nicolas..	S.	N. 1.										
Id.	1520	Jean......	S.	B. 1.										
....	......	....	....	...										
....	......	....	....	...										
....	......	....	....	...										
1er mars..	1164	Pierre...	S.-O.	B.										
Id.	1175	Paul......	C.	B.										
....	......	....	....	...										
....	......	....	....	...										
....	......	....	....	...										
Distributions du mois de janvier......... {			N.	10										
			B.	5										
			l.	3										
			Total..	18										

RÉINTÉGRATIONS

DATES des OPÉRATIONS.	NUMÉROS D'INCORPORATION.	NOMS.	GRADES.	Bourgerons de toile	Caleçons.					MOTIFS DES OPÉRATIONS.
				4	5					
				9	6					
Réintégrations du mois de mars............ B.				2						
I.				7						
TOTAL............				9						

Art. 75 de l'instruction.

(1) A inscrire après l'arrêté des feuilles de journ*.
(2) A inscrire au moment où le capitaine signe la facture d'expédition des effets ou le relevé des dépenses faites.

Trimestre 19

MASSE D'HABILLEMENT

Corps.. .....⟩

Compagnie, escadron *ou* batterie. ⟨

§ 3. — COMPTE TRIMESTRIEL DU FONDS PARTICULIER.

Colonnes correspondantes du compte trimestriel de la masse d'habillement.	RECETTES.	TAUX des primes.	Nombre de journées et de mutations donnant droit aux primes.	MONTANT EN ARGENT détaillé.	par rubrique principale
		fr. c.			
2	AVOIR au premier jour du trimestre	....			
	DROITS ACQUIS (1) — SOMMES ALLOUÉES PAR LA REVUE DE LIQUIDATION. — Suppléments journaliers. Primes journalières des sous-officiers et soldats..........				
	Portion de la prime journalière perçue pour les militaires en subsistance dans les écoles militaires. — École supérieure de guerre.......... — École normale de gymnastique et d'escrime.......... — Toutes les autres écoles..........				
	Portion de la prime journalière perçue pour les militaires en subsistance dans les corps où est organisé un peloton d'instruction				
	Quote-part de la prime journalière attribuée au corps pour les militaires en subsistance dans les corps où est organisé un peloton d'instruction				
3	Primes fixes en deniers. Sous-officiers nommés élèves officiers dans une école militaire — Sous-officiers (adjudants et chefs armuriers exceptés) promus officiers sans avoir suivi les cours d'une école militaire d'élèves officiers ou nommés à l'un des emplois indiqués au tarif n° 22 du décret du 11 janvier 1913 ; caporaux, brigadiers et soldats rengagés ou commissionnés nommés à l'un des emplois indiqués au tarif susvisé .... — Militaires de tous grades (adjudants, chefs armuriers et maîtres selliers exceptés) admis à la retraite ou réformés par congé n° 1....... ⟨ à pied.... à cheval. ⟩				
4	Remboursement de la valeur des effets cédés par l'unité administrative (2).......... ⟨ à d'autres unités... à d'autres corps.... ⟩				
5					
6	Remboursement par d'autres corps des dépenses faites par l'unité pour les subsistants (2), y compris les dépenses de l'ordinaire étrangères à l'alimentation .... ⟨ Habillement .. Entretien ..... ⟩				
7					
8	Rectification, recettes diverses non prévues........				
9	Secours du fonds commun				
11	TOTAL des recettes..........				
36	REPORT des dépenses du trimestre..........				
	RESTE en avoir au dernier jour du trimestre..				

DÉPENSES.

Page 230 — HABILLEMENT

DATES des PIÈCES.	DÉTAIL DES DÉPENSES.	Valeur des effets et matières reçus — du magasin commun (1).	d'autres unités (2) (3).	d'autres corps (3).	Remboursement à d'autres corps des dépenses faites pour les subsistants. (5)	HABILLEMENT, GRAND ÉQUIPEMENT, CHAUSSURES (4). Réparations — à l'habillement et à la coiffure.	au grand équipement.	à la chaussure.	Dépenses d'entretien de l'habillement.	TOTAUX (Colonnes 12 à 19).
	TOTAUX DES DÉPENSES......									
	Colonnes correspondantes du compte trimestriel de la masse d'habillement	12	13	14	15	16	17	18	19	20

Page 231 — ENTRETIEN

ARMEMENT. Réparations.	Entretien.	DÉGRADATIONS DIVERSES. Entretien des chambrées.	Cantonnements alpins.	DÉPENSES pour cuisines, réfectoires. Commission des ordinaires.	BLANCHISSAGE DU LINGE des hommes et des effets de cuisine.	Hygiène des hommes.	FRAIS DE BUREAU. Registres. Menues dépenses. Rectifications. Dépenses non prévues.	TOTAUX (Colonnes 21 à 28).	TOTAUX GÉNÉRAUX (Colonnes 20 et 29).	OBSERVATIONS. (Voir les renvois à la page suivante).
21	22	23	24	25	26	27	28	29	30	

Certifié le présent compte trimestriel, duquel il résulte que l'avoir en deniers, au dernier jour du   e trimestre 19   , s'élève à la somme de :

A   , le   192   .

Le   Commandant,

(A) Situation du fonds particulier au 31 décembre 192   .

	AVOIR		RICHESSE	RICHESSE	SITUATION par rapport à la richesse théorique	
	en deniers.	en matières.	TOTALE.	THÉORIQUE.	Excédent.	Déficit.
Au premier jour de l'année.						
Au dernier jour de l'année.						
Résultats. { Augmentation						
Diminution........						

(A) Ce cadre n'est rempli qu'au 4ᵉ trimestre de l'année.

(1) L'enregistrement de la dépense est fait au moment où le bon mensuel est payé à la compagnie.

(2) L'enregistrement de la dépense est fait au moment où le capitaine porte son récépissé sur la facture d'expédition des effets.

(3) On inscrit également dans cette colonne le remboursement des dépenses faites par d'autres unités pour les hommes qui y sont en subsistance.

(4) L'enregistrement de la dépense est fait au moment où le capitaine signe la pièce de dépenses pour autoriser le payement ou est informé de la somme imputée à sa compagnie.

(5) Y compris les versements au Trésor faits pour les militaires en subsistance dans d'autres corps pour les dépenses de l'ordinaire étrangères à l'alimentation.

Trimestre 19
—
CORPS D'ARMÉE.
—
PLACE

FORMAT DU PAPIER :
Hauteur........ 0",315
Largeur........ 0",205

MODÈLE N° 17.

Article 76 de l'instruction.

Cadre de justification :
Hauteur.......... 0",30
Largeur.......... 0",19

COMPTE TRIMESTRIEL DE LA MASSE D'HABILLEMENT

SOMMES ALLOUÉES PAR LA REVUE DE LIQUIDATION.	TAUX des primes.	Nombre de journ. et de mutat. donnant droit aux primes.	MON-TANT.
FONDS PARTICULIERS. Primes journalières pour sous-officiers et soldats.............			
Portion de la prime journalière perçue pour les militaires en subsistance dans les Écoles militair". (École supérieure de guerre....... / École normale de gymnastique et d'escrime.............. / Toutes les autres écoles............			
Portion de la prime journalière perçue pour les militaires en subsistance dans les corps où est organisé un peloton d'instruction...............			
Quote-part de la prime journalière attribuée au corps pour les militaires en subsistance dans les corps où est organisé un peloton d'instruction...............			
Suppléments journaliers. {			
Primes fixes pour sous-officiers nommés élèves officiers dans une école militaire...............			
Primes fixes pour sous-officiers (adjudants et chefs armuriers exceptés), promus, etc.........			
FONDS commun. Primes journalières			
Prime mensuelle			
Allocation fixe			
Augmentation pour			
TOTAL du crédit...............			
Perceptions... { Mois d .... / Mois d .... / Mois d .... / Moins-perçu du trimestre...............			
Imputations à la revue...............			
A DIMINUER : le trop-perçu du trimestre versé au Trésor...............			
RESTE.......			
BALANCE..			

I. — Résumé des comptes des fonds particuliers.

DÉSIGNATION DES UNITÉS.	RECETTES.											BALANCE				DÉPENSES.															TOTAUX généraux (colonnes 20 et 29.)	BALANCE DES RECETTES et des dépenses.		
	AVOIR au premier jour du trimestre.	SOMMES allouées par la revue de liquidation.	Remboursement de la valeur des effets cédés		Remboursement par d'autres corps des dépenses faites pour les subsistances.		RECTIFICATIONS. Recettes diverses non prévues.	SECOURS du fonds commun.		TOTAUX.	Valeur des effets et matières reçus			Remboursement à d'autres corps des dépenses faites pour les subsistances.		ARGENT. Habillement, grand équipement, chaussure. Réparations			Dépense d'entretien de l'habillement.	TOTAUX.	ENTRETIEN. Armement. Réparation.	Entretien.	Dégradations diverses, entretien des chambrées. — Cassures et bris.	Dépenses pour casernes. — Réfections. — Commission des ordinaires.	Blanchissage du linge des hommes et des effets de cuisine.	Hygiène des hommes.	Frais de bureau. — Registres. — Menues dépenses.	Rectifications. — Dépenses non prévues.	TOTAUX.		AVOIR au dernier jour du trimestre.	Résultats du trimestre.	
			à d'autres unités.	à d'autres corps.	Habillement.	Entretien.					du magasin commun.	d'autres unités.	d'autre corps.			à l'établissement et à la revue.	au grand équipement.	à la chaussure.														Augmentation.	Diminution.
1	2	3	4	5	6	7	8	9	10	11	12	13	14	15		16	17	18	19	20	21	22	23	24	25	26	27	28	29	30	31	32	33

Totaux.

A déduire : pour comparer les dépenses aux allocations :

Colonnes 4, 5 et 10....

Colonnes 6, 7 et .....

Colonne 9...........

Reste........

Répartition proportionnelle de l'emploi.......

II. — Compte du
1° Comptes-deniers, extrait des

RECETTE

	NUMÉROS		DÉTAIL DES OPÉRATIONS		RENDEMENT DES OBJETS ET MATIÈRES					

Acquis au 1er jour du trimestre.....

À reporter.....

fonds commun.
Journal des recettes et dépenses.

DÉPENSE

		SOMMES ALLOUÉES				
		PAR LA VILLE		Dépense		
		Prime journalière	Prime mensuelle	de Matière		
11	12	13	14	15	16	17

II — Compte du *fonds commun*

1º *Compte-deniers extrait du Journal des recettes et dépenses.*

	HABILLEMENT						ENTRETIEN							OBSERVATIONS
	[illegible]													

II. — Compte du

1° Compte-deniers, extrait du

RECETTE

NUMÉROS		DÉTAIL DES OPÉRATIONS		RECOUVREMENT DES EFFETS ET MATIÈRES					
							cédés aux officiers et à divers		
1	2	3	4	5	6	7	8	9	10
		Report.....							

fonds commun.

Journal des recettes et dépenses

TER.

		RECETTES ET DÉPENSES par le trésor			
			Primes constatées	Primes accordées	
11	12	13	14	15	16

II. — Compte du

1ᵉ Compte-deniers, extrait du

DÉPENSE

HABILLEMENT.

Détail	PAYEMENT DES EFFETS et autres usages			Remboursement à d'autres corps ou aux suites des dépenses faites pour les établissements	Avances faites par le bataillon tambour	Secours aux officiers [?]
le premier jour du trimestre	des rapports de l'État ou préposés sur la charge du prêt.	des habillements et des chefs ouvriers	d'autres corps.			
18	17	18	19	20	21	22

Fonds commun.

Journal des recettes et dépenses.

ENTRETIEN

	Emplois... reçus... retours... des effets en usage	Dépenses nécessaires pour la confection d'un matériel	Mobilier	Service général	Publications et registres	Vagues mobiles	Entretien... Dépenses diverses
23	24	25	26	27	28	29	30

OBSERVATIONS

31

II. — Compte du
1ᵉ Compte-deniers, extrait du

DÉTAIL DES OPÉRATIONS

REMBOURSEMENT DES VIVRES ET MATIÈRES

Report...

Total...

fonds communs
Journal des recettes et dépenses

II. — Compte du
1º *Compte deniers, extrait du*

DÉPENSES

HABILLEMENT

	RENOUVELLEMENT DES EFFETS et réparations					Secours aux fonds particuliers

fonds communs
Journal des recettes et dépenses.

ENTRETIEN

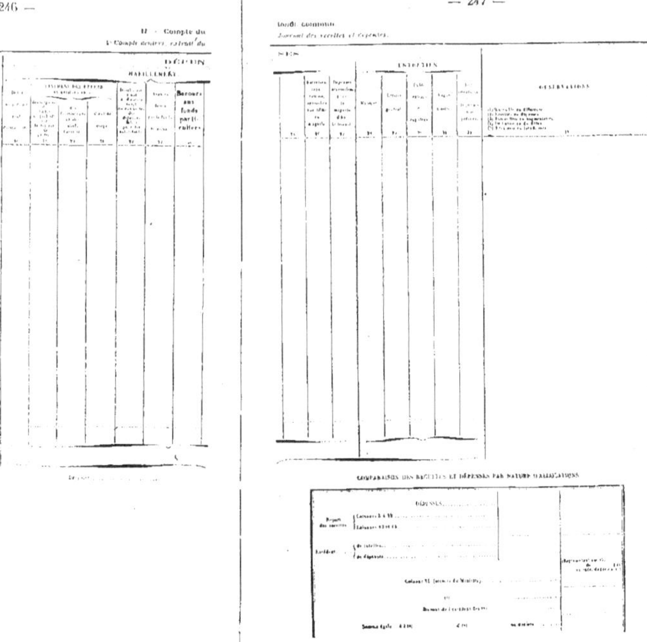

OBSERVATIONS

(a) Recette ou dépense.
(b) Recette ou dépense.
(c) Recette ou augmentation.
(d) Indication de dates.
(e) Décision du ministre.

COMPARAISON DES RECETTES ET DÉPENSES PAR NATURE D'ALLOCATIONS

DÉPENSES

II. — Compte du
5e Compte-matières. — ... du

fonds commun.
Registre des entrées et sorties

	VALEUR DES						

DÉTAIL DES OPÉRATIONS							

SORTIES

11. — Compte du fonds commun.

7e Compte-matières, extrait du Registre des entrées et sorties.

	VALEUR DES						SORTIES									OBSERVATIONS.

II. — Compte du
2e Compte-matières, extrait du

VALEUR DES

DÉTAIL DES OPÉRATIONS

fonds commun.
Registre des entrées et sorties

ENTRÉES

1) — Compte du
Compte-matières, extrait au

VALEUR DES

RECETTES ET MATIÈRES

Fonds commun.
Registre des entrées et sorties.

SORTIES.

OBSERVATIONS.

RÉSUMÉ DE LA SITUATION DU FONDS COMMUN.

III. — Résumé général du compte trimestriel.

COLONNES CORRESPONDANTES			NATURE DES OPÉRATIONS
FONDS particuliers	**FONDS COMMUN — Deniers**	**FONDS COMMUN — Matières**	
»	4 et 16	5	Situation au premier jour du trimestre...............
			AUGMENTATIONS
Feuill. de 1 à 6	13	»	Sommes allouées par [illegible] à titre de liquidation...............
6 et 7	11	»	Remboursement par d'autres corps ou par les unités des dépenses faites pour les subsistances...............
»	12	»	Remboursement des avances faites par le fonds commun...............
»	15	»	Secours du Ministre...............
»	»	4, 5 et 10	Effets reçus à titre gratuit. — Excédents et boni, matériaux d'emballage...............
»	»	»	Rectifications. — Recettes diverses, non prévues...............
			DIMINUTIONS.
15	22	»	Remboursement à d'autres corps ou aux unités des dépenses faites pour les subsistances...............
16, 17, 18 et 19	»	»	Réparations à l'habillement, à la coiffure, à la chaussure et au grand équipement, dépenses d'entretien de l'habillement
21, 22	»	»	Armement, réparations et entretien...............
23	»	»	Dégradations, détérioration des [illegible], entretien [illegible] objets...............
24	»	»	Dépenses pour les cantines, réfectoires, consommation de cantines...............
25, 26	»	»	Blanchissage et hygiène...............
27	»	»	Frais de bureau, registres, menues dépenses...............
28	32	»	Rectifications. — Dépenses non prévues...............
»	33	»	Avances faites par le fonds commun...............
»	26	»	Entretien, réparations et retouches des effets en magasin...............
»	27	»	Déjeuner [illegible] pour le magasin d'habillement...............
»	23	27	Musique...............
»	29	»	Service général...............
»	30	»	Publications et registres...............
»	31	»	Vaguemestre...............
»	»	23, 24 et 25	Effets délivrés à titre gratuit. — Pertes et consommations, matériaux d'emballage...............
			COMPENSATIONS TOTALES OU PARTIELLES
»	24	»	Sommes aux frais particuliers...............
»	19	1 et 5	Effets et matières — reçus des magasins de l'État ou de la réserve de guerre...............
»	16	6	reçus des fournisseurs et chefs ouvriers...............
»	21	9	reçus d'autres corps...............
14	6	15 et 16	distribués aux unités...............
19	6	17	employés aux confections...............
»	7	18	cédés à d'autres corps...............
»	8	21	cédés aux officiers et à divers...............
»	9	19 et 20	versés aux magasins de l'État ou à la réserve de guerre...............
4 et 13	10	22	perdus par force majeure...............
»	»	»	cédés d'unité à unité...............
»	11	11 et 26	Changement de classification et de prix...............
»	14	14 et 30	Différence entre les prix d'achat et les prix de la nomenclature.
			TOTAUX...............
			Effets pour balance...............
			BALANCE { Avoir............... / Débit............... }

Colonnes du compte (page 257), formulaire non rempli :

FONDS PARTICULIERS des unités — Recettes	Dépenses	FONDS COMMUN — Recettes	Dépenses	MAGASIN DU CORPS — Entrées	Sorties	MASSE DU CORPS — Richesse au premier jour du trimestre	RÉSULTAT du trimestre — Augmentation	Diminution

OBSERVATIONS.

(1) Avoir en déficit.
(2) Total ou différence.
(3) Recettes ou dépenses.

AVOIR EN DENIER

Fonds particuliers (avoir)...............
Fonds commun (1)...............

(2) égal à l'excédent de (3) au trimestre (report des contributions).

SITUATION DU CHAPITRE VI DE RECENSEMENT

Recettes...............
Dépenses...............

CERTIFIÉ le présent compte, duquel il résulte que l'avoir de la masse au dernier jour du   e trimestre 192   s'élève (non compris la valeur du matériel appartenant au fonds commun détenu par divers et du matériel au compte des fonds particuliers en magasin et en service dans les unités) à la somme de

se décomposant comme il suit :

Matières. $\begin{cases}$ Valeur des effets existant au magasin du corps. $\begin{cases} 1^{re} \text{ portion.} \\ 2^e \text{ portion.} \end{cases}$

Deniers. $\begin{cases}$ Fonds particuliers . . . . \\ Fonds commun . . . . $\end{cases}$

TOTAL ÉGAL . . . .

A   , le   192

Les Membres du Conseil d'administration,

VU ET VÉRIFIÉ :

Le Sous-Intendant militaire,

GOUVERNEMENT MILITAIRE

. d

ou

• CORPS D'ARMÉE

ou

• RÉGION.

MODÈLE Nº 18.

Article 77 de l'Instruction.

FORMAT DU PAPIER :

Hauteur............. 0ᵐ315.
Largeur............. 0ᵐ205.

CADRE DE JUSTIFICATION :

Hauteur........... 0ᵐ300
Largeur........... 0ᵐ190

Année 19 .

COMPTE ANNUEL

DE LA MASSE D'HABILLEMENT

Sommes allouées par les

FONDS PARTICU[lier]

DÉSIGNATION DES TRIMESTRES	PRIMES JOURNALIÈRES aux sous-officiers et soldats		PORTION DE LA PRIME JOURNALIÈRE versée pour les militaires en subsistance dans les écoles militaires								PORTION de LA PRIME journalière pour les militaires en subsistance dans le corps ou en surveillance ou présence d'instruction.		QUOTE-PART de LA PRIME journalière attribuée pour les militaires en subsistance dans les corps où [...] ou présence d'instruction.	
	Nombre de journées	Dépense	École supérieure de guerre		École normale de gymnastique et d'escrime		Toutes les autres écoles							
			Nombre de journées	Dépense	Nombre de journées	Dépense	Nombre de journées	Dépense	Nombre de journées	Dépense	Nombre de journées	Dépense	Nombre de journées	Dépense
1er trimestre														
2e trimestre														
3e trimestre														
4e trimestre														

revues de liquidation.

LIERS. **FONDS COMMUN.**

	SUPPLÉMENTS JOURNALIERS								FRAIS FIXES								PRIME journalière		PRIMES [...]	TOTAUX des sommes
				aux troupes de toute arme faisant partie de troupes alpines, aux régiments réglementairement composés des portions, etc.		aux sapeurs appelés à opérer avec une [...] dans les Alpes.		pour sous-officiers ([...] élèves officiers dans une école militaire).		pour sous-officiers ([...] et chefs armuriers et [...]), prévôts, etc.		pour militaires de tous grades ([...], chefs armuriers etc.) [...] etc.		[...] des sommes					
	Nombre de journées	Dépense	Nombre de journées	Dépense	Nombre de journées	Dépense	Nombre de journées	Dépense	Nombre	Dépense	Nombre	Dépense	Nombre	Dépense	Nombre	Dépense	Nombre de journées	Dépense		

Allocation des fonds particuliers.............

Allocation du fonds commun.

Erreur de l'allocation des fonds particuliers.....

TOTAL pour l'année......................

I. — Résumé des comptes des fonds particuliers.

DÉSIGNATION des TRIMESTRES.	DÉCOMPTE DES EFFETS existant tant en service qu'en magasin.				AVOIR au premier jour du trimestre.	SOMMES allouées par les revues de liquidation.	REMBOURSEMENT de la valeur des effets cédés		REMBOURSEMENT par d'autres corps des dépenses faites pour les subsistants.		RECTIFICATIONS — Recettes diverses non prévues.	SECOURS du fonds commun.		TOTAUX.
	au premier jour de l'année.	au dernier jour de l'année.	RÉSULTAT de l'année.				à d'autres unités.	à d'autres corps.	Habillement.	Entretien.				
			Augmentation.	Diminution.										
1	A	B	C	D	2	3	4	5	6	7	8	9	10	11
1er trimestre...														
2e trimestre....														
3e trimestre....														
4e trimestre...														
TOTAUX.....														

(1) ....

Valeur des effets reçus............

(2) ....

A déduire la valeur des effets cédés contre remboursement............

Valeur nette des pertes et consommations de l'année................

(1) Augmentation ou diminution
(2) Ensemble ou différence

J. — Résumé des comptes des fonds particuliers.

HABILLEMENT					DÉ-				PENSES.	ENTRETIEN.										BALANCE DES RECETTES et des dépenses.			AVOIR TOTAL EN DENIERS ET MATIÈRES.			
VALEUR DES EFFETS [illegible]				HABILLEMENT, GRAND ÉQUIPEMENT, CHAUSSURE, Réparations					ARMEMENT.											RÉSUL- TATS du trimestre.		Diminution	RÉSUL- TATS de l'année.		Augmentation	Diminution
12	13	14	15	16	17	18	19	20	21	22	23	24	25	26	27	28	29	30	31	32	33	E	F	G	H

À déduire [illegible]
pour com-
pter les
dépenses
aux autres
natures.

Colonnes 4,
5 et 10....

Colonnes 6
7 et 8.....

Colonne 9...

RESTE.

Répartition
proportion-
nelle de
l'emploi.

(1)

(1)

On divisera ce chiffre
par le nombre de
journées de présence
des sous-officiers et
soldats............

On compte par jour-
nées de présence. (3)

(1) Augmentation ou diminution.
(2) [illegible] ou [illegible].
(3) [illegible] ou [illegible] de dépense de

II. — Compte du
1e Conseil-d'enfers, extrait du

RECET

DÉSIGNATION des [illegible]	à être au premier jour de l'année	REMBOURSEMENT DES EFFETS ET MATÉRIEL					
		déléguée aux [illegible]	employés aux [illegible]	cédés à d'autres corps	cédés aux officiers et à divers	cédés aux [illegible] de l'État en à la charge de [illegible]	[illegible] par [illegible]
1	2	3	4	5	6	7	8
1er trimestre [illegible]							
2e trimestre [illegible]							
3e trimestre [illegible]							
4e trimestre [illegible]							
Totaux [illegible]							
Totaux généraux [illegible]							

[illegible] . . . .
Report [illegible] . . . .

(1) au dernier jour de l'année . . . . .
(2) au premier jour état de . . . .

fonds commun.
Journal des recettes et dépenses.

TES.

REMBOURSEMENT par [illegible] ou par les [illegible] des dépenses faites pour les [illegible]	REMBOURSEMENT des [illegible] faites par le fonds commun	SOMMES ALLOUÉES PAR LA SUITE		Dépenses de Matériel		
		Pièces journalières	Papiers mensuelles			
9	10	11	12	13	14	15

II. — Compte du

1° Compte d'entrée, calculé en

DÉPENSES

PAIEMENT

[illegible]	NATURE DES DROITS et obligations			[illegible]	[illegible]	[illegible]
[illegible]	[illegible]	[illegible]	[illegible]	[illegible]	[illegible]	[illegible]

fonds communs.

Journal des recettes et dépenses

ENTRÉES.

DÉPENSES

[illegible]	[illegible]	[illegible]	[illegible]	[illegible]	[illegible]	DÉPENSES
[illegible]	[illegible]	[illegible]	[illegible]	[illegible]	[illegible]	[illegible]

COMPARAISON DES RECETTES ET DÉPENSES PAR NATURE D'ALLOCATIONS

[illegible]		
[illegible]	[illegible]	[illegible]

II. — Compte du fonds commun

1° Usage des matières, extrait du *Registre des entrées et sorties*

III. — Résumé général du compte annuel masse d'habillement.

Colonnes correspondantes : Fonds particuliers	Colonnes correspondantes : Fonds commun, Deniers	Colonnes correspondantes : Fonds commun, Matières	Nature des opérations	Fonds particuliers des unités — Valeur des effets existant tant en service qu'en magasin : Valeur initiale et augmentation	Fonds particuliers des unités — Valeur des effets : Diminution	Fonds particuliers des unités — Deniers : Recettes	Fonds particuliers des unités — Deniers : Dépenses	Fonds commun — Deniers : Recettes	Fonds commun — Deniers : Dépenses	Fonds commun — Magasin du corps : Entrées	Fonds commun — Magasin du corps : Sorties	Masse du corps — Richesse au premier jour de l'année	Masse du corps — Résultats de l'année : Augmentation	Masse du corps — Résultats de l'année : Diminution
E	2 et 16	3	Situation au premier jour de l'année											
			AUGMENTATIONS.											
3	11 et 12	»	Fournitures allouées par la revue de liquidation											
6 et 7	9	»	Remboursement par d'autres corps ou par les unités des dépenses faites pour les subsistants											
»	10	»	Remboursement des avances faites par le fonds commun											
»	13	»	Secours du Ministre											
»	»	7 à 9	Effets reçus à titre gratuit, excédents et bonis, matériaux d'emballage											
8	»	»	Rectifications. — Recettes diverses non prévues											
			DIMINUTIONS.											
15	20	»	Remboursement à d'autres corps ou aux unités des dépenses faites pour les subsistants											
16 à 19	»	»	Réparations à l'habillement, à la coiffure, à la chaussure et au grand équipement, dépenses d'entretien de l'habillement											
21, 22	»	»	Armement, réparations et entretien											
23	»	»	Dégradations, entretien des chambrées, cantonnements alpins											
24	»	»	Dépenses pour les cuisines, réfectoires, commission des ordinaires											
25, 26	»	»	Blanchissage et hygiène											
27	»	»	Frais de bureau, registres, menues dépenses											
28	20	»	Rectifications. — Dépenses non prévues											
»	21	»	Avances faites par le fonds commun											
»	24	»	Entretien, réparations et retouches des effets en magasin											
»	25	»	Dépenses accessoires pour le magasin d'habillement											
»	26	26	Musique											
»	27	»	Service général											
»	28	»	Publications et registres											
»	29	»	Vaguemestre											
Résultat net A à D	»	22 à 24	Effets délivrés à titre gratuit, pertes et consommations, matériaux d'emballage											
			COMPENSATIONS TOTALES OU PARTIELLES.											
9	22	»	Secours aux fonds particuliers											
»	17	3 et 4	Effets et matières reçus des magasins de l'État ou de la réserve de guerre											
»	18	5	Effets et matières reçus des fournisseurs et chefs ouvriers											
14	19	6	Effets et matières reçus d'autres corps											
12	3	14 et 15	Effets et matières distribués aux unités											
»	4	16	Effets et matières employés aux confections											
5	5	17	Effets et matières cédés à d'autres corps											
»	6	20	Effets et matières cédés aux officiers et à divers											
»	7	18 et 19	Effets et matières versés aux magasins de l'État ou à la réserve de guerre											
»	8	21	Effets et matières perdus par force majeure											
4 et 13	»	»	Effets et matières cédés d'unité à unité											
»	»	10 et 25	Changement de classification de prix											
»	»	13 et 20	Différence entre les prix d'achat et les prix de la nomenclature											
			TOTAUX											
			REPORT pour balance											
			BALANCE — Avoir											
			BALANCE — Débit											

Observations.

(1) Avoir ou débit.
(2) Excédent ou déficit.

CERTIFIÉ le présent compte annuel, duquel il résulte que la richesse de la masse d'habillement du corps au 31 décembre 192 s'élève (non compris la valeur du matériel appartenant au fonds commun et détenu par divers), à la somme de

se décomposant comme il suit :

Valeur des effets existant dans les unités, tant en service qu'en magasin...

Magasin du corps { 1re portion / 2e portion

Fonds particuliers (avoir)...

Fonds commun (1) ...

TOTAL ÉGAL..........

A AJOUTER : Valeur du matériel appartenant au fonds commun et détenu par divers..........

TOTAL GÉNÉRAL.........

La richesse théorique étant de...

Il ressort un (2) de...

SITUATION DU CHAPITRE VI DU REGISTRE DES FONDS DIVERS.

Recettes..............................

Dépenses..............................

A , le 19 .

Les Membres du Conseil d'administration,

OBSERVATIONS ET PROPOSITIONS DU DIRECTEUR DE L'INTENDANCE.

A   , le   192 .

CORPS D'ARMÉE.

PLACE d

Nº

RÉSERVE DE GUERRE.

MODÈLE Nº 19.

Art. 78 de l'Instruction.

SERVICE

de

L'HABILLEMENT ET DU CAMPEMENT.

Désignation
du corps de troupe.

PROCÈS-VERBAL

DE VÉRIFICATION ANNUELLE DE L'ASSORTIMENT.

L'an mil neuf cent   , le
et jours suivants,

Nous   , sous-intendant militaire à la résidence de
chargé de la vérification des comptes du   • régiment   d

Avons, conformément aux prescriptions de l'article 78 de l'instruction ministérielle du

Recensé les effets ou objets du service de l'habillement et du campement existant au magasin d'habillement du corps;

Vérifié l'assortiment des effets en tailles et pointures;

Examiné les inscriptions faites au carnet des pointures.

Au cours de nos opérations, avons constaté :

1º Que les approvisionnements présentent les différences en nombre ci-après :

Excédents :
(Néant ou indiquer les quantités d'effets ou objets.)

Manquants :
(Néant ou indiquer les quantités d'effets ou objets.)

2º Que les effets d'habillement (sont ou ne sont pas) classés par tailles, pointures et années de confection.

3º Que le corps s'est (ou ne s'est pas) conformé aux dispositions de l'article 19 de l'instruction ministérielle du   concernant la mise en service des effets de la plus ancienne confection.

4º Que le carnet des pointures est exempt d'erreurs (ou contenait des erreurs qui ont été immédiatement redressées).

5º Que les différences entre les pointures existant dans les approvisionnements et celles qui devraient y exister d'après les tableaux en vigueur sont les suivantes :

(1) Indiquer l'effet.   (1)

TYPES.	NUMÉROS des subdivisions.	DIFFÉRENCES		OBSERVATIONS.
		EN PLUS (2)	EN MOINS (2)	Établir un tableau pour chacune des catégories d'effets (manteaux, tuniques, vestes, pantalons, etc.), pour lesquelles il est relevé des différences.
A	1 2 3 4			Faire connaître dans cette colonne, par nature d'effets, le délai dans lequel le corps compte pouvoir faire disparaître les différences signalées.
B	1 2 3 4			(2) Inscrire les différentes formations séparément dans les colonnes. Exemple : Bataillons actifs. Dépôt correspondant. Jeune classe.
C	1 2 3 4			
D	1 2 3 4			
Etc.				
TOTAUX { partiels... { généraux..				NOTA. Quand les approvisionnements sont au complet en nombre, les totaux généraux des différences en plus et en moins comme peintures doivent être égaux.

De tout ce qui précède, nous avons dressé le présent procès-verbal, qui a été clos le   , et dont une expédition a été remise au Conseil d'administration du   ⁰ régiment de

Le Sous-Intendant militaire,

CORPS D'ARMÉE

PLACE D

(1)

(1) Corps.
(2) Unité administrative

(2)

ANNÉE 19 .

MODÈLE N° 20.

Art. 75
de l'instruction.

Format du papier :
Hauteur......... 0",315
Largeur......... 0",245

MASSE D'HABILLEMENT

INVENTAIRE ESTIMATIF

*Des matières, effets et objets au compte des fonds particuliers existant
en magasin et en service à la date du 31 décembre 19   .*

Instruction pour l'établissement de l'inventaire.

La compagnie ne porte sur cet inventaire que les effets et objets lui
appartenant.

Les matières, effets et objets de chaque portion sont inscrits séparément dans l'ordre de la nomenclature.

Les prix portés dans les colonnes 5, 6 et 7 sont ceux de la nomenclature. Les prix à assigner aux objets, pour lesquels il n'en existe pas
à la nomenclature, sont déterminés par le conseil d'administration.

Les effets en service sont décomptés aux classements que leur assignent les barèmes de la richesse théorique individuelle.

Les pattes à numéros, les écussons et les attributs divers découpés
en drap, posés sur les effets, sont considérés comme consommés et ne
figurent pas sur l'inventaire.

NUMÉROS de la NOMENCLATURE		DÉSIGNATION des MATIÈRES, EFFETS et OBJETS.	UNITÉ RÉGLEMENTAIRE	QUANTITÉS EXISTANT en magasin et en service au 31 décembre 19 .			PRIX au CLASSEMENT			DÉCOMPTE par CLASSEMENT			TOTAUX.
sommaire	détaillée.			Neuf.	Bon.	Instruction.	Neuf.	Bon.	Instruction.	Neuf (col. 5 × 8).	Bon (col. 6 × 9).	Instruction (col. 7 × 10).	
1	2	3	4	5	6	7	8	9	10	11	12	13	14

A reporter (1)...........

(1) Ou totaux.

Certifié véritable le présent inventaire estimatif, duquel il résulte que la valeur du matériel, au compte du fonds particulier de l'unité, existant en magasin et en service au 31 décembre 19   , s'élève à la somme de (1)

A   , le   19 .

Le Capitaine,

Vérifié :
Le Major.

(1) Somme en toutes lettres.

TABLE DES MATIERES

TITRE PREMIER.

RÈGLES GÉNÉRALES CONCERNANT LES ALLOCATIONS.

CHAPITRE PREMIER.

RÈGLES D'ALLOCATION.

CHAPITRE II.

MASSE D'HABILLEMENT.

CHAPITRE III.

DÉCOMPTES DE LIBÉRATION.

TITRE II.

RÈGLES GÉNÉRALES CONCERNANT LE MATÉRIEL.

CHAPITRE PREMIER.

COMPOSITION DES APPROVISIONNEMENTS.

CHAPITRE II.

MAGASINS.

CHAPITRE III.

CRÉATION ET ENTRETIEN DES APPROVISIONNEMENTS.

CHAPITRE IV.

DÉCOMPTE DE LA VALEUR DES EFFETS.

TITRE III.

FONCTIONNEMENT DU SERVICE DANS L'ENSEMBLE DU CORPS.

CHAPITRE PREMIER.

ACTION DES CONSEILS D'ADMINISTRATION, DU CHEF DE CORPS, DES CHEFS DE BATAILLON ET DU MAJOR.

CHAPITRE II.

PERSONNEL D'EXÉCUTION.

TITRE IV.

FONCTIONNEMENT DU SERVICE DANS LA COMPAGNIE.

CHAPITRE PREMIER.

RÈGLES GÉNÉRALES.

CHAPITRE II.

CRÉATION, ENTRETIEN ET EMPLOI DE L'APPROVISIONNEMENT DE COMPAGNIE.

CHAPITRE III.

REMISE ET REPRISE DES EFFETS AUX HOMMES.

CHAPITRE IV.

MATÉRIEL HORS DE SERVICE.

TITRE V.

DISPOSITIONS SPÉCIALES.

CHAPITRE PREMIER.

DISPOSITIONS COMMUNES AUX HOMMES DE LA RÉSERVE ET DE L'ARMÉE TERRITORIALE.

CHAPITRE II.

HABILLEMENT DES CORPS DE RÉSERVE ET DE L'ARMÉE TERRITORIALE.

TITRE VI.

ÉCRITURES ET COMPTABILITÉ INTÉRIEURES.

CHAPITRE PREMIER.

ÉCRITURES DE L'OFFICIER D'HABILLEMENT.

CHAPITRE II.

ÉCRITURES ET COMPTES DES COMPAGNIES ET DU TRÉSORIER.

TITRE VII.

SURVEILLANCE ADMINISTRATIVE.

TITRE VIII.

MOBILISATION ET SERVICE EN TEMPS DE GUERRE.

CHAPITRE PREMIER.

MOBILISATION.

CHAPITRE II.

SERVICE EN TEMPS DE GUERRE.

TITRE IX.

DISPOSITIONS ABROGÉES.

MODÈLES

*Instruction en vue du retour à la réglementation d'avant-guerre
pour la masse d'habillement.*

(Direction de l'Intendance militaire; Bureau de l'Habillement,
du Campement et du Couchage.)

Paris, le 31 janvier 1923.

(Suite à la circulaire ministérielle n° 498 5/5
du 12 janvier 1923) (1).

DISPOSITIONS GÉNÉRALES.

À partir du 1ᵉʳ janvier 1923 :

La circulaire du 7 janvier 1920, n° 364 5/5, est abrogée.

La prime mixte (crédit et numéraire) est remplacée par une
prime numéraire unique pour toutes les troupes placées sous le
régime de la masse, sauf exceptions indiquées ci-après.

Les débets et crédits en primes crédits sont annulés, sous les
réserves indiquées plus loin (développement, 3ᵉ partie, boni).

Les corps de troupe de toutes armes appliqueront les dispositions du règlement du 22 janvier 1907, texte et modèles (vo
lume 3 du *Bulletin officiel*), sauf modifications de détail indiquées plus loin.

Pour faciliter la mise en application du nouveau régime, la
richesse *réelle* de chaque corps de troupe sera alignée à la hauteur de sa richesse *théorique*, calculée sur les bases indiquées
dans la présente instruction, et constituera la première mise de
la masse.

Le *nivellement* entre la richesse réelle et la richesse théorique
sera effectué à *l'intérieur de chaque région de corps d'armée* par
les soins du général commandant la région et sur les bases du
travail de présentation et de propositions établi par chaque corps
de troupe.

Les nivellements complémentaires, qui seraient à exécuter le
cas échéant de région à région, seront prescrits par le Ministre.

---

(1) La circulaire du 12 janvier 1923 prescrit de revenir, à partir du
1ᵉʳ janvier 1923, pour toutes les troupes placées sous le régime de la masse
d'habillement, à l'application du règlement du 1ᵉʳ janvier 1907, sauf modifications de détails indiquées dans la présente circulaire du 31 janvier 1923.

DÉVELOPPEMENT.

1re PARTIE.

Prestations en deniers. — Primes.

Les corps de troupe de toutes armes se créditeront, à partir du 1er janvier 1923, des primes prévues au tarif n° 1 annexé au règlement susvisé et modifié ainsi qu'il suit :

§ 1er. — FONDS COMMUNS.

Primes journalières, etc.............................. 0 03
Spahis algériens et tunisiens........................ 0 04
   Primes mensuelles :
Celles prévues au tarif n° 1 majorées de 100 p. 100.

§ 2. — FONDS PARTICULIERS.

Primes journalières uniques pour corps de troupe de toutes
   armes. 0 55

Le dépôt des isolés de Marseille et le centre de rassemblement d'Arles ne pourront se créditer que des primes ci-après, savoir :

Fonds commun. 0 01
Fonds particuliers. 0 10
(Note 14995 5/5 du 27 octobre 1922.)

D'autre part, les écoles militaires, les établissements pénitentiaires, les sous-officiers de la justice militaire continueront à percevoir les primes prévues par les documents ci-après :

1° Décret du 24 décembre 1921 (écoles militaires);

2° Circulaire du 10 janvier 1921 (prisons, ateliers de travaux publics, etc..., section d'exclus);

3° Décret du 8 décembre 1920 (sous-officiers de la justice);

4° Décret du 15 mars 1922 (sous-officiers d'état-major et recrutement).

Suppléments de primes.

Les suppléments de primes, accordés à des corps placés dans des conditions particulières, sont fixés par décisions spéciales.

II° PARTIE.

Constitution des premières mises.

SOMMAIRE :

§ I. — Calcul de la richesse théorique.

§ II. — Calcul de la richesse réelle des corps au 31 décembre 1922.

§ III. — Nivellement au 1" janvier 1923 : Base de la constitution des premières mises. — Opérations de nivellement. — Présentation du travail par les corps de troupe. — Nivellement régional — Nivellement ministériel.

§ 1er. — Calcul de la richesse théorique.

Le tableau de la richesse théorique de l'ensemble du corps sera dressé d'après les règles édictées par l'article 33 de l'instruction du 22 janvier 1907, *modifiées comme suit :*

A) *Effectif réglementaire de paix.* — L'effectif réglementaire de paix sera celui défini, *sous le nom d'effectif théorique de paix,* par la circulaire n° 100114 M 5/5 du 14 février 1921, dans son 3° alinéa.

Restent toutefois en vigueur, les dispositions spéciales relatives aux escadrons du train des équipages militaires, aux régiments étrangers, aux bataillons d'infanterie légère d'Afrique et aux sections spéciales.

Les modifications apportées à l'effectif réglementaire de paix donneront lieu à une augmentation ou diminution de la masse d'habillement, réglée dans les conditions prévues par l'article 8 de l'instruction du 22 janvier 1907, c'est-à-dire au cours du trimestre pendant lequel a eu lieu la modification.

B) *Nouveaux barèmes de la richesse théorique.* — Les nouveaux barèmes de la richesse théorique individuelle ont été établis *pour homme non monté* et pour *homme monté de l'armée active,* faisant partie des corps de troupe placés dans les situations suivantes :

a) Corps de troupe de l'intérieur ayant une collection de guerre;

b) Corps de troupe de l'intérieur dans lesquels la collection de guerre est remplacée par un approvisionnement de précaution;

c) Corps de troupe d'Afrique stationnés à l'intérieur ou à l'armée du Rhin;

d) Corps de troupe d'Afrique stationnés en Afrique appelés à faire campagne hors d'Afrique;

e) Corps de troupe d'Afrique stationnés en Afrique appelés à faire campagne en Afrique.

Ces barèmes, qui sont insérés au *Bulletin officiel*, page 265, abrogent ceux qui figurent au volume 3 *bis* de l'édition méthodique; ils présentent les particularités suivantes :

Dans chacune des catégories *a)*, *b)*, *c)*, *d)*, *e)* visées ci-dessus, *ils sont communs*, d'une part, à toutes les armes et subdivisions d'armes et, d'autre part, aux sous-officiers, brigadiers, caporaux et soldats.

Les décomptes partiels de la valeur de chacun des effets des diverses collections n'y figurent pas; seule, la *valeur d'ensemble de chacune des collections* y est indiquée.

Les valeurs des diverses collections, le montant des majorations, la valeur globale du barème (établis sur les bases de la nomenclature H 1 revisée au 1ᵉʳ janvier 1923) ne sont qu'approchés et ont un caractère essentiellement *forfaitaire et intangible*. Est également intangible le quantum d'effets à entretenir.

Il en résulte que le seul changement qu'un corps de troupe puisse faire subir au barème de sa catégorie pour l'adapter aux conditions particulières de son habillement, consiste dans la modification du libellé des rubriques qui sont portées dans la première colonne du barème (désignation des effets).

Toute autre modification ne peut être apportée au barème que par décision ministérielle.

Il pourra être accordé ultérieurement à certains corps de troupe (chars de combat, aviation, etc...) qui possèdent, en supplément de la tenue normale, des effets spéciaux d'un prix assez élevé (exemple : vestons, pantalons de cuir), une majoration de la valeur de la richesse théorique individuelle. Dans ce but, les corps adresseront toutes propositions utiles au Ministre (5ᵉ Direction), par l'intermédiaire de leur Direction d'arme, suivant instructions de détails, qui leur seront adressées prochainement.

Mais le travail dont l'établissement est prescrit par la présente instruction, et qui porte sur les effets d'usage commun, sera poursuivi sans retard.

C) *La constitution de la collection H 1* (réservistes et territoriaux) est réservée jusqu'au vote des lois de recrutement et d'organisation de l'armée. Sont abrogées toutes dispositions contraires. Les effets déjà rassemblés à ce titre entreront, au même titre que les autres, dans la réorganisation des masses.

En conséquence : « Le produit, par le nombre total des collections à entretenir..., de la richesse théorique individuelle... pour les réservistes et territoriaux » (3° élément visé par l'article 33) n'entrera pas dans le calcul de la richesse théorique de l'ensemble des unités.

D) *Le montant totalisé :* 1° *de la quote-part d'un homme de l'effectif réglementaire de paix dans l'approvisionnement théorique du fonds commun* (voir 4° élément); 2° *de la quote-part d'un homme du même effectif dans le fonds de roulement,* pour les dépenses incombant au fonds commun (voir 5° élément), est fixé *forfaitairement à 90 francs.*

NOTA. — L'approvisionnement du fonds commun en effets de la première portion est réduit *à six mois* jusqu'à nouvel ordre, *pour tous les corps de troupe.*

E) *Pour mémoire.* — Le reste de l'article 33 sans modifications.

§ 2. — CALCUL DE LA RICHESSE RÉELLE AU 31 DÉCEMBRE 1922.

Pour déterminer la richesse réelle de l'ensemble du corps, il sera procédé, tout d'abord, à un inventaire au 31 décembre 1922, cet inventaire consistant à relever, dans les écritures du corps, le nombre de chacun des effets existant à cette date, avec le classement sous lequel ils sont portés et *sans tenir compte des déclassements postérieurs au 1er janvier 1923.*

Les résultats de cet inventaire seront traduits en valeur, en appliquant à chacun des chiffres obtenus les prix de la nomenclature revisés à *la date du 1er janvier 1923.*

A cette valeur sera ajouté l'avoir en primes-*numéraires,* tel qu'il ressort au 31 décembre 1922 au compte annuel de l'ancienne masse. *La somme de ces deux valeurs constituera* la richesse réelle de l'ensemble du corps.

§ 3. — NIVELLEMENT AU 1er JANVIER 1923.

A) *Base de la constitution des premières mises.*

Afin de permettre la constitution de ces premières mises en faisant profiter, le cas échéant, les corps déficitaires des excédents de richesse des autres corps, les généraux commandant les corps d'armée prescriront aux corps de troupe de leur fournir dans le moindre délai possible, en les évaluant dans les conditions indiquées ci-dessus :

1° La valeur de la richesse théorique de l'ensemble du corps;

2° La valeur de la richesse réelle de l'ensemble du corps au 31 décembre 1922.

Ces situations en valeur des richesses théorique et réelle seront accompagnées de propositions formulées par les corps en vue d'aligner leur richesse réelle à la valeur de leur richesse théorique.

Dans l'établissement de ces propositions, les corps de troupe ne pourront *conserver* AU MAXIMUM, *tant pour l'ensemble des fonds particuliers des unités que pour le fonds commun*, que les quantités d'effets et de deniers indiquées ci-après, savoir :

1° Pour l'ensemble des fonds particuliers des unités.

a) En ce qui concerne les effets de classements supérieurs (effets des collections n° 1 et n° 2) :

Un quantum d'effets de collection n° 1;

Et un quantum d'effets de collection n° 2,

tels que la valeur globale de chaque collection soit au plus égale au produit de l'effectif réglementaire de paix par les valeurs respectives des collections n° 1 et n° 2 du barème de la richesse théorique individuelle (barème revisé), compte tenu de la majoration de 1/15° prévue par l'article 15 de l'instruction pour l'application du règlement du 22 janvier 1907.

Dans le cas où l'effectif normalement réalisé dépasserait notablement l'effectif réglementaire de paix au moment de la constitution de cette première mise, les corps seront autorisés, dans les conditions indiquées par le directeur de l'intendance de la région, à majorer les décomptes d'effets des collections n° 2 et n° 3, du montant des collections n° 2 et n° 3 nécessaires pour habiller l'effectif supplémentaire.

Dans ce cas, qu'il ne faut pas confondre avec celui d'une variation de l'effectif réglementaire de paix, les collections à emporter en campagne par ces hommes sont constituées au titre de la réserve de guerre dans les conditions fixées par la circulaire ministérielle confidentielle du 18 décembre 1899.

b) En ce qui concerne les *deniers*, une somme *au plus égale* au produit de l'effectif réglementaire de paix du corps par une majoration de 15 francs destinée à servir de première mise de fonds de roulement des unités; le surplus de la majoration prévue par l'article 33 de l'instruction du 22 janvier 1907, et évaluée à 35 francs, sur le barème de la richesse théorique, sera soldé en nature.

c) Le complément en effets et en deniers sera constitué en effets d'instruction, la question restant réservée jusqu'après l'exécution des nivellements en deniers, effets n° 1 et n° 2 proscrits par le Ministre (voir plus loin).

2° Pour le fonds commun.

d) Un quantum d'effets des collections n° 1 et n° 2 et une *partie deniers*, dont la somme des valeurs soit au plus égale au produit de l'effectif réglementaire de paix par 45 francs.

e) Le complément étant constitué en effets d'instruction, sous la réserve indiquée ci-dessus, paragraphe c), pour les fonds particuliers.

Les tableaux comparatifs établis par les corps, dans ces conditions, *feront ressortir* des disponibilités ou des déficits en deniers en effets n° 1, n° 2, n° 3.

B) *Opérations de nivellement.*

1° Nivellement par les généraux commandant les corps d'armée.

Munis des renseignements portés sur ces tableaux comparatifs adressés par les corps, les généraux commandant les corps d'armée opéreront les nivellements entre les corps de leur région en vue de combler au mieux les déficits signalés, tout en tenant compte, bien entendu, des particularités de l'habillement des corps montés et non montés.

Ils feront verser, le cas échéant, à l'approvisionnement « État » les disponibilités finales en effets n° 3 et signaleront en fin de compte au Ministre :

Les disponibilités : en numéraire, en effets de collection n° 1, en effets de collection n° 2;

Les déficits : en numéraire, en effets de collection n° 1, en effets de collection n° 2, en effets de collection n° 3 (le cas échéant).

A titre documentaire, les généraux feront, en plus, connaître la valeur globale des disponibilités finales en effets n° 3 provenant de la réorganisation des masses et la balance entre les avoirs et débets en primes-crédits annulés.

2° Nivellements par l'administration centrale.

Lorsque le Ministre sera en possession des comptes rendus des généraux commandant les corps d'armée, il sera procédé au nivellement entre les corps d'armée des disponibilités (numéraire, effets n° 1 et n° 2).

Le Ministre accordera s'il y a lieu, et dans certaines limites, des secours en numéraire et comblera les déficits irréductibles, au moyen d'effets d'instruction provenant en principe de l'approvisionnement « État » de la région, choisis parmi les meilleurs.

IIIe PARTIE.

Dispositions spéciales.

DEMANDES D'EFFETS PRODUITES AVANT LE 1er JANVIER 1923
ET NON SATISFAITES A CETTE DATE.

Les livraisons faites par l'État aux corps de troupe, et reçues par ces corps à partir du 1er janvier 1923, ainsi que toutes les livraisons faites par le fonds commun aux fonds particuliers dans les mêmes conditions, sont payées au moyen de la prime numéraire susvisée, même si elles répondent à des demandes faites sous le régime de la prime-crédit.

Ces livraisons, ne devront pas entrer, bien entendu, en ligne de compte dans l'alignement des masses.

CONSOMMATION DE L'APPROVISIONNEMENT DU FONDS COMMUN
EN EFFETS D'INSTRUCTION.

Pour éviter que l'approvisionnement du fonds commun en effets d'instruction ne reste indéfiniment en magasin, la mesure suivante sera prise :

A partir du 1er janvier 1923, au cours de chaque trimestre et jusqu'à épuisement des ressources du fonds commun en effets d'instruction, l'ensemble des demandes en effets neufs comprises dans les bons mensuels des compagnies, escadrons ou batteries, ne seront satisfaites par le fonds commun que dans la proportion correspondant à la moitié du montant total des primes journalières des fonds particuliers consacrées par le fonds commun à l'acquisition d'effets neufs pendant le même trimestre. Le complément des distributions aux unités sera constitué *obligatoirement* en effets d'instruction du fonds commun.

L'attention des chefs de corps est particulièrement appelée sur ce point.

MISE EN DÉPÔT AU FONDS COMMUN DANS CERTAINES CIRCONSTANCES
DES COLLECTIONS APPARTENANT AUX FONDS PARTICULIERS.

Lorsque l'effectif réel d'une unité sera notablement inférieur à son effectif réglementaire de paix, il devra être alloti séparément, au magasin de l'unité, pour être conservé et entretenu sous la responsabilité du conseil d'administration, un nombre de collections n° 1, n° 2 et n° 3, correspondant respectivement à la différence entre les deux effectifs.

SUBSISTANTS.

En ce qui concerne les subsistants il sera fait application des dispositions de l'article 58 du décret du 22 janvier 1907. L'expédition d'effets au corps nourricier, par le corps d'origine, ne devant être effectuée qu'en cas de nécessité absolue et ne se justifiant plus pour la plupart des effets, qui sont d'un modèle général, l'expédition ne sera effectuée que sur la demande expresse du corps nourricier. D'autre part, celui-ci devra s'efforcer d'acquérir, toutes les fois qu'il sera possible, les effets dont le modèle n'existe pas dans ses approvisionnements, en les achetant à un autre corps de la même garnison.

HOMMES ENVOYÉS SUR LES THÉÂTRES D'OPÉRATIONS EXTÉRIEURS.

Paragraphe abrogé. Circulaire du 31 juillet 1923, voir page 305.

COLLECTIONS POUR POSTES D. C. A.

Les collections spécialement constituées au titre de la masse de certains corps de troupe pour postes D. C. A. restent constituées et sont passées provisoirement à l'État (service courant).

EFFETS DE CORVÉE.

Il sera attribué en nature, à chaque corps de troupe, en plus de la première mise précédemment indiquée et jusqu'à concurrence de 25 p. 100 de l'effectif présent au 1er janvier 1923, des collections de corvée composées d'effets hors type (même neufs) ou d'effets de collection n° 3 déclassés ou à déclasser. Chaque collection comprendra une capote ou manteau, une veste, un pantalon-culotte ou culotte.

Cette tenue ne pourra jamais être composée d'effets bleu clair, kaki ou gris fer, susceptibles d'être encore classés *effets d'instruction*.

BONI.

Afin de tenir compte de la situation défavorable dans laquelle se trouveraient placées certaines unités, du fait de l'annulation d'un avoir *important,* en *primes-crédits* au 31 décembre 1922, il pourra leur être alloué, sur demande, un boni dans les conditions suivantes :

Ce boni ne pourra être accordé que lorsque le travail de réorganisation prescrit par la présente instruction sera complètement terminé.

Ce boni ne pourra dépasser d'une part, l'avoir en primes-crédits annulé, et, d'autre part, un maximum fixé à 30 francs par homme de l'effectif réglementaire de paix.

La demande sera accompagnée de toutes explications du corps indiquant les motifs détaillés de l'existence de l'avoir en primes-crédits au 31 décembre 1923.

Dans sa transmission de la demande, le service local de l'intendance, après s'être livré à un examen *sur place* de *l'état réel* de l'habillement de l'unité (composition quantitative et qualitative des collections existant en magasin ou en possession des hommes, état de la richesse-deniers au 31 décembre 1922), fera toutes propositions utiles concernant le boni qui peut être accordé au corps, pour son effectif réglementaire de paix.

Le boni accordé par le Ministre sera soldé en nature, par distribution d'effets ou objets des classements collections n° 1 et n° 2, en suivant, dans la limite des disponibilités, une liste de préférence établie par le corps.

Ces effets ou objets seront décomptés aux prix de la nomenclature revisée au 1er janvier 1923.

Circulaire pour l'application de l'instruction du 31 janvier 1923 sur le retour à la réglementation d'avant-guerre pour la masse d'habillement (1).

(Direction de l'Intendance militaire; Bureau de l'Habillement; du Campement et du Couchage.)

Paris, le 31 juillet 1923.

Primes.

I. — PRIMES MENSUELLES DU FONDS COMMUN.

1° Régiments d'infanterie (active).

Afin de permettre aux régiments d'infanterie qui ont été réduits à un ou deux bataillons de faire face aux dépenses qui

____

(1) Mise à jour par l'incorporation dans le texte des modifications du 21 février 1924, *B. O.*, p. 671.

leur incombent au titre des primes mensuelles du fonds commun, ces régiments d'infanterie auront droit, par modification aux indications du tarif n° 1 du règlement du 22 janvier 1907, à une prime de $2 \times 12 = 24$ francs par unité administrative active; la compagnie hors rang, étant donné son effectif, sera considérée comme unité administrative.

2° Formation des réserves.

La détermination du nombre des collections ouvrant droit au supplément de prime doit être effectuée d'après les indications données au tableau 3 : « Tarif des indemnités annuelles de frais de gestion des approvisionnements dits « spéciaux » (*Bulletin officiel*, volume 3) ».

3° Unités et corps nouveaux.

En ce qui concerne les unités et corps nouveaux, le tarif n° 1 du 22 janvier 1907 est complété ainsi qu'il suit :

DÉSIGNATION DES ARMES OU SUBDIVISIONS D'ARMES.	Montant des primes.	Nombre d'unités de l'armée active, etc.	A augmenter ou à diminuer pour chaque unité de l'armée active en plus ou en moins.	A augmenter pour chaque unité de la réserve ou de l'armée territoriale, etc.	OBSERVATIONS.
1	2	3	4	5	6
Régiments de chars, d'aviation, d'aérostation	175	10	19	Voir § 2 ci-dessus :	La majoration de 100 °/₀ prévue par le § 1ᵉʳ (1ʳᵉ partie de l'Instruction du 31 janvier 1923) doit être appliquée aux chiffres indiqués dans les colonnes 2, 3 et 4.
Bataillon de chars formant corps..............	60	4	19	Formation de réserve.	
Groupe d'aviation formant corps.....	49	3	19		
Groupe d'ouvriers d'aviation, compagnie de météorologie, section d'ouvriers d'aviation formant corps......	36	6	»		
Groupe cycliste.........	12	1	15		

II. — Primes des fonds particuliers.

a) Suppléments aux primes journalières des fonds particuliers et primes fixes.

Les taux des allocations supplémentaires (suppléments aux primes journalières et primes fixes) sont, jusqu'à nouvel ordre, ceux prévus au tarif n° 1 (§ 2), sans majoration.

b) Primes journalières de 0 fr. 013 et 0 fr. 007 dues à certains militaires pour le blanchissage du linge et l'achat d'ingrédients de propreté.

Les primes journalières prévues à l'article 5 de l'instruction du 22 janvier 1907 sont respectivement portées :

En France, à 0 fr. 026 et 0 fr. 014;

En Algérie, à 0 fr. 014 et 0 fr. 008.

c) Dépenses de l'ordinaire étrangères à l'alimentation.

Les portions de prime de 0 fr. 01 et 0 fr. 02 attribuées aux dépenses de l'ordinaire étrangères à l'alimentation pour les journées de subsistance sont fixées uniformément à 0 fr. 04 pour l'intérieur, l'Algérie, Tunisie et le Maroc.

d) Indemnités journalières des maîtres ouvriers.

L'indemnité journalière que peuvent recevoir les maîtres ouvriers autorisés à s'habiller à leurs frais et qui n'ont pas perçu de première mise d'habillement est égale à la prime fixée pour la troupe (fonds particuliers).

Majoration de la richesse théorique individuelle pour certains corps de troupe qui possèdent en supplément de la tenue normale des effets spéciaux d'un prix assez élevé.

Les propositions prévues par le paragraphe 1er (B) avant-dernier alinéa de l'instruction du 31 janvier 1923, en vue du retour à la réglementation d'avant-guerre pour la masse d'habillement devront être adressées à l'administration centrale (5e Direction), par l'intermédiaire des directions d'armes intéressées, pour le 1er septembre 1923.

Elles seront revêtues de l'avis du directeur de l'intendance régional et du général commandant la région.

Chaque corps de troupe en cause établira à cet effet un état faisant ressortir :

1° La nature des effets qui constituent une charge supplémentaire pour la masse;

2° Le nombre ou la proportion desdits effets spéciaux à entretenir par homme de l'effectif réglementaire de paix;

3° Le nombre ou la proportion d'effets normalement prévus au barème de la richesse théorique applicable au corps qui ne sont pas mis en service dans les corps ou encore dont la dotation effective est inférieure à celle qui figure au barème (grand équipement par exemple), par suite du port des effets spéciaux;

4° Le montant de la majoration proposée.

Tenue de ville des sous-officiers rengagés et des engagés servant au delà de la durée légale.

A partir du 1er janvier 1923, la fourniture et l'entretien des tenues de ville sont assurés sur les fonds de la masse d'habillement dans les conditions prévues par le règlement et l'instruction du 22 janvier 1907. A cet effet, le secours de 35 francs alloué avant la guerre aux masses d'habillement pour chaque tenue de ville délivrée à titre de première mise est porté à 100 francs.

Subsistants.

Par application des dispositions *in fine* du 1er alinéa de l'article 58 du décret du 22 janvier 1907, seront administrés par leur corps nourricier :

1° Les hommes rapatriés des théâtres d'opérations extérieurs ou de l'armée du Rhin, en subsistance dans les corps de la métropole avant d'être libérés;

2° Les hommes constituant des dépôts de corps de troupe de l'Afrique du Nord stationnés en France, et, à ce titre, placés en subsistance dans les corps de la métropole;

3° Les indigènes de l'Afrique du Nord en subsistance dans les sections de commis et ouvriers d'administration et dans les groupes d'artillerie de la métropole ou de l'armée du Rhin;

4° Les hommes détachés en permanence dans d'autres corps (secrétaires d'état-major et du recrutement, ordonnances d'officiers sans troupe, etc...);

5° Les hommes détachés à l'armée du Rhin;

6° Les hommes de passage dans les dépôts d'isolés métropolitains de Marseille, Bordeaux et le centre de rassemblement d'Arles.

Il reste entendu que les primes spéciales allouées pour les troupes de passage au dépôt d'isolés de Marseille et au centre d'Arles par l'instruction du 31 janvier 1923 (1re partie, § 2) et, d'autre part, au dépôt d'isolés de Bordeaux par la décision ministérielle n° 4287 5/5 du 26 mars 1923 sont exclusives de toute perception de prestation de la masse d'habillement par les corps d'origine.

Mutation provenant de changement de corps.

Les dispositions prévues par les articles 59 et 60 du règlement et de l'instruction du 23 janvier 1907 visent plus particulièrement les mutations d'isolés.

Or, dans les circonstances présentes, il arrive fréquemment que des détachements ou des unités complètes sont appelées à changer de corps et que, par voie de conséquence, l'application stricte des dispositions des articles 59 et 60 à ces mouvements entraîne outre la complication administrative de règlement de comptes, un préjudice très appréciable pour les masses d'habillement des corps d'origine lorsqu'il s'agit plus particulièrement des mutations provenant *de changement de corps*.

Aussi les dispositions suivantes seront-elles désormais prises pour ces mutations.

1° Etablissement d'une prime forfaitaire.

Par modification aux indications données par le tableau A annexé au règlement du 22 janvier 1907, les hommes changeant de corps emporteront, selon le cas, l'une des tenues-types suivantes :

1° Changement de corps normal. . .		Prévues au tableau A (y compris en tout temps) : 1° Pour les hommes montés, le manteau; 2° Pour les hommes non montés, une capote; avec, en plus : 1 gamelle, etc... Le reste sans changement.
2° Changement de corps comportant l'emport d'une tenue de guerre ; envoi en mission à l'étranger.	Sous-officiers, caporaux et soldats.	Tenue de campagne complète prévue au volume 98 de l'édition méthodique du bulletin officiel avec effets du classement n° 1 et n° 2 suivant les indications données par les ordres particuliers.

3° Changement de corps d'un militaire allant aux théâtres d'opérations extérieurs. — Sous-officiers, caporaux et soldats. — Tenue d'instruction avec des effets supplémentaires indiqués par l'instruction du 3 avril 1920 modifiée le 8 juin 1921.

A chacune de ces tenues correspondra une prime forfaitaire dont devront être crédités les corps d'origine et débités les corps réceptionnaires comme il sera indiqué plus loin.

« Les corps de troupe du Maroc, étant sous le régime de la masse d'habillement à partir du 1er janvier 1924, les mutations à prévoir :

« 1° Entre les divers corps du Maroc;

« 2° Entre les corps du Maroc, et ceux de la métropole, de l'Algérie, Tunisie, de la Sarre et réciproquement;

« 3° Entre les corps du Maroc et ceux du Levant et réciproquement,

seront réglées conformément aux dispositions prévues aux paragraphes A, A-2, B, B-2. »

Ces primes forfaitaires sont fixées ainsi qu'il suit (1) :

		H.N.M. fr.	H.M. fr.
1er cas. — Changement de corps normal	Sous-officiers	95	115
	Caporaux et soldats	45	55
2e cas. — Changement de corps comportant l'emport d'une tenue de guerre; envoi en mission à l'étranger. — Sous-officiers, caporaux et soldats.	Collection en effets neufs	360	395
	Collection en effets n° 2	225	245
3e cas. — Envoi sur les théâtres d'opérations extérieurs — Sous-officiers, caporaux et soldats.		140	160

Le régime des primes globales forfaitaires sera appliqué à tout homme muté à partir du 1er août 1923.

---

(1) Pour les mutations entre les corps de l'intérieur et ceux de l'armée du Rhin, se reporter à la circulaire manuscrite n° 10907 5/5 du 25 juillet 1923.

2° Opération de comptabilité relative à la prime forfaitaire.

Les mutations à prévoir sont les suivantes :

A¹. — Mutation d'un corps de la métropole.
- A un corps de la métropole.
- A un corps de l'Algérie-Tunisie.
- A un corps de l'armée du Rhin.
- A un corps de la Sarre.

A². — Mutation d'un corps de l'Algérie-Tunisie, de l'armée du Rhin, de la Sarre.
- A un corps de la métropole.

B¹. — Mutation d'un corps de la métropole, de l'Algérie-Tunisie, de l'armée du Rhin, de la Sarre.
- A un corps du Maroc.
- A un corps du Levant.
- A un corps de l'Orient.

B². — Mutation d'un corps du Maroc, du Levant, de l'Orient.
- A un corps de la métropole.
- A un corps de l'Algérie-Tunisie.
- A un corps de l'armée du Rhin.
- A un corps de la Sarre.

C. — Mutation entre les corps du Maroc, du Levant, de l'Orient.

D. — Mutations d'hommes allant en mission à l'étranger.

A¹. — MUTATIONS D'UN CORPS DE LA MÉTROPOLE A UN CORPS DE LA MÉTROPOLE, DE L'ALGÉRIE-TUNISIE, DE L'ARMÉE DU RHIN, DE LA SARRE.

1° Corps d'origine.

Le corps d'origine sera crédité au titre du chapitre de l'habillement de l'intérieur du montant des primes forfaitaires acquises pour les hommes faisant mutation.

Ces primes *figureront* en crédit au décompte de libération de la masse d'habillement.

Elles *ressortiront* en dépenses dans une colonne spéciale des états et rapports de liquidation.

A l'appui des états de liquidation du 4ᵉ trimestre, il sera produit un état présentant pour chacune des rubriques suivantes

1° Intérieur;

2° Algérie-Tunisie;

3° Armée française du Rhin;

4° Sarre,

le nombre des mutations survenues au cours de l'année avec, par catégorie (1ᵉʳ cas, 2ᵉ cas, 3ᵉ cas), les primes allouées.

Ces états seront vérifiés et certifiés par les sous-intendants militaires chargés de la vérification des comptes des corps de troupe. Ils permettront à l'administration centrale de procéder à la réimputation aux divers chapitres de l'habillement des budgets de l'Algérie, de l'armée française du Rhin, de la Sarre, du montant des primes payées provisoirement sur le chapitre de l'habillement de l'intérieur.

2° Corps réceptionnaire.

Le corps réceptionnaire sera débité sur son décompte de libération au titre du chapitre de l'habillement de l'intérieur, de l'Algérie-Tunisie, de l'armée française du Rhin, de la Sarre du montant des primes forfaitaires afférentes aux hommes reçus.

A l'appui du décompte de libération du 4° trimestre, il sera produit un état numérique établi dans la forme indiquée ci-dessus et donnant par catégorie le montant des primes forfaitaires dont le corps a été débité au cours de l'année pour les hommes reçus de l'intérieur, de l'Algérie-Tunisie, etc...

A². — Mutations d'un corps de l'Algérie-Tunisie, de l'armée française du Rhin, de la Sarre, a un corps de la métropole.

Les corps de l'Algérie-Tunisie, de l'armée française du Rhin et de la Sarre seront crédités au titre du chapitre de l'habillement de leur *budget spécial* du montant des primes forfaitaires acquises au cours de l'année, et les corps de la métropole seront débités sur leur décompte de libération du montant des primes dans les conditions indiquées ci-dessus.

B². — Mutation d'un corps de la métropole, de l'Algérie-Tunisie, de l'armée française du Rhin, de la Sarre, a un corps du Maroc, du Levant, de l'Orient.

Les corps de la métropole, de l'Algérie-Tunisie, etc..., seront crédités au titre de chacun de leur budget spécial du montant des primes acquises. Quant aux corps du Maroc, du Levant et de l'Orient qui ne sont pas soumis au régime de la masse, ils n'auront aucune opération de comptabilité-deniers à effectuer.

Ils devront fournir le 15 janvier de chaque année, l'état numérique prévu plus haut pour les corps réceptionnaires (A¹).

B². — Mutation d'un corps du Maroc, du Levant, de l'Orient, a un corps de la métropole, de l'Algérie-Tunisie, de l'armée du Rhin, de la Sarre.

Aucune opération deniers n'est à prévoir pour les corps d'origine qui devront produire le 15 janvier de chaque année un état numérique établi dans la forme indiquée ci-dessus (A¹) pour les corps d'origine. Les corps de la métropole, de l'Algérie-Tunisie, de l'armée française du Rhin seront débités dans les conditions visées au paragraphe A².

C. — Mutations entre les corps du Maroc, du Levant, de l'Orient.

Aucune opération deniers n'est à faire soit par les corps d'origine, soit par les corps réceptionnaires.

Ces corps auront à produire le 15 janvier de chaque année, pour les changements de corps survenus au cours de l'année précédente, les états numériques prévus aux paragraphes A¹ et A².

D. — Mutation d'hommes allant en mission a l'étranger.

Les hommes désignés pour les missions à l'étranger étant placés jusqu'à leur départ en subsistance dans un corps du gouvernement militaire de Paris, qui assure l'habillement et l'équipement, il y a deux opérations à envisager :

1° Le corps d'origine se crédite du montant de la prime alors que le corps de rattachement du gouvernement militaire de Paris s'en débite;

2° Le corps de rattachement se crédite du montant de la prime prévue pour les envois en mission. Il fournit l'état numérique prévu au paragraphe A¹.

La mission qui n'a pas d'opérations deniers à effectuer produit le 15 janvier de chaque année un état par corps des hommes reçus au cours de l'année précédente.

Nota. — Rien n'est changé aux dispositions des articles 59 et 60 de l'instruction du 22 janvier 1907 en ce qui concerne les mutations autres que celles entraînant un changement de corps.

Les dispositions prévues par l'instruction du 31 janvier 1923 (3° partie), pour les hommes envoyés sur les théâtres d'opérations extérieurs sont abrogées.

TABLES

TABLE CHRONOLOGIQUE

TABLE ALPHABÉTIQUE

A

B

C

E

— 319 —

Pages.

S

CHARLES-LAVAUZELLE ET Cie. — PARIS, LIMOGES, NANCY.